Kerstin Lopatta

Goodwillbilanzierung und Informationsvermittlung nach internationalen Rechnungslegungsstandards

GABLER EDITION WISSENSCHAFT

Rechnungswesen und Unternehmensüberwachung

Herausgegeben von
Professor Dr. Hans-Joachim Böcking und
Professor Dr. Michael Hommel

Die Schriftenreihe präsentiert Ergebnisse der betriebswirtschaftlichen Forschung zu den Themengebieten Financial Accounting, Business Reporting, Business Audit, Business Valuation und Corporate Governance. Die Beiträge dieser Reihe verfolgen das Ziel, Vorgaben der Gesetzgebung, der nationalen und internationalen Standardsetter sowie Empfehlungen der Wirtschaftspraxis mittels des Instrumentariums der betriebswirtschaftlichen Theorie zu beschreiben, zu analysieren und insbesondere vor dem Hintergrund der Anforderungen des Kapitalmarktes weiterzuentwickeln.

Kerstin Lopatta

Goodwillbilanzierung und Informationsvermittlung nach internationalen Rechnungslegungs-standards

Business Combinations (IFRS, US-GAAP), Kaufpreisallokation, Impairment Test, Konvergenzbestrebungen

Mit einem Geleitwort von Prof. Dr. Hans-Joachim Böcking

Deutscher Universitäts-Verlag

Bibliografische Information Der Deutschen Nationalbibliothek
Die Deutsche Nationalbibliothek verzeichnet diese Publikation in der Deutschen Nationalbibliografie; detaillierte bibliografische Daten sind im Internet über <http://dnb.d-nb.de> abrufbar.

Dissertation Universität Frankfurt am Main, 2005

1. Auflage September 2006

Lektorat: Brigitte Siegel / Sabine Schöller

Der Deutsche Universitäts-Verlag ist ein Unternehmen von Springer Science+Business Media.
www.duv.de

Umschlaggestaltung: Regine Zimmer, Dipl.-Designerin, Frankfurt/Main
Druck und Buchbinder: Rosch-Buch, Scheßlitz
Gedruckt auf säurefreiem und chlorfrei gebleichtem Papier
Printed in Germany

ISBN-10 3-8350-0362-3
ISBN-13 978-8350-0362-0

Meinen Eltern

Geleitwort

Mit der Verabschiedung von SFAS 141 „Business Combinations“ und SFAS 142 „Goodwill and Other Intangible Assets“ im Juni 2001 hat das FASB eine lange geführte Diskussion über die Bilanzierung von Unternehmenszusammenschlüssen, insbesondere von Goodwill und immateriellen Vermögenswerten vorerst abgeschlossen. Den grundlegenden Änderungen, die sich auf die alleinige Anwendung der Erwerbsmethode, den Wegfall der planmäßigen Abschreibung von immateriellen Vermögenswerten und Goodwill, soweit sie eine unbestimmte Nutzungsdauer aufweisen, und die Einführung des sogenannten Impairment Only Approach beziehen, ist das IASB mit Verabschiedung des IFRS 3 „Business Combinations“ im Jahr 2004 in weiten Teilen gefolgt. Im Rahmen der Konvergenzbestrebungen von FASB und IASB steht aber auch nach der Verabschiedung der einzelnen Standards die Bilanzierung von Business Combinations auf der Agenda der Standardsetter. Die im Jahr 2005 als Joint Project initiierte Business Combinations Phase II hat als erstes Ergebnis die Veröffentlichung jeweils eines Exposure Drafts zur Änderung von IFRS 3 und SFAS 141 zur Folge. Die Diskussion über die Bilanzierung von Business Combinations bleibt ein anhaltender Brennpunkt.

Die Arbeit von Frau Dr. Lopatta greift die aktuelle Problematik der Bilanzierung von Business Combinations sowie die daran anknüpfende bilanzielle Behandlung von Goodwill und anderen immateriellen Vermögenswerten auf und analysiert diese sehr kritisch. Dabei erfolgt die Analyse insbesondere vor dem Hintergrund der bisherigen bilanziellen Abbildung dieser Größen in den Abschlüssen von Unternehmen und der Zielsetzung der Rechnungslegung, entscheidungsnützliche Informationen zu vermitteln. Im Mittelpunkt der Arbeit stehen weiterhin die Diskussion über die Kaufpreisallokation und den Impairment Test. Auch werden weiterführende Vorschläge für die Bilanzierung von Business Combinations, Goodwill und anderen immateriellen Vermögenswerten dem Leser unterbreitet.

Frau Dr. Lopatta leistet mit ihrer detaillierten Untersuchung einen herausragenden Beitrag zur Forschung im Bereich der internationalen Rechnungslegung. Die konzeptionellen und konsistenten Überlegungen liefern wertvolle Anregungen für die weitere Entwicklung im Rahmen der Standardsetzung. Aufgrund der umfassenden und intensiven Auseinandersetzung mit den neusten Entwicklungen bietet die Arbeit eine fundierte Diskussionsgrundlage, indem sie wesentliche Stärken und Schwächen der bestehenden Standards herausstellt und künftige Entwicklungstendenzen kritisch hinterfragt. Die Lektüre dieser Arbeit ist allen Personen zu empfehlen, die sich mit Fragen der internationalen Rechnungslegung auseinandersetzen.

Prof. Dr. Hans-Joachim Böcking

Vorwort

Die vorliegende Arbeit entstand während meiner Tätigkeit als wissenschaftliche Mitarbeiterin an der Professur für Betriebswirtschaftslehre, insbesondere Wirtschaftsprüfung und Corporate Governance an der Johann Wolfgang Goethe-Universität Frankfurt am Main. Sie wurde vom Fachbereich Wirtschaftswissenschaften der Johann Wolfgang Goethe-Universität Frankfurt am Main im November 2005 als Dissertation angenommen.

Meinem akademischen Lehrer, Herrn Prof. Dr. Hans-Joachim Böcking, danke ich für die Möglichkeit zur Promotion und den notwendigen Forschungsfreiraum. Mein außerordentlicher Dank gilt meinem Zweitgutachter, Herrn Prof. Dr. Christian Schlag. Durch zahlreiche Diskussionen und Anregungen während der letzten Jahre hat er entscheidend zum Gelingen meiner Arbeit beigetragen. Seine Begeisterung für die Wissenschaft, seine fachliche Kompetenz und sein hohes persönliches Engagement tragen stets auch zu meiner Motivation bei. Bedanken möchte ich mich auch bei Frau Angelika Schlag, die ebenfalls viele fachliche Diskussionen mit mir geführt hat und mir immer zur Seite stand. Eine Unterstützung in diesem Maße ist keinesfalls selbstverständlich - ich weiß es zu schätzen!

Meinen Dank richte ich ebenfalls an meine ehemaligen Kolleginnen und Kollegen, die in vielfältiger Weise zum Gelingen meiner Promotion beigetragen haben. Ich werde die unzähligen „Wir nähen einen Doktorhut Abende“ in guter Erinnerung behalten sowie den regelmäßigen Schlagabtausch mit meinem ehemaligen Kollegen Herrn Dr. Marcus Kiefer. Bei der Literaturbeschaffung konnte ich mich immer auf die Hilfe von Herrn Marius Dreisbach, Herrn Marius Groß und Herrn Felix Scholz verlassen. Auch hierfür herzlichen Dank. In diesem Zusammenhang bedanke ich mich auch bei der Interessengemeinschaft Frankfurter Kreditinstitute GmbH für den Zuschuss zur Drucklegung der Dissertationsschrift.

Meine Promotion habe ich immer als einem „Long Distance Run“ angesehen. Erleichtert und getragen wurden die Durststrecken und natürlich der Zieleinlauf durch viele Freundinnen und Freunde. Bedanken möchte ich mich daher bei Herrn Matthias Bühler, Herrn Marco Schmid und Herrn Jürgen Schulte, insbesondere für das Korrekturlesen, Herrn Prof. Dr. Thomas Berndt für seine aufmunternden Worte, Frau Ulla Saelzle und Frau Monika Hommel für ihr offenes Ohr, Herrn Lars Wiechen für zahlreiche Diskussionen, Korrekturen, viele lustige E-Mails und Telefonate sowie Herrn Dr. Gilbert Heller für die moralische Unterstützung.

Weiterhin gilt mein besonderer Dank Herrn Heiner Kompenhans. Er hat mein Promotionsvorhaben von Anfang an begleitet und unterstützt. Mit seiner fachlichen Kompetenz und seiner jahrelangen praktischen Erfahrung als Wirtschaftsprüfer hat er in Diskussionen dazu beigetragen, dass ich viele Sachverhalte differenzierter gesehen habe. Ich habe mit ihm einen

Freund gewonnen, den ich nicht mehr missen möchte und der während unserer Wohngemeinschaft mit einem guten Tropfen im Keller immer das Licht am Ende des Tunnels erhellt hat.

Ebenfalls dankbar bin ich für die fachliche und moralische Unterstützung von meiner Freundin Frau Dr. Birka Benecke. Sie war mir mit ihrer Einstellung zum Familienleben, ihrem beruflichen Erfolg und ihrer Fähigkeit, schwierige Situationen locker zu meistern, stets ein Vorbild. Auf ihre Hilfe konnte ich mich immer verlassen.

Von ganz besonderem Wert ist für mich die Freundschaft, die sich während der letzten Jahre zu meiner Kollegin Frau Dr. Anke Müßig entwickelt hat. Wir haben uns als Team auf der „Langstrecke Promotion" bewährt und befinden uns nun auf einer neuen Langstrecke der wissenschaftlichen Qualifikation. Ich freue mich darüber, dass wir auch weiterhin gemeinsame Ziele verfolgen und wünsche ihr für ihren weiteren wissenschaftlichen und privaten Lebensweg alles erdenklich Liebe und Gute.

Die so genannte „grenzenlose Unterstützung" habe ich von meiner Familie erfahren. Daher danke ich meiner „Schwester" Frau Sabine Heißenberg für die akribische Korrektur meiner Dissertation und Herrn Sven Heißenberg für unzählige Aufheiterungen. Meinem Lebenspartner, Herrn Ralf Masberg, danke ich für die Unterstützung und sein Verständnis, das er stets auch im Hinblick auf meinen Beruf aufbringt. Dankbar bin ich ebenfalls unserem Sohn Jonas, der mir immer zeigt, dass es auch andere wichtige Dinge im Leben gibt.

Mein größter Dank gilt meinen Eltern, Frau Annitraut Lopatta und Herrn Prof. Joachim Lopatta. Sie haben mir diese Ausbildung ermöglicht und mich auf meinem Lebensweg immer mit viel Liebe und Zuspruch begleitet. Durch ihren steten Rückhalt und die liebevolle Betreuung meines Sohnes haben sie in großem Maße zum Gelingen dieser Arbeit beigetragen. Ihnen ist diese Arbeit gewidmet.

Kerstin Lopatta

Inhaltsverzeichnis

Abbildungsverzeichnis

Tabellenverzeichnis

Abkürzungsverzeichnis

AAA	American Accounting Association
ABI	Association of British Insurers
Abs.	Absatz
AcSEC	Accounting Standards Executive Committee
AIA	American Institute of Accountants
AICPA	American Institute of Certified Public Accountants
AktG	Aktiengesetz
APB	Accounting Principles Board
ARB	Accounting Research Bulletin
ARS	Accounting Research Study
AV	Alternative Views
BB	BetriebsBerater (Zeitschrift)
BC	Basis for Conclusion
BFH	Bundesfinanzhof
BFuP	Betriebswirtschaftliche Forschung und Praxis (Zeitschrift)
BilReG	Bilanzrechtsreformgesetz
BRD	Bundesrepublik Deutschland
BStBl.	Bundessteuerblatt
bzw.	beziehungsweise
CAP	Committee on Accounting Procedure
CAPM	Capital Asset Pricing Model
CICA	Canadian Institute of Chartered Accountants
DB	Der Betrieb (Zeitschrift)
DCF-Verfahren	Discounted Cash Flow-Verfahren
d. h.	das heißt
DRS	Deutscher Rechnungslegungs Standard
DSR	Deutscher Standardisierungs Rat
DStR	Deutsches Steuerrecht (Zeitschrift)
DRSC	Deutsches Rechnungslegungs Standards Committee

€	Euro
ED	Exposure Draft
EITF	Emerging Issue Task Force
EStG	Einkommensteuergesetz
EU	Europäische Union
e.V.	eingetragener Verein
F.	Framework
FASB	Financial Accounting Standards Board
FASAC	Financial Accounting Standards Advisory Council
FAF	Financial Accounting Foundation
FAZ	Frankfurter Allgemeine Zeitung
FEI	Financial Executive Institute
FIN	FASB Interpretation
FRR	Financial Reporting Release
FRS	Financial Reporting Standard
GmbHG	Gesetz betreffend die Gesellschaften mit beschränkter Haftung
GoB	Grundsätze ordnungsmäßiger Buchführung
HGB	Handelsgesetzbuch
Hrsg.	Herausgeber
IAS	International Accounting Standard(s)
IASB	International Accounting Standards Board
IASC	International Accounting Standards Committee
IDW	Institut der Wirtschaftsprüfer e. V.
IDW FN	IDW Fachnachrichten
IDW PS	IDW Prüfungsstandard
IFAC	International Federation of Accountants
IFRIC	International Financial Reporting Interpretations Committee
IFRS	International Financial Reporting Standard
i. H. v.	in Höhe von
IMA	Institute of Management Accountants
IN	Introduction
ISA	International Standards on Auditing
ISAR	Intergovernmental Working Group of Experts on International Standards of Accounting and Reporting
IOSCO	International Organization of Securities Commissions

i. V. m.	in Verbindung mit
IWB	Internationale Wirtschaftsbriefe
Jg.	Jahrgang
Krp	Kostenrechnungspraxis (Zeitschrift)
M&A	Mergers & Acquisitions
MD&A	Management Discussion & Analysis
Mrd.	Milliarden
No.	Number
n. e.	nicht erkennbar
NPAEs	Non-Publicly Accountable Entities
Nr.	Nummer
NYSE	New York Stock Exchange
o. Jg.	ohne Jahrgang
Par.	Paragraph
R&D	Research & Development
rev.	revidiert (revised)
RFH	Reichsfinanzhof
RIW	Recht der Internationalen Wirtschaft (Zeitschrift)
Rn.	Randnummer
Rz.	Randziffer
S.	Seite
SAC	Standards Advisory Council
SAS	Statement on Auditing Standards des AICPA
SchwTreu.	Der Schweizer Treuhänder (Zeitschrift)
SFAC	Statement of Financial Accounting Concept
SFAS	Statement of Financial Accounting Standards
SIC	Standard Interpretation Committee
SME	Small and Medium-sized Entity
Sp.	Spalte
StuB	Steuern und Bilanzen (Zeitschrift)
StuW	Steuer und Wirtschaft (Zeitschrift)

Tz.	Textziffer
u. a.	und andere
UMTS-Lizenzen	Universal Mobile Telecommunications System-Lizenzen
UK	United Kingdom
UK-GAAP	United Kingdom - Generally Accepted Accounting Principles
US/U. S.	United States
US-GAAP	United States - Generally Accepted Accounting Principles
Vgl./vgl.	Vergleiche
Vol.	Volume
WPg	Die Wirtschaftsprüfung (Zeitschrift)
Z. B./z. B.	Zum Beispiel/zum Beispiel
ZfbF	Zeitschrift für betriebswirtschaftliche Forschung (bis 1963 ZfhF)
ZfhF	Zeitschrift für handelswissenschaftliche Forschung (ab 1964 ZfbF)

Anmerkung: Ausländische Zeitschriften wurden nicht abgekürzt.

Verzeichnis verwendeter Rechnungslegungsstandards

Häufig verwendete Rechnungslegungsstandards in der vorliegenden Arbeit wurden in dieses Verzeichnis aufgenommen. Hierzu zählen nicht die Exposure Drafts sowie die Vorgängerregelungen der SFAS. Diese sind in der Arbeit im Vollzitat enthalten. Die thesenförmige Zusammenfassung enthält ebenfalls das Vollzitat.

SFAS 19:	Financial Accounting and Reporting by Oil and Gas Producing Companies
SFAS 25:	Suspension of Certain Accounting Requirements for Oil and Gas Producing Companies
SFAS 121:	Accounting for the Impairment of Long-Lived Assets and for Long- Lived Assets to Be Disposed Of
SFAS 123:	Accounting for Stock-Based Compensation
SFAS 131:	Disclosures about Segments of an Enterprise and Related Information
SFAS 141:	Business Combinations
SFAS 142:	Goodwill and Other Intangible Assets
SFAS 144:	Accounting for the Impairment or Disposal of Long-Lived Assets
IAS 9:	Research and Development Costs
IAS 14:	Segment Reporting
IAS 18:	Revenue
IAS 22:	Business Combinations
IAS 36:	Impairment of Assets
IAS 37:	Provision, Contingent Liabilities and Contingent Assets
IAS 38:	Intangible Assets
IAS 39:	Financial Instruments: Recognition and Measurement
IFRS 3:	Business Combinations
IFRS 5:	Non-Current Assets Held for Sale and Discontinued Operations

I Kapitel: Einleitung

1 Problemstellung

Die anhaltende Globalisierung der Kapital- und Gütermärkte führt dazu, dass international agierende Unternehmen einem erhöhten Erfolgsdruck ausgesetzt sind. Sie müssen die Erwartungen des Kapitalmarkts hinsichtlich eines Gewinn- und Umsatzwachstums mindestens erfüllen, um für gegenwärtige und potenzielle Investoren interessant zu sein. Diese Wachstumserwartungen konnten vor allem während des Börsenhausse in den Jahren von 1999 bis 2000 von vielen Unternehmen mit Hilfe ihrer internen Ressourcen nicht schnell genug erfüllt werden. In solchen Fällen wurde das Wachstum durch die Akquisition von Unternehmen, die bereits am Markt etabliert waren, extern beschleunigt.[1] Für dieses Wachstum wurde durch Erwerb mittels eigener Aktien oftmals ein hoher Preis gezahlt, woraus der Ansatz hoher Goodwills[2] resultierte. Vor allem Unternehmen, die beispielsweise in der Informationstechnologie oder der New Economy tätig waren, haben sehr hohe Preise für die Akquisition von direkten Konkurrenten oder Technologieinnovatoren bezahlt. Erklärtes Ziel dieser Transaktionen war u. a., Ressourcen wie beispielsweise Markennamen, Kundenstämme, Vertriebsnetzwerke oder intellektuelles Kapital zu erlangen. Diese Akquisitionen beeinflussen wesentlich die Konzernabschlüsse der Unternehmen und insbesondere den Vermögensausweis, da neben den physischen Vermögenswerten nur hinreichend objektivierbare immaterielle Vermögenswerte zum Ansatz gelangen dürfen; alle anderen verblieben bisher in der Residualgröße Goodwill. Diese mangelnde Objektivierbarkeit der Goodwillkomponenten führt dazu, dass eine als „Wertlücke" bezeichnete Differenz zwischen dem bilanziellen Eigenkapital eines Unternehmens und seiner Marktkapitalisierung besteht. Viele durch den Unternehmenszusammenschluss erworbene wesentliche Ressourcen, wie beispielsweise intellektuelles Kapital, können (und sollen) durch die „strengen" Objektivierungsregeln nicht bilanziell angesetzt werden. Die Informationen hierüber werden im Rahmen einer traditionellen Rechnungslegung[3] nicht an den Adressaten vermittelt, obwohl die Residualgröße Goodwill eine bedeutende Rolle in den Bilanzen stark akquirierender Unternehmen spielt.

Die Auswirkungen der Vielzahl von Übernahmeaktivitäten im Allgemeinen und im Speziellen die Tatsache, dass häufig ein Vielfaches des bilanziellen Eigenkapitals eines Unterneh-

---

1 Vgl. Küting/Weber/Wirth (Akquisitionswelle, 2001), S. 185.

2 Für den Begriff Goodwill existiert eine Vielzahl von Synonymen, wie beispielsweise Geschäftswert, Firmenwert, Geschäfts- oder Firmenwert, Kapitalisierungsmehrwert oder ideeller Geschäftswert. Diese sprachliche Differenzierung geht darauf zurück, dass entweder einzelne Elemente des Konglomerats Goodwill hervorgehoben werden, auf die rechentechnische Ermittlung abgestellt wird oder der Begriff lediglich weit gefasst wird. In der vorliegenden Arbeit werden die Begriffe Goodwill und Geschäfts- oder Firmenwert gleichbedeutend angewandt.

3 Nach den Vorschriften des § 248 Abs. 2 HGB dürfen beispielsweise selbsterstellte immaterielle Vermögenswerte des Anlagevermögens nicht aktiviert werden. Nach US-GAAP, IFRS und HGB gilt grundsätzlich ein Aktivierungsverbot für den originären Goodwill.

mens bei einer Übernahme bezahlt wurde, kennzeichnen noch heute die relativ zum bilanziellen Eigenkapital gesehenen sehr hohen Goodwillpositionen in den Bilanzen der Unternehmen und weisen auf ihre zentrale Bedeutung im Rahmen der Rechnungslegung hin. Die nachfolgende tabellarische Darstellung verdeutlicht dies am Beispiel der Unternehmen, die im DAX 30 gelistet sind. Datenbasis bilden die Jahresabschlüsse 2004.

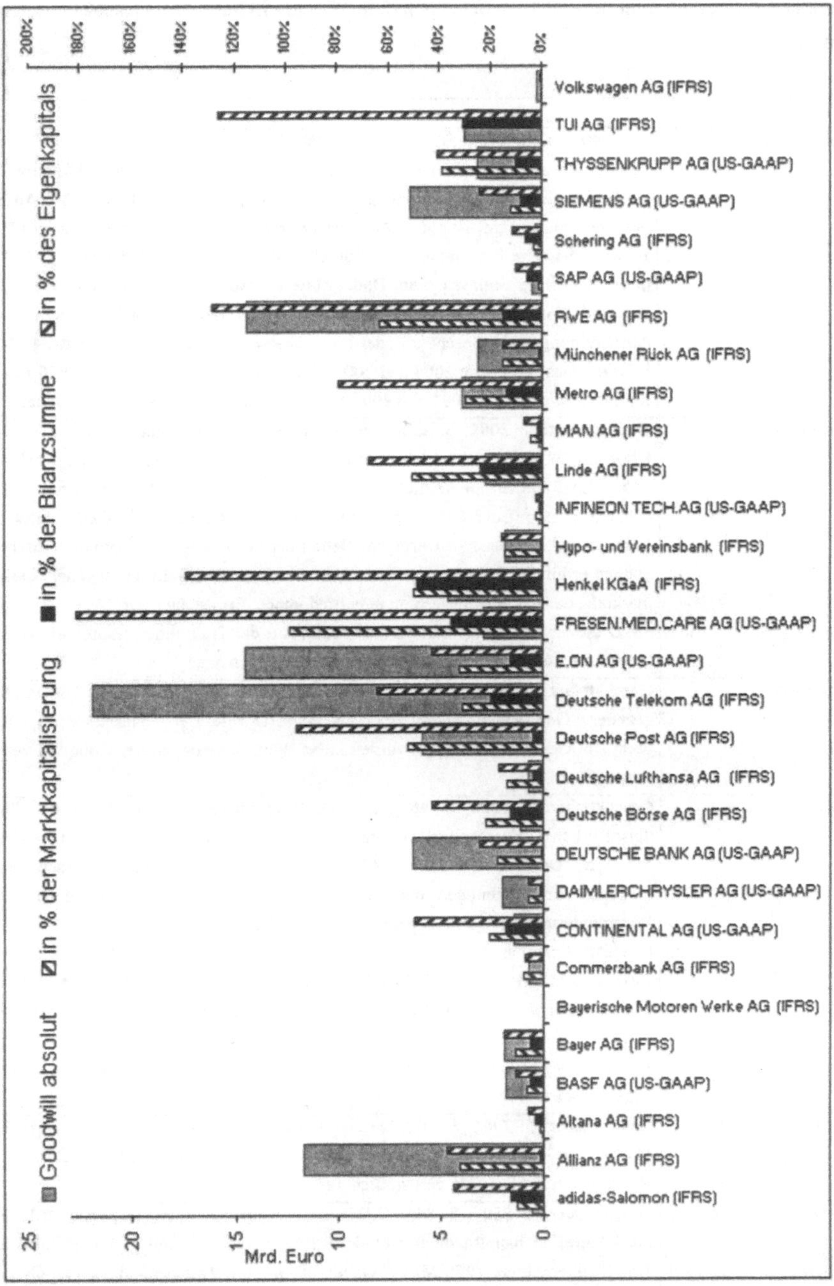

Abbildung 1: **Geschäfts- oder Firmenwerte in den Bilanzen der DAX 30-Unternehmen auf Basis der Jahresabschlüsse 2004**

Exemplarisch seinen hier einige Erläuterungen zum Goodwill aus den Geschäftsberichten erwähnt:

Unternehmen	Anmerkungen
adidas-Salomon	Geschäftsbericht 2004, S. 141-142: Geschäfts- oder Firmenwerte beruhen hauptsächlich auf der Übernahme der Salomon-Gruppe und Tochtergesellschaften in den USA, Australien/Neuseeland, den Niederlanden/Belgien und Italien. Der Anstieg des Goodwill (brutto) ist auf den Erwerb der restlichen Anteile an adidas Spor Malzemeleri Satis ve Pazarlama A.S. (Türkei), Salomon & Taylor Made Co., Ltd. (Japan) und adidas Malaysia Sdn. Bhd. (Malaysia) sowei die Übernahme von Vally Apparel (USA) und Maersk Ewals Logistics B.V. (Niederlande) zurückzuführen. Abschreibungen auf Geschäfts- oder Firmenwerte betrugen 46 Mio. € bzw. 45 Mio. € für die Geschäftsjahre 2004 und 2003; davon entfallen jeweils ungefähr 30 Mio. € für die Geschäftsjahre 2004 und 2003 auf die Übernahme der Salomon Gruppe.
Allianz AG	Geschäftsbericht 2004, S. 138: Die Impairment-Abschreibungen im Jahr 2003 in Höhe von 224 Mio. € beziehen sich auf die Allianz Life Insurance Comoany Ltd., Seoul. Im Rahmen der jährlichen Prüfung der Werthaltigkeit des Geschäfts- oder Firmenwertes auf der Grundlage einer Bewertung der künftigen Cash Flows aus Bestand und Neugeschäft wurde der Betrag der notwendigen Impairment-Abschreibungen ermittelt. Dieser spiegelt die Auswirkungen nachhaltig gesunkener Kapitalmarktzinsen und die insgesamt unbefriedigende Ertragslage der Gesellschaft wider.Dresdner Bank AG, Frankfurt am Main: Aus der Transaktion stammt ein zusätzlicher Geschäfts- oder Firmenwert i. H. v. 2.002. Mio. €.
Altana AG	Geschäftsbericht 2004, S. 44: Im Vergleich zum Vorjahr hat sich die Anfang 2004 geänderte Goodwill-Bilanzierung (IFRS 3) mit 15 Mio. € ergebnisentlastend ausgewirkt. Im Geschäftsjahr 2004 wurden keine Wertminderungen des Goodwill vorgenommen.
BASF AG	Geschäftsbericht 2004, S. 96: Geschäfts- oder Firmenwerte werden gemäß handelsrechtlicher Vorschriften planmäßig über die erwartete Nutzungsdauer abgeschrieben. Der Standard SFAS 142 "Goodwill and other Intangible Assets" sieht hingegen Abschreibungen nur bei Vorliegen einer voraussichtlich dauerhaften Wertminderung vor. Die Werthaltigkeit der Geschäftswerte wird auf Ebene der Geschäftseinheiten überprüft, indem die Marktwerte der Geschäftseinheiten auf Basis diskontierter künftiger Cashflows mit den fortgeführten Buchwerten verglichen werden. Im Jahr 2004 und im Jahr 2003 sind keine wesentlichen Abschreibungen auf Grund dauerhafter Wertminderung angefallen. Die im vorliegenden Abschluss vorgenommenen planmäßigen Abschreibungen sind aufzuheben und dem Ergebnis hinzuzurechnen.
Deutsche Börse AG	Geschäftsbericht 2004, S. 108: Geschäfts- oder Firmenwerte in Höhe von 1.104,5 Mio. € (2003: 1.173,4 Mio. €), hauptsächlich aus der Akquisition von Clearstream International S.A., stellen den größten Teil dar.
Deutsche Post AG	Geschäftsbericht 2004, S. 84, 94: Die Zugäne zum Goodwill im Geschäftsbericht 2004 betreffen hauptsächlich die Akquisition von SmartMail Holdings LCC und Tochterunternehmen (265 Mio. € Goodwill) und die Anteilserhöhung von Guipuzcoana. Der Anstieg der ausschließlich planmäßigen Abschreibungen auf Firmenwerte reflektiert im Wesentlichen die Abschreibungen auf den Firmenwert von Air-

	borne Inc. Die im Vorjahr vorgenommenen Abschreibungen betrafen mit 8 Mio. € DHL Express (Austria) Ges.m.b.H., Österreich.
MAN AG	Geschäftsbericht 2004, S. 117: Lizenzen, Software, ähnliche Rechte und Werte sowie die aktivierten Entwicklungskosten haben bestimmbare Nutzungsdauern. Die planmäßigen Abschreibungen darauf betrugen 64 Mio. € (Vorjahr: 79 Mio. €) und sind in den Funktionskosten, insbesondere in den Umsatzkosten, enthalten. Außerplanmäßige Abschreibungen auf Geschäftswerte von 18 Mio. € (Vorjahr keine) werden in den sonstigen betrieblichen Aufwendungen ausgewiesen.
Metro AG	Geschäftsbericht 2004, S. 103-104: Von den Geschäfts- oder Firmenwerten zum 31. Dezember 2004 in Höhe von 3.932 Mio. € (Vorjahr 3.987 Mio. €) betreffen 3.794 Mio. € (Vorjahr 3.853 Mio. €) Unterschiedsbeträge, die sich aus der Kapitalkonsolidierung ergeben, und 138 Mio. € (Vorjahr 134 Mio. €) aus Einzelabschlüssen übernommene Geschäfts- oder Firmenwerte. Durch die erstmalige Anwendung des IFRS 3 (Business Combinations) wurde im Berichtsjahr keine planmäßige Abschreibung auf Geschäfts- oder Firmenwerte (Vorjahr 272 Mio. €) vorgenommen. Die in Übereinstimmung mit IAS 36 (Impairment of Assets) durchgeführten Impairment-Tests zeigten, dass außerplanmäßige Abschreibungen auf Geschäfts- oder Firmenwerte nicht erforderlich waren. Auch im Vorjahr wurden keine außerplanmäßigen Abschreibungen vorgenommen.
Münchener Rück AG	Geschäftsbericht 2004, S. 167: Der Geschäfts- oder Firmenwert ergibt sich hauptsächlich aus dem Erwerb der American Re im November 1996 sowie aus dem Erwerb zusätzlicher Anteile an der ERGO Versicherungsgruppe in den Jahren 2001 und 2002. Durch Zukäufe in der ERGO Versicherungsgruppe wurde ein Geschäfts- oder Firmenwert von 30 Millionen € als Zugang bilanziert. In den Abschreibungen von 344 Millionen € sind außerplanmäßige Wertberichtigungen von 122 Millionen € enthalten, die bei Geschäfts- oder Firmenwerten in der ERGO Versicherungsgruppe vorgenommen wurden.

Tabelle 1: Erläuterungen zu den Geschäfts- oder Firmenwerten in den Bilanzen der DAX 30-Unternehmen im Geschäftsjahr 2004

In den internationalen und nationalen Rechnungslegungssystemen haben die Bilanzierungsvorschriften zur Abbildung eines Goodwill aus einer Business Combination[4] sehr unterschiedliche Ausprägungen. Nach den US-GAAP sind die Vorschriften zur Bilanzierung von Unternehmenszusammenschlüssen in SFAS 141 und nach den Vorschriften des IASB in IFRS 3 geregelt. Weiterführende Regelungen zur Bilanzierung des Goodwill aus einer Business Combination und immateriellen Vermögenswerten enthalten SFAS 142, IAS 38 und IAS 36. Die US-amerikanischen Standards wurden im Jahr 2001 verabschiedet, während der Standard des IASB im Jahr 2004 verabschiedet wurde.[5] Hauptgrund der Neuregelungen war die Ansicht der Standardsetter, dass die Unternehmen eine missbräuchliche Anwendung der so genannten Pooling of Interests-Methode vornehmen würden, nach der ein Goodwill aus einer

[4] Eine Business Combination ist ein Unternehmenszusammenschluss. Im Folgenden werden beide Begriffe gleichbedeutend verwendet.

[5] Vgl. Pellens/Crasselt/Ruhwedel (Goodwill-Welt, 2005).

Business Combination unter bestimmten Bedingungen erfolgsneutral mit den Rücklagen verrechnet werden konnte.[6] Dadurch sollte eine erhöhte Transparenz bei der Abbildung von Unternehmenszusammenschlüssen sichergestellt werden.[7]

Dabei resultieren die vielfachen Diskussionen über den Goodwill aus seinem umstrittenen Wesen. Die Probleme, die der Goodwill im bilanziellen Sinne verursacht, lassen sich bereits der folgenden Definition aus dem Jahr 1901 exemplarisch entnehmen:

> „What is Goodwill? It is a thing very easy to describe, very difficult to define. It is the benefit and advantage of the good name, reputation, and connection of a business. It is the attractive force which brings in customers. It is the one thing which distinguishes an old established business from a new business at its first start. The Goodwill of a business must emanate from a particular centre of source. However widely extended or diffused its influence may be, Goodwill is worth nothing unless it has power of attraction sufficient to bring customers home to the source from which it emanates. Goodwill is composed of a variety of elements. It differs in its composition in different trades and in different businesses in the same trade. One element may preponderate here, and another element there."[8]

Hiernach gilt der Goodwill als wirtschaftlicher Vorteil und Konglomerat unterschiedlicher Elemente und Faktoren. Im Laufe der Zeit wurde der Begriff des Goodwill, der gemäß obiger Definition eher auf die äußeren Geschäftsbeziehungen gerichtet war, um unternehmensinterne und finanzielle Faktoren ergänzt. Heute lässt sich das Wesen des Goodwill als eine Ansammlung verschiedener, nicht abstrakt bilanzierungsfähiger immaterieller Einflussfaktoren charakterisieren, mit denen im künftigen Geschäftsverlauf positive Ertragserwartungen assoziiert werden[9] und die den Unterschied zwischen dem Effektivvermögen[10] (Gesamtbewertung) und dem Bilanzvermögen (Einzelbewertung) charakterisieren. Da über die Art und Werthaltigkeit dieser immateriellen Einflussfaktoren unterschiedliche Auffassungen bestehen, ist der bilanzielle Ansatz dieser Werte und auch des Goodwill in Höhe und Umfang umstritten.[11] Ziel der vorliegenden Arbeit ist die kritische Analyse der Bilanzierungsvorschriften zum Goodwill nach United States-Generally Accepted Accounting Principles [US-GAAP]

---

6 Vgl. IFRS 3, BC.50-53.

7 Aus der Abbildung des Unternehmenszusammenschlusses sollte ersichtlich werden, wofür der Erwerber den Preis gezahlt hat.

8 Lord Macnaghten in Commissioners of Inland Revenue v. Muller, Lim (A. C. 217, 1901) zitiert nach Dicksee/Tillyard (Goodwill, 1906), S. 32.

9 Vgl. insbesondere zu möglichen Einflussfaktoren Sellhorn (Goodwill Impairment, 2004), S. 13-14. Vgl. weiterhin Küting (Kapitalkonsolidierung, 1997), S. 461; Colley/Volkan (Accounting for Goodwill, 1988), S. 36; Weber/Zündorf (Geschäfts- oder Firmenwert, 1989), S. 334; Trützschler (Behandlung, 1999), S. 392.

10 Vgl. zur Diskussion über das Effektivvermögen insbesondere Moxter (Bilanzlehre, 1976), S. 226-229.

11 Vgl. allgemein Wysocki/Wohlgemuth (Konzernrechnungslegung, 1996); Küting (Bilanzpolitik, 2000); Küting/Hayn (Konzernrechnungslegung, 1996); Lachnit/Ammann/Müller/Wulf (Konzernabschlußanalyse, 2000); Niehus (Konzernrechnungslegung, 2002).

und International Financial Reporting Standards [IFRS][12] sowie eine Würdigung vor dem Hintergrund der Zielsetzung der Rechnungslegung.

2 Gang der Untersuchung

Für diese Untersuchung ist die vorliegende Arbeit in fünf Kapitel gegliedert. Ausgangspunkt der Betrachtungen bildet in Kapitel II die Informationsfunktion der Rechnungslegung kapitalmarktorientierter Unternehmen und die daraus abgeleiteten Anforderungen an die Rechnungslegung gemäß dem Conceptual Framework der US-GAAP sowie dem IFRS-Framework. Sowohl das FASB als auch das IASB stellen im Rahmen ihrer Rechnungslegungskonzepte sehr hohe Anforderungen an die durch die Rechnungslegung zu vermittelnden Informationen von kapitalmarktorientierten Unternehmen. Diese Anforderungen kommen in dem so genannten Decision Usefulness-Ansatz zum Ausdruck. Hiernach haben die Informationen sowohl dem Kriterium der Relevance (Relevanz) als auch dem Kriterium der Reliability (Zuverlässigkeit) zu genügen. Neben anderen Anforderungen sind diese beiden Kriterien in SFAC 2 „Qualitative Characteristics of Accounting Information" verankert, der im Jahr 1980 erstmalig in Kraft getreten ist. Weiterhin werden im zweiten Kapitel die historische Entwicklung der bilanziellen Abbildung des Goodwill aus einer Business Combination aufgezeigt und die Einflüsse auf die Standardentwicklung dargelegt. Diese Vorgehensweise wird gewählt, damit in Verbindung mit Kapitel III eine kritische Würdigung der Bilanzierungsvorschriften unter Berücksichtigung politischer Einflüsse auf die Standardsetzung vorgenommen werden kann.

Im Mittelpunkt von Kapitel III steht die Frage, ob die hohen Anforderungen an die Rechnungslegung durch die Standards zur Goodwill-Bilanzierung für kapitalmarktorientierte Unternehmen erfüllt werden können. Besonderes Gewicht wird dabei auf die Einflussnahme der Lobbyisten bei der Standardsetzung und die sich jeweils durch die Anwendung von SFAS 141, SFAS 142 sowie IFRS 3 ergebenden bilanziellen Gestaltungsmöglichkeiten für das Management des akquirierenden Unternehmens gelegt. Darüber hinaus werden die Auswirkungen dieser Gestaltungsspielräume auf die Zielsetzung der Rechnungslegung durch eine Analyse der Qualitätsmerkmale Relevanz, Zuverlässigkeit und Vergleichbarkeit gewürdigt. Diese Fragestellung bekommt durch die EU-Verordnung vom 19.07.2002 (IFRS-VO), nach der ab dem Jahr 2005 bzw. 2007 auch alle Abschlüsse deutscher kapitalmarktorientierter Mutterunternehmen nach IFRS aufgestellt werden müssen, zusätzliches Gewicht.[13]

---

12 Zu den IFRS vgl. grundlegend Wagenhofer (Internationale Rechnungslegungsstandards, 2005). Die nach der Reorganisation des IASC zum IASB neu erlassenen Standards tragen fortan die Bezeichnung IFRS.

13 Vgl. zur Akzeptanz von Bilanzstandards Grass/Mai (EU, 2005). Zur EU-Rechnungslegungsstrategie Van Hulle (Rechnungslegungsstrategie, 2002); Van Hulle (Bilanzrichtlinien, 2003); Van Helleman/Slomp (Changeover, 2002).

Weiterer Untersuchungsgegenstand in Kapitel III ist das Business Combinations Project Phase II, welches im April 2002 vom FASB und IASB ins Leben gerufen wurde. Es handelt sich hierbei um ein Konvergenzprojekt mit dem Ziel, in den Hauptaspekten von SFAS 141 und IFRS 3 größtmögliche Übereinstimmung zu erlangen, ohne mögliche Unterschiede in Detailfragen aufgrund der verbleibenden individuellen Entscheidungskompetenz der beiden Standardsetter auszuschließen.[14] Eine weitreichende Konvergenz trägt dem Ziel des IASB Rechnung, für jene Unternehmen, die einen IFRS-Abschluss erstellen, eine Anerkennung der Rechnungslegung durch die SEC zu erreichen. Hieraus würde sich für Unternehmen, die nach IFRS bilanzieren die Möglichkeit eines direkten Kapitalmarktzugangs in den USA ergeben.[15] Vor diesem Hintergrund wird ebenfalls analysiert, ob die zu erwartenden Änderungen die Informationsqualität im Sinne des Decision Usefulness-Ansatzes verbessern und ob das IASB seine Position als EU-Standardsetter behaupten kann.

Nach der kritischen Analyse der derzeit gültigen Standards zur Bilanzierung von Unternehmenszusammenschlüssen und insbesondere des Goodwill sowie der aktuellen Entwicklungen, wird im vierten Kapitel die Wiedereinführung der planmäßigen Abschreibung des Goodwill als Konsequenz aus den Unzulänglichkeiten des Impairment Test beleuchtet. Dabei wird neben den Überlegung zur Politik der EU auch hinterfragt, ob ein einheitliches Rechnungslegungssystem mit Monopolstellung weiterhin erstrebenswert erscheint.

---

[14] Vgl. IASB (Business Combinations Phase II, 2004), S. 1; Brücks/Wiederhold (IFRS 3 Business Combinations, 2004), S. 178.

[15] Vgl. Brune/Senger (2004), S. 741-742.

II Kapitel: Entwicklung der Anforderungen an die Rechnungslegung kapitalmarktorientierter Unternehmen zur bilanziellen Abbildung eines erworbenen Goodwill aus einer Business Combination

1 Informationsfunktion der Rechnungslegung kapitalmarktorientierter Unternehmen

1.1 Funktionenschutz des Kapitalmarkts durch Rechnungslegung

Die finanzielle Zielsetzung eines Anteilseigners[16] wird darin gesehen, den an ihn aus der Investition in das Unternehmen fließenden künftigen Zahlungsstrom entsprechend seiner individuellen Konsumvorstellungen zu optimieren. Dieser Zahlungsstrom weist folgende Dimensionen auf: Die zeitliche Struktur, den Umfang pro Zeiteinheit und den Unsicherheitsgrad.[17] Aus gesamtwirtschaftlicher Sicht kommt somit dem Investor eine bedeutende Rolle zu: „Er fungiert der Theorie zufolge als natürlicher Motor der renditegesteuerten Allokationseffizienz in einer marktwirtschaftlichen Ordnung."[18]

Damit die als Signal geltenden Preise für Eigenkapitalanteile und Zinssätze auf Kapitalmärkten sowohl die Ertragserwartungen als auch die Knappheitsrelationen korrekt zum Ausdruck bringen und die gegenwärtigen und/oder potenziellen Investoren bereit sind, ihr Kapital zu investieren, benötigen sie entsprechende Informationen. Aus gesamtwirtschaftlicher Sicht kommt der Rechnungslegung der Unternehmen die Aufgabe zu, einen Beitrag zur Allokationseffizienz des Kapitalmarkts zu leisten.[19] Gemeint ist hiermit der Funktionenschutz des Kapitalmarkts durch Rechnungslegung.[20] Der Funktionenschutz des Kapitalmarkts erfordert

---

16 Unter den Anteilseignern wird im Folgenden die Personengruppe verstanden, die dem Unternehmen Eigenkapital zur Verfügung stellt, d. h. die Aktionäre bei einer Aktiengesellschaft und die Gesellschafter bei einer GmbH. Der Begriff der Anteilseigner wird im Folgenden mit dem Begriff der Investoren gleichgesetzt; von Investoren i. S. v. Eigenkapitalgeber wird insbesondere im IFRS-Framework gesprochen.

17 Vgl. Moxter (Grundsätze, 1966), S. 38.

18 Wagner (Leitlinien, 1995), S. 740.

19 Die Allokationseffizienz setzt die Informationseffizienz von Kapitalmärkten voraus. Vgl. Schildbach (Markt, 1986), S. 16-17. Untersuchungen zur Informationseffizienz der Kapitalmärkte sind insbesondere bei Fama zu finden. Fama beschäftigt sich in seinen Untersuchungen mit der Frage, ob Jahresabschlussinformationen einen Wert für die Preisbildung von Aktienkursen haben. Dabei definiert Fama Informationseffizienz als „[a] market in which prices always 'fully reflect' available information is called 'efficient'." Fama (Efficient, 1970), S. 383. Nach Fama kann die Informationseffizienz in die Ausprägungen schwache, halbstrenge und strenge Informationseffizienz eingeteilt werden. Bei der halbstrengen Informationseffizienz wird von einer vollständigen Berücksichtigung aller öffentlich verfügbaren Informationen in den Aktienkursen ausgegangen. Vgl. Sapusek (Informationseffizienz, 1998), S. 9-18.

20 Vgl. Hax (Bilanzgewinn, 1964), S. 645; Siegel/Bareis/Rückle/Schneider/Sigloch/Streim/Wagner (Stille Reserven, 1999), S. 2078; Merkt (Unternehmenspublizität, 2001), S. 300-301. Ein funktionsfähiger Kapitalmarkt lenkt das Kapital in die bestmögliche Verwendung. Kapitalanlagen können als volkswirtschaftlich optimal bezeichnet werden, wenn sie höchstmögliche Renditen erwirtschaften. Das verteilungsfähige Volkseinkommen wird somit entscheidend durch optimale Kapitalanlagen bestimmt. Dementsprechend ist das finanzielle Ziel eines Anteilseigners in der Optimierung des an ihn aus der Unternehmung fließenden Nettoauszahlungsstroms zu sehen. Vgl. Moxter (Präferenzstruktur, 1964), S. 6-8.

den Individualschutz[21]: Investoren haben einen Anspruch auf eine getreue im Sinne von manipulationsfreie, den Rechnungslegungsstandards entsprechende Rechnungslegung durch das beauftragte Management.

1.2 Informationsverhältnis zwischen Unternehmen und Investoren

Die Investoren eines Unternehmens können nicht selbstverständlich davon ausgehen, dass die Manager in ihrem finanziellen Interesse handeln. Aufgrund der Informationsasymmetrien besteht die Gefahr, dass die Manager diese zur Maximierung ihres privaten Nutzens ausschöpfen und nicht voll umfänglich im Interesse der Eigner handeln.[22]

Dementsprechend gelten die Eigenkapitalgeber als schutzbedürftig. Sie haben zwar die Möglichkeit, durch Diversifikation ihrer Kapitalanlagen ihr Risiko zu minimieren, doch sie sind auf Kontrollen der Personen angewiesen, denen sie ihr Kapital überlassen. Insofern muss der Eigenkapitalgeber der Rechnungslegung durch das Management als Basis für seine Kontrolle und für seine Zukunftsprognosen vertrauen können. Ansonsten besteht für ihn die Gefahr, Eigenkapitaltitel zu überhöhten Preisen zu erwerben oder zu einem zu geringen Preis abzugeben, von einer unberechtigten Kürzung seiner Gewinnansprüche betroffen zu sein, eine unzureichende Geschäftsführung des Managements nicht zu erkennen oder eine zu hohe Managervergütung bei zu positiver Darstellung der Unternehmenslage zu akzeptieren. Wird der Individualschutz nicht hinreichend gesichert, gerät der Funktionenschutz in Gefahr. Im Interesse der Eigenkapitalgeber dient hierbei die Rechnungslegung zur Rechenschaft über die Verwendung des von den Kapitalgebern eingesetzten Kapitals und über die hieraus erzielten Erträge.

---

21 Vgl. Hommelhoff (Anlegerinformationen, 2000), S. 772; Merkt (Unternehmenspublizität, 2001), S. 301-306.

22 Die Beziehung zwischen Anteilseignern und Management eines Unternehmens ist eine Principal-Agent-Beziehung. Principal-Agent-Beziehungen setzen die Existenz eines Vertragsverhältnisses voraus, in dem ein Auftraggeber (Principal) einen Auftragnehmer (Agent) verpflichtet, in seinem Auftrag bestimmte Tätigkeiten auszuführen. Vgl. Jensen/Meckling (Theory of the Firm, 1976), S. 308. Die Agency-Theorie greift diese Beziehungen auf. Dabei lässt sich zwischen fremdfinanzierungsbedingten Agency-Problemen (z. B. Interessenkonflikte zwischen den Gläubigern und Eignern eines Unternehmens) und eigenfinanzierungsbedingten Agency-Problemen (z. B. Interessenkonflikte zwischen Anteilseignern und Geschäftsführung) unterscheiden. Interessenkonflikte zwischen Gläubigern und Geschäftsführung werden durch die fremd- und eigenfinanzierungsbedingten Agency-Probleme abgedeckt. Werden bei eigennützigem Handeln der Geschäftsführung die Gläubiger geschädigt, ist diese Situation mit den eigenfinanzierungsbedingten Agency-Problemen vergleichbar. Kommt es durch eine diskretionäre Handlung der Geschäftsführung zu einer Benachteiligung der Gläubiger bei gleichzeitiger Begünstigung der Anteilseigner, liegen fremdfinanzierungsbedingte Agency-Probleme vor. Vgl. Ewert (Rechnungslegung, 1986), S. 2-3.

1.3 Informationsverteilung

Sind an einem Unternehmen mehrere Personen beteiligt, steht das Unternehmen bei der Informationsvermittlung den Zielvorstellungen dieser Personen gegenüber. Der Rückgriff auf die Zielvorstellungen der Beteiligten wäre für die weitere Konkretisierung der Informationsfunktion unproblematisch, wenn diese in eine operationale Zielfunktion integriert werden könnten.[23] Diese idealtypische Situation kann aber nicht realisiert werden, da die verschiedenen Interessen nicht zwangsläufig in Einklang stehen. Für die Rechnungslegung kapitalmarktorientierter Unternehmen ergibt sich daher das Problem, dass die zu vermittelnden Informationen an den unterschiedlichen Zielen der Adressaten auszurichten sind. Das führt dazu, dass für die Adressaten teilweise gleichgerichtete und teilweise andersartige Informationen bereitzustellen sind. Hieraus ergibt sich für die Rechnungslegung ein unlösbares Optimierungsproblem;[24] sie kann nicht so ausgestaltet werden, dass sie alle an dem Unternehmen beteiligten und darüber hinaus interessierte Gruppen optimal informiert.[25] Eine Möglichkeit der Informationsausrichtung wäre, sich nur auf die Menge der gemeinsamen Informationsinteressen[26] zu konzentrieren und alle konkurrierenden Informationsinteressen außer Acht zu lassen. Die Folge wäre aber, dass die bereitgestellten Informationen auf ein Minimum reduziert wären und diese mitunter für bestimmte Adressaten keine sinnvolle Entscheidungsgrundlage darstellen würden.

Eine Problemlösung kann nur durch ein Werturteil[27] erfolgen. Dabei ist zu fragen, welche Adressaten im Rahmen einer kapitalmarktorientierten und einer nicht kapitalmarktorientierten Rechnungslegung als besonders informationsbedürftig anzusehen sind. Wird eine bestimmte Adressatengruppe präferiert, dann orientiert sich die Rechnungslegung ausschließlich an den Informationsbedürfnissen dieser Gruppe. Die anderen Beteiligten oder darüber hinaus interessierte Gruppen werden nur informiert, wenn ihre Informationsinteressen mit denen der präferierten Adressaten übereinstimmen. Insofern ist eine an anderen Informationsbedürfnissen ausgerichtete Rechnungslegung für sie nur bedingt geeignet.[28]

Weiterhin können aber auch kleinere Gruppen von Adressaten ausgewählt und als besonders informationsbedürftig angesehen werden. In diesem Fall kann die Rechnungslegung auf deren gemeinsame und eventuell auch verschiedene Informationsinteressen ausgerichtet werden. Da aber die gleichzeitige Erfüllung konkurrierender Informationsinteressen ausgeschlossen ist, wird mindestens eine Gruppe nicht optimal informiert. Insofern ist diese Informationsaus-

---

23 Vgl. Wilsdorf (Rechnungslegungszwecke, 1988), S. 109-110.

24 Vgl. Egner (Bilanzen, 1974), S. 38-49.

25 Vgl. Wilsdorf (Rechnungslegungszwecke, 1988), S. 110; Egner (Bilanzen, 1974), S. 38-49.

26 Vgl. Berndt (Fairnesskonzeptionen, 2005), S. 48-54.

27 Vgl. Moxter (Rechnungslegung, 2003), S. 5-6.

28 Vgl. Wilsdorf (Rechnungslegungszwecke, 1988), S. 111-112.

richtung nur dann sinnvoll, wenn die Optimalitätseinbußen gering sind und eine vertretbare Kompromisslösung entsteht.

Aus Sicht des Kapitalmarkts gelten die Eigenkapitalgeber als besonders informationsbedürftig. Das Ziel ihrer wirtschaftlichen Tätigkeit ist die Maximierung ihres Zahlungsstroms zur Bedürfnisbefriedigung. Als Maßstab hierfür gelten die Konsummöglichkeiten des Individuums. Der Konsum ist in diesem Zusammenhang ein analysierbares Ziel wirtschaftlicher Tätigkeit. Als das maßgebliche finanzielle Ziel wird daher in der investitions- und finanzierungstheoretischen Literatur die Optimierung des zur Deckung der Konsumausgaben erzielbaren Zahlungsstroms gesehen.[29] Aus Sicht der Unternehmen, die nicht am Kapitalmarkt auftreten gilt eine andere Informationsverteilung und eine andere Adressatengruppe. Hier lassen sich zwar auch die unterschiedlichen Adressatengruppen nennen, jedoch fällt die Gruppe der Investoren insofern weg, da bei diesen Unternehmen in vielen Fällen der Investor dem Eigentümer und gleichzeitig auch dem Geschäftsführer entspricht.

Festzuhalten bleibt, dass eine kapitalmarktorientierte Rechnungslegung an den Zielen der aktuellen und potenziellen Eigenkapitalgeber auszurichten ist. Vor diesem Hintergrund hat die Rechnungslegung zwei Funktionen zu erfüllen: Die Informationsfunktion zum einen im Sinne von Informationen, die zu Prognosezwecken aufbereitet werden können, zum anderen im Sinne von Rechenschaftslegung. Einerseits sind prognostische Informationen für die Adressaten besonders relevant. Prognosen unterliegen aber den Ermessensspielräumen des Erstellers und gelten daher nur als wenig verlässlich. Zudem kann der Wahrheitsgehalt von Prognosen immer nur ex post verifiziert werden.[30] Andererseits erfordert die Rechenschaftsfunktion eine Ermessensbegrenzung durch eine objektive, intersubjektiv nachprüfbare Berichterstattung, um hinreichend verlässlich zu sein und somit den Nutzen der Information für den Adressatenkreis zu steigern.[31] Diesen beiden allgemeinen Zielen einer kapitalmarktorientierten Rechnungslegung zur Folge wird der Investor das Financial Reporting eines Unternehmens mit dem Ziel analysieren, künftige Cashflows aus einer Investition in das Unternehmen zu prognostizieren und die in der Vergangenheit prognostizierten Cashflows zu prüfen.

Inwiefern diese Funktionen bei der Entwicklung von Rechnungslegungsstandards nach US-GAAP oder IFRS Berücksichtigung finden bzw. diese Ziele in die allgemeinen Vorschriften

---

[29] Vgl. Moxter (Grundsätze, 1966), S. 38; Schmidt (Investitionstheorie, 1986), S. 33. Neben den finanziellen Zielen ist eine Unternehmung für die Investoren auch ein Mittel zur Erreichung ihrer nichtfinanziellen Ziele. Diese werden aber nicht berücksichtigt, da die Rechnungslegung auf die finanziellen Interessen ausgerichtet ist. Nicht finanzielle Leistungsindikatoren werden nach HGB im Lagebericht (§ 289 Abs. 3 HGB) bzw. Konzernlagebericht (§ 315 Abs. 1 Satz 4 HGB) abgebildet.

[30] Vgl. Beyhs (Impairment, 2002), S. 60-61; Kümmel (Grundsätze der Fair Value-Ermittlung, 2002), S. 91; Ballwieser (Informations-GoB, 2002), S. 118.

[31] Vgl. Kahle (Informationsversorgung, 2002), S. 104; Beyhs (Impairment, 2002), S. 60-61; Ballwieser (Informations-GoB, 2002), S. 118.

implementiert wurden, soll im Folgenden untersucht und im dritten Kapitel anhand der Bilanzierungsvorschriften zum Goodwill gewürdigt werden.

2 Anforderungen an die Rechnungslegung gemäß dem Conceptual Framework der US-GAAP im Vergleich zum Framework der IFRS

2.1 Vermittlung von entscheidungsnützlichen Informationen

Die US-GAAP stellen einen unbestimmten Rechtsbegriff dar. Sie lassen sich als eine Aggregation von Einzelregelungen verschiedener Organisationen charakterisieren, unter denen die Securities and Exchange Commission (SEC) und das Financial Accounting Standards Board (FASB) eine zentrale Rolle einnehmen.[32] Die allgemeinen Anforderungen an die Bilanzierung des Goodwill aus einer Business Combination können für SFAS 141 und SFAS 142 aus dem Conceptual Framework des FASB entwickelt werden. Das Conceptual Framework setzt sich aus den Statements of Financial Accounting Concepts (SFAC) zusammen. Die SFAC wurden nicht zu einem Zeitpunkt als eine Einheit entwickelt, sondern im Zeitraum von 1978 bis 2000 schrittweise verabschiedet. Die nachfolgende Tabelle gibt einen Überblick über die einzelnen SFAC:

Nummer	Titel	Verabschiedet (Jahr)	Gültig bis/Ersetzt durch
SFAC 1	Objectives of Financial Reporting by Business Enterprises	1978	Gültig
SFAC 2	Qualitative Characteristics of Accounting Information	1980	Gültig
SFAC 3	Elements of Financial Statements of Business Enterprises	1980	Gültig bis 1985, dann ersetzt durch SFAC 6
SFAC 4	Objectives of Financial Reporting by Non-Business Organizations	1980	Gültig
SFAC 5	Recognition and Measurement in Financial Statements of Business Enterprises	1984	Gültig
SFAC 6	Elements of Financial Statements	1985	Gültig
SFAC 7	Using Cash Flow Information and Present Value in Accounting Measurements	2000	Gültig

Tabelle 2: Statements of Financial Accounting Concepts

[32] Vgl. Haller (Wesentliche Ziele, 2000), S. 6. Zu einem detaillierten Einblick in die Organisationsweise und die Interdependenzen zwischen der SEC und dem FASB vgl. Kiefer (Kapitalmarktregulierung, 2003).

Das Conceptual Framework besteht aus SFAC 1 bis 7[33], wobei SFAC 3 durch SFAC 6 ersetzt worden ist.[34] SFAC 1 enthält die Zielsetzung der Rechnungslegung für erwerbswirtschaftliche Unternehmen, SFAC 2 beinhaltet die qualitativen Anforderungen an die Rechnungslegung und steht in Verbindung mit SFAC 5, den Ansatz- und Bewertungsvorschriften, SFAC 6, den Komponenten des Jahresabschlusses und SFAC 7, den Grundlagen zur Anwendung von Barwerttechniken in der Rechnungslegung. SFAC 4 beschreibt die Zielsetzung der Rechnungslegung nicht erwerbswirtschaftlich orientierter Unternehmen.

Das Conceptual Framework dient als theoretischer Rahmen der Rechnungslegungsnormen des FASB. Es fungiert dabei als logische Begründung bestehender Rechnungslegungsgrundsätze, als theoretisches Fundament zur Schließung von Rechnungslegungslücken und als Deduktionsbasis zukünftiger Rechnungslegungsnormen. Nach SFAC 1.34-40 ist die Zielsetzung eines Abschlusses nach US-GAAP, Informationen zu vermitteln, die

1. für die Investitions-, Kreditvergabe- und ähnliche Entscheidungen nützlich sind,
2. über die Fähigkeit der Erwirtschaftung künftiger Cashflows durch das Unternehmen informieren und
3. über Ansprüche und Verpflichtungen des Unternehmens gegenüber Dritten informieren.

Wie dieses Ziel erreicht werden kann, lässt sich ebenfalls aus dem Conceptual Framework entnehmen. Zur weiteren Erläuterung dient Abbildung 1, die einzelne Bestandteile und Regelungen des Conceptual Framework veranschaulicht.

---

33 Im Folgenden werden die FASB Statements of Financial Accounting Concepts kurz als Conceptual Framework und das IFRS-Framework for the Preparation and Presentation of Financial Statements kurz als IFRS-Framework bezeichnet. Das IASB hat im Oktober 2004 das Projekt „Conceptual Framework" auf seine Agenda aufgenommen. Das Projekt findet in Zusammenarbeit mit dem FASB statt. Ziel des Projektes ist, ein gemeinsames Conceptual Framework zu entwickeln. Vgl. Project Summary (Project Summary Framework, 2005). In Anlehnung an das FASB und das IASB wird in § 342 HGB die rechtliche Voraussetzung zur Anerkennung eines privaten deutschen Rechnungslegungsgremiums gegeben. Auf dieser Rechtsgrundlage wurde das Deutsche Rechnungslegungs Standards Committee e. V. (DRSC) gegründet, innerhalb dessen der Deutsche Standardisierungsrat (DSR) die Facharbeit übernimmt. Seit 1998 hat das DRSC gemäß § 342 Abs. 1 Satz 1 HGB die gesetzliche Aufgabe, 1. Empfehlungen zur Anwendung der Grundsätze über die Konzernrechnungslegung zu entwickeln, 2. das Bundesministerium der Justiz bei Gesetzgebungsvorhaben zu Rechnungslegungsvorschriften zu beraten und 3. die Bundesrepublik Deutschland in internationalen Standardisierungsgremien zu vertreten. Vgl. hierzu umfassend Böcking/Dutzi (Privates Rechnungslegungsgremium, 2002), S. 1-24. Auch der DSR hat ein so genanntes Rahmenkonzept (Grundsätze ordnungsmäßiger Rechnungslegung) im Oktober 2002 als Entwurf vorgelegt. Das Projekt ist aber derzeit nicht mehr auf der Agenda des DSR. Vgl. www.drsc.de. Hier liegt die Vermutung nahe, dass der DSR zunächst die internationale Entwicklung abwarten möchte. Zum dynamischen Wandel des Konzernrechnungswesens vgl. Zwirner/Heiden (Financial Accounting, 2002). Zur Goodwillbilanzierung des DSR vgl. Zimmermann (Signale, 2002).

34 Vgl. exemplarisch Hitz/Kuhner (Conceptual Framework, 2000), S. 891.

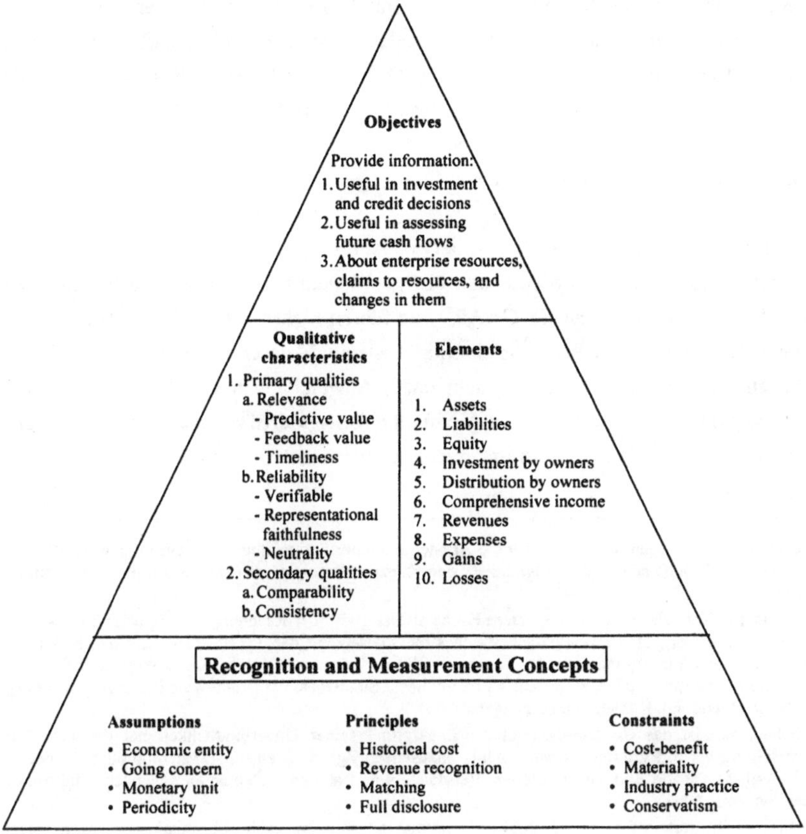

Abbildung 2: Conceptual Framework des FASB

Das Conceptual Framework lässt sich in drei Ebenen gliedern, die inhaltlich eine logische Verknüpfung[35] aufweisen. Auf der obersten Ebene sind die Ziele des Financial Reporting[36] (Objectives) angesiedelt, also die Frage nach dem „warum" der Rechnungslegung. Auf den beiden folgenden Ebenen wird das „wie" der Rechnungslegung, also die Frage wie die Ziele der Rechnungslegung erreicht werden sollen, geklärt.[37] Dazu wird auf der mittleren Ebene dargelegt, welche Kategorien von Informationen (Elements) das Financial Statement[38] enthal-

[35] Vgl. Haller (Grundlagen, 1994), S. 203.

[36] Das Financial Reporting umfasst neben dem Jahresabschluss alle Formen der Informationsvermittlung die direkt oder indirekt mit dem Rechnungslegungssystem verbunden sind. Vgl. Davidson/Anderson (Development, 1987), S. 123.

[37] Zum deduktiven Aufbau des Framework vgl. Haller (Wesentliche Ziele, 2000), S. 8.

[38] Die Financial Statements umfassen die Bilanz, die Gewinn- und Verlustrechnung, die Eigenkapitalveränderungsrechnung und die Kapitalflussrechnung. Gemäß SFAS 131.9 umfasst ein Financial Statement kapitalmarktorientierter Unternehmen auch eine Segmentberichterstattung. Nicht kapitalmarktorientierten

ten soll. Weiterhin wird auf der mittleren Ebene durch die Qualitative Characteristics beschrieben, wie die im Financial Statement vermittelten Informationen beschaffen sein sollen, um das Ziel der Rechnungslegung zu erfüllen. Die Qualitative Characteristics legen somit die Anforderungen an die Informationsvermittlung fest. Die untere Ebene enthält Grundsätze, die sich in Annahmen, Prinzipien und Nebenbedingungen konkretisieren und bei der Rechnungslegung nach US-GAAP zu beachten sind.[39]

Die Inhalte des Conceptual Framework sind bei der Jahresabschlusserstellung nicht unmittelbar verpflichtend anzuwenden im Sinne einer übergeordneten und zwingend zu beachtenden Richtlinie.[40] SFAC schaffen keine US-GAAP[41]; sie führen nicht zu Änderungen bestehender Regelungen und können auch keine bestimmte Auslegung dieser Regelungen induzieren. Ebenso dienen die Concept Statements nicht dazu, Abweichungen von bestehenden Vorschriften zu rechtfertigen.[42] Somit ist der Verbindlichkeitsgrad des Conceptual Framework nicht eindeutig geklärt.[43] Die Concept Statements werden aber im House of US-GAAP als

---

Unternehmen wird hingegen in SFAS 131.9 die Aufstellung einer Segmentberichterstattung nur empfohlen. Auch § 297 Abs. 1 HGB enthält die Möglichkeit, den Konzernabschluss um eine Segmentberichterstattung zu erweitern.

39 Kieso/Weygandt/Warfield sehen nur die untere Ebene als das „wie" der Rechnungslegung an und betrachten die mittlere Ebene lediglich als Bindeglied, welches die Zielsetzung der oberen Ebene mit den konkreten Ansatz- und Bewertungsgrundsätzen der unteren Ebene verbindet. Vgl. Kieso/Weygandt/Warfield (Intermediate Accounting, 2001), S. 36. Zur Kritik an dieser Sichtweise vgl. Kuhlewind (Grundlagen, 1997), S. 55. Weiterführend vgl. Kuhner (Zielsetzungen, 2005).

40 Nach Wüstemann ist das Conceptual Framework aufgrund seiner Unverbindlichkeit bei der Jahresabschlusserstellung als reflektiertes Vorverständnis anzusehen. Vgl. Wüstemann (Systembildung, 1999), S. 125-126. Vgl. zur Rolle und einem breiten Vergleich von Rahmenkonzepten insbesondere Ballwieser (Rahmenkonzepte, 2003).

41 Das American Institute of Certified Public Accountants (AICPA) zählt die Inhalte des Conceptual Framework nach dem Statement of Auditing Standards (SAS) 69: „The Meaning of Present Fairly in Conformity With Generally Accepted Accounting Principles in the Independent Auditor's Report" zum weiteren Kreis der US-GAAP. Vgl. Siebert (Grundlagen, 1996), S. 125; Miller/Redding/Bahnson (The FASB, 1998), S. 60-63. Vgl. allgemein Sonnemann (Konzeptionelle Grundlagen, 1989).

42 Das FASB bezeichnet die Beachtung des Conceptual Framework bei der Jahresabschlussprüfung als irrelevant. Vgl. das Vorwort zu SFAC 7 „Using Cash Flow Information and Present Value in Accounting Measurements". Concept Statements fallen hiernach nicht unter den Anwendungsbereich von Rule 203, 204 der Rules of Conduct of Professional Ethics of the American Institute of Certified Public Accountants und sind somit keine US-GAAP. Pellens/Fülbier/Gassen leiten den Verbindlichkeitsgrad der Rechnungslegungsnormen des FASB auch über den Berufsstand der Wirtschaftsprüfer ab. „Gemäß der vom AICPA herausgegebenen Rule 203 des Code of Professional Ethics sind die Wirtschaftsprüfer verpflichtet, ein uneingeschränktes Jahresabschlusstestat nur bei Einhaltung der FASB-Verlautbarungen zu erteilen. Da der SEC-Berichtspflicht unterliegende Unternehmen einen uneingeschränkt testierten Jahresabschluss einzureichen haben, werden die Rechnungslegungsnormen des FASB für kapitalmarktorientierte Unternehmen auch auf diesem Wege verbindlich." Pellens/Fülbier/Gassen (Internationale Rechnungslegung, 2004), S. 64.

43 Vgl. Haller (Grundlagen, 1994), S. 221. Hitz/Kuhner messen dem Conceptual Framework „keine unmittelbar verpflichtende Wirkung" bei der Jahresabschlusserstellung bei. Hitz/Kuhner (Conceptual Framework, 2000), S. 890. Nach Wüstemann besitzen die Concept Statements keinen direkten verbindlichen Charakter für die Rechnungslegung. Sie sind vielmehr als Ausfluss der SFAS sowie der FASB Interpretations (FIN) anzusehen. Vgl. Wüstemann (Systembildung, 1999), S. 124. Zur Rolle des Conceptual Framework im Rahmen der Standardsetzung vgl. Tweedie (Regulating Change, 1996); Storey (Framework, 1991).

Fundament interpretiert.[44] Zur Veranschaulichung der Normenhierarchie nach US-GAAP soll die folgende Abbildung des House of US-GAAP dienen.

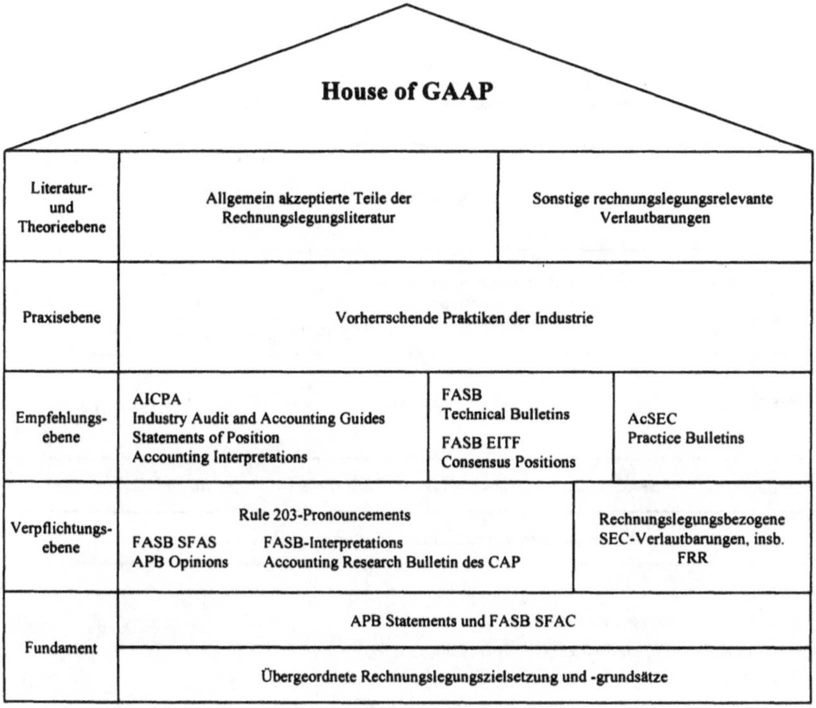

Abbildung 3: House of GAAP
Quelle: In Anlehnung an Pellens/Fülbier/Gassen (Internationale Rechnungslegung, 2004), S. 67.

Konkretisierend kann aus dem allgemein gültigen House of US-GAAP ein Goodwill House of US-GAAP entwickelt werden. Hierin sind die für die Goodwill-Bilanzierung relevanten Bausteine enthalten, wie die folgende Abbildung zeigt.

44 Vgl. Pellens/Fülbier/Gassen (Internationale Rechnungslegung, 2004), S. 67. Pellens/Fülbier/Gassen lassen allerdings offen, ob die Concept Statements verbindlich in die US-GAAP einzuordnen sind oder nicht.

Goodwill House of GAAP

Literatur- und Theorieebene	Allgemein akzeptierte Teile der Rechnungslegungsliteratur	IFRS 3, IAS 36, IAS 38 CICA EIC-129
Praxisebene	Vorherrschende Praktiken der Industrie	
Empfehlungsebene	AICPA Practice Aid „Assets Acquired in a Business Combination To Be Used in Research and Development Activities“	EITF 98-3 EITF 99-12 EITF Abstracts, Topic D-100 EITF Abstracts, Topic D-101
Verpflichtungsebene	SFAS No. 141 SFAS No. 142 SFAS No. 131 SFAS No. 109	FASB FIN 4
Fundament	SFAC No. 2 SFAC No. 5 SFAC No. 6 SFAC No. 7 Übergeordnete Rechnungslegungszielsetzung und -grundsätze	

Abbildung 4: Goodwill House of GAAP
Quelle: In Anlehnung an Richter (Goodwill, 2004), S. 47.[45]

Unabhängig davon, ob den SFAC ein mittelbarer oder unmittelbarer Verbindlichkeitsgrad zugesprochen wird, entfalten sie eine materielle Bedeutung für die induktive Ermittlung von US-GAAP aus der Rechnungslegungspraxis heraus.[46] Das Conceptual Framework bildet die Basis für die Ausgestaltung neuer Standards;[47] es ist ein Hilfsmittel bei der Lösung von Rechnungslegungsproblemen und dient dem Standardsetter insbesondere bei der Beantwortung nicht geklärter Bilanzierungssachverhalte.[48]

---

45 Auf die einzelnen Bausteine des Goodwill House of GAAP wird im Laufe der Arbeit zurückgegriffen. Von einer Erläuterung an dieser Stelle wird deshalb abgesehen.

46 In diesem Zusammenhang wird von Non Promulgated US-GAAP gesprochen. Bei Veröffentlichungen des FASB und seiner Vorgängerorganisationen wird von Promulgated US-GAAP gesprochen. Vgl. Pellens (Internationale Rechnungslegung, 2001), S. 118-122. Das AICPA sieht das Conceptual Framework als Quelle von Non Promulgated US-GAAP. Vgl. Haller (Grundlagen, 1994), S. 221.

47 Auch innerhalb der Standards wird auf die SFAC verwiesen. Vgl. beispielsweise SFAS 142.24.

48 Vgl. Coenenberg (Jahresabschluss, 2003), S. 64; Klein (Konzernabschluss, 2003), S. 48; Haller (Wesentliche Ziele, 2000), S. 7; Baetge/Roß (Fair Presentation, 2000), S. 33; Hitz/Kuhner (Conceptual Framework, 2000), S. 890; Schildbach (US-GAAP, 2002), S. 30. Zur Kritik am Conceptual Framework und hier insbesondere zur Problematik resultierender Inkonsistenzen zwischen den SFAC und den SFAS vgl. Haller (Grundlagen, 1994), S. 218-230; Siebert (Grundlagen, 1996), S. 183-187; Kuhlewind (Grundlagen, 1997), S. 49-53.

Zur Würdigung der Goodwill-Bilanzierungsvorschriften werden die Qualitative Characteristics an die Rechnungslegung nach US-GAAP zugrunde gelegt. Die folgende Abbildung zeigt die Hierarchiestufen der Qualitative Characteristics und deren Interdependenzen.

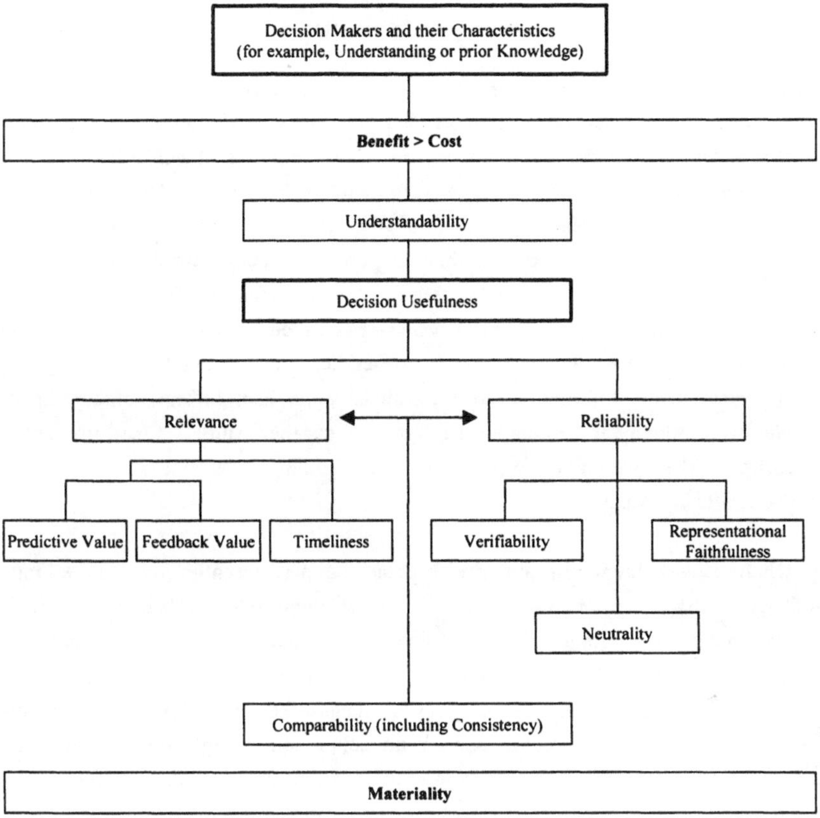

Abbildung 5: Qualitative Characteristics nach US-GAAP
Quelle: In Anlehnung an SFAC 2.33.

Aus der Abbildung geht hervor, dass die durch die Rechnungslegung vermittelten Informationen der Decision Usefulness genügen müssen, die durch die Kriterien Relevanz und Zuverlässigkeit determiniert werden. Weitere Bedingungen sind die Wirtschaftlichkeit, also der Grundsatz, dass der Nutzen einer Information grundsätzlich größer sein soll als die durch sie verursachten Kosten und der Grundsatz der Wesentlichkeit. Auch die Vergleichbarkeit von Abschlüssen ist ein weiteres Kriterium. Im Folgenden ist zu untersuchen, welche Anforderungen an entscheidungsnützliche Informationen gemäß den Qualitative Characteristics nach US-GAAP gestellt werden.

2.2 Anforderungen an entscheidungsnützliche Informationen nach dem Conceptual Framework der US-GAAP

2.2.1 Grundsatz der Entscheidungsrelevanz von Informationen

2.2.1.1 Entscheidungsrelevanz von Informationen für Prognosezwecke

Wie vorangehend erläutert, ist das vorrangige Ziel eines US-GAAP-Abschlusses die Vermittlung entscheidungsnützlicher Informationen. Die Entscheidungsnützlichkeit wird durch die Kriterien Relevanz und Zuverlässigkeit der vermittelten Informationen determiniert. Eine allgemeine Definition beider Kriterien ist nicht möglich. Beispielsweise könnten die Kosten der Informationsgewinnung über eine Wertminderung über denen der planmäßigen Abschreibung liegen. Ob aber gleichzeitig mit dem Anstieg der Kosten der Informationsgewinnung der Nutzen für den Adressaten steigt, kann nicht beantwortet werden. Auch die Beurteilung, ob die vermittelten Informationen für den Adressaten wesentlich sind, kann nicht allgemeingültig beantwortet werden. Eine Information ist wesentlich, wenn dem Informationsempfänger durch die Nichtvermittlung der Information ein Nachteil entstehen würde.[49] Eine Information ist demnach immer dann wesentlich, wenn sie die Entscheidungssituation des Informationsempfängers beeinflussen kann.[50]

Im Vergleich zur Entscheidungsrelevanz handelt es sich bei der Wesentlichkeit um die Frage der quantitativen Bedeutung der Information. Die Entscheidungsrelevanz betrifft die grundsätzliche Relevanz einer Information aufgrund ihrer Eigenschaft als Parameter im Entscheidungskalkül des Informationsadressaten. Die Wesentlichkeit hingegen bezieht sich auf die quantitative Bedeutung der Information im Entscheidungskalkül des Adressaten.[51] Hieraus lässt sich schließen, dass die Information immer dann nicht kommuniziert werden muss, wenn sie das Entscheidungskalkül des Informationsadressaten nur unerheblich beeinflusst. Die Frage der Wesentlichkeit kann deshalb nur im Einzelfall geprüft werden.

Gemäß dem Conceptual Framework ist eine Information immer dann entscheidungsrelevant, wenn durch diese Information eine Entscheidung beeinflusst und die Qualität der Entscheidung verbessert wird.[52] Eine Qualitätssteigerung in dieser Hinsicht würde beispielsweise vorliegen, wenn eine bestimmte Information die Fähigkeit des Adressaten, die künftige Entwicklung des Unternehmens zu prognostizieren, verbessern würde. Ebenso könnte die Quali-

---

49 Vgl. Leffson (Wesentlich, 1986), S. 436.

50 Vgl. SFAC 2.132.

51 Vgl. SFAC 3.125.

tät einer vergangenen Entscheidung insofern geprüft werden, als durch sie zum Entscheidungszeitpunkt vorhandene Erwartungen bestätigt oder widerlegt werden.[53] Die Entscheidungsrelevanz weist somit die folgenden Komponenten auf:

1. die Entscheidungsrelevanz für Prognosezwecke, die auch als Predictive Value bezeichnet wird und
2. die Entscheidungsrelevanz für Kontroll- bzw. Rechenschaftszwecke, die auch als Feedback Value bezeichnet wird.[54]

Die Entscheidungsrelevanz von Informationen orientiert sich demnach an den beiden allgemeinen Zielen der Rechnungslegung: Die Informationsfunktion im Sinne von Informationen, die zu Prognosezwecken aufbereitet werden können und die Informationsfunktion im Sinne von Rechenschaftslegung.[55] Weiterhin ist zu klären, was unter Prognose- und Kontrollzwecken zu verstehen ist. Grundsätzlich ist die Art der Vermittlung von entscheidungsnützlichen Informationen an den Bedürfnissen der Adressaten ausgerichtet. Da aber die Rechnungslegung eine Vielzahl von Zwecken erfüllt und von Adressaten mit unterschiedlichen Bedürfnissen genutzt wird, ist zur Beurteilung der Entscheidungsnützlichkeit einer Information auf eine typisierende Betrachtung der Bedürfnisse der Adressaten zurück zu greifen, denn die Eignung einer Information für individuelle Entscheidungen kann nicht beurteilt werden. Daher wird für die folgende Analyse unterstellt, dass ein Abschlussadressat das Financial Reporting eines Unternehmens mit dem Ziel analysiert, seine künftigen Cashflows aus der Investition in das Unternehmen zu prognostizieren und die Qualität seiner Erwartungen hinsichtlich bereits prognostizierter Cashflows in vergangenen Perioden anhand eines Back-Testing zu prüfen. Die zu prognostizierenden Zielgrößen des Adressaten sind somit die künftigen Cashflows aus der operativen Tätigkeit des Unternehmens;[56] sie stellen die nachhaltig erzielbaren Einnahmeüberschüsse des Unternehmens dar. Zur Schätzung der zukünftigen operativen Cashflows greift der Investor u. a. auf das aktuelle und auf vergangene Jahresergebnisse zurück. Der Rückgriff auf das Jahresergebnis erfolgt zum einen, weil jedes Unternehmen Informationen darüber zur Verfügung stellt.[57] Zum anderen ist das Jahresergebnis ein besserer Indikator für künftige operative Cashflows als die aktuellen operativen Cashflows.[58] Ursächlich hierfür ist, dass sich das Jahresergebnis nicht wie die Cashflows an den tatsächlichen Zahlungsströmen des Unternehmens orientiert, sondern auf dem Accrual-Prinzip basiert. D. h. Zahlungen des Unternehmens über mehrere Perioden werden nicht im Jahr ihrer Entstehung in voller Höhe

---

52 Vgl. SFAC 2.49. Baetge interpretiert die Entscheidungsrelevanz als „ökonomische Brauchbarkeit". Baetge (Objektivierung, 1970), S. 168.

53 Vgl. SFAC 2.52.

54 Vgl. SFAC 2.51-55.

55 Vgl. hierzu Kapitel II, 1.3.

56 Vgl. Damodaran (Valuation, 2001), S. 106-107.

57 Vgl. Klein/Krämling/Andreas (Finanzanalysten, 2002), S. 6-7, Rz. 13-15.

58 Vgl. hierzu die Studien von Dechow (Performance, 1994), S. 3-42; Moehrle/Reynolds-Moehrle/Wallace (Earnings, 2001), S. 243-255.

erfolgswirksam, vielmehr werden sie den durch sie alimentierten Erträgen zugeordnet.[59] Ausgangsbasis für die Entscheidungen des Adressaten ist somit insbesondere das Jahresergebnis.

Nach SFAC 1.37 soll das Financial Reporting nach US-GAAP die Adressaten bei der Einschätzung von Höhe, zeitlichem Anfall und Unsicherheit künftiger Cashflows unterstützen. Der Adressat wird für seine Investitions- und Kreditvergabeentscheidungen die künftigen Cashflows des Unternehmens schätzen und sich auf dieser Basis eine Vorstellung über seine künftige Vermögensposition als Aktionär oder Gläubiger bilden.

2.2.1.2 Entscheidungsrelevanz von Informationen für Rechenschaftszwecke

Das Financial Reporting nach US-GAAP soll dem Adressaten durch die Vermittlung entscheidungsrelevanter Informationen ebenfalls ermöglichen, vergangene Erwartungen hinsichtlich des Jahresergebnisses zu kontrollieren. Das bilanzierende Unternehmen hat im Rahmen der Rechnungslegung Rechenschaft über die Ergebnisse seiner wirtschaftlichen Tätigkeit in der abgelaufenen Periode zu legen. Auf der Basis dieser Ergebnisse sollen die Adressaten ihre Erwartungen über die Ergebnisse der Berichtsperiode und das Handeln des Managements beurteilen können.

Die Leistung des Unternehmens und die Entscheidungen des Managements werden im Wesentlichen an der Höhe des Jahresergebnisses gemessen. Seitens der Unternehmensleitung besteht daher das Interesse, die Erwartungen der Anteilseigner hinsichtlich des Jahresergebnisses zu erfüllen. Darüber hinaus hat die Unternehmensleitung selbst Prognosen über die Höhe des Jahresergebnisses erstellt und veröffentlicht.[60] Das Management ist deshalb daran interessiert ein Jahresergebnis zu erzielen, das dem von ihm prognostizierten Jahresergebnis entspricht oder es sogar übersteigt.[61]

2.2.2 Grundsatz der Zuverlässigkeit von Informationen

Die durch das Financial Reporting vermittelten Informationen müssen neben der Relevanz ebenfalls das Kriterium der Zuverlässigkeit aufweisen. Unter der Zuverlässigkeit versteht das FASB gemäß SFAC 2 „Qualitative Characteristics of Accounting Information" die Abbildungstreue und die Nachprüfbarkeit. Daneben steht die Bedingung der Neutralität der Abbildung. Während sich die Abbildungstreue darauf bezieht, dass sämtliche Geschäftsvorfälle

---

[59] Vgl. Klein/Krämling/Andreas (Finanzanalysten, 2002), S. 10, Rz. 27-28.

[60] Hierzu zählen Bilanzpressekonferenzen und Analystenkonferenzen. Weiterhin werden Prognosen über die künftige Entwicklung von Unternehmen, die verpflichtet sind, ihren Konzernabschluss bei der SEC einzureichen, in dem Management's Discussion and Analysis of Financial Condition (MD&A) bekannt gegeben. Ein dem MD&A entsprechendes Berichtselement gibt es nach den Vorschriften des HGB nicht. Prognosen über die künftige Entwicklung des Unternehmens werden nach HGB im Lagebericht gegeben. Vgl. zum Lagebericht Böcking/Müßig (Lagebericht, 2002), S. 1-42; Müßig (Risikovorsorge, 2006).

[61] Insbesondere vor dem Hintergrund von performanceorientierten Vergütungen.

richtig und vollständig zu erfassen sind[62], ist mit der Forderung der Nachprüfbarkeit der vermittelten Informationen die Objektivität der vermittelten Informationen gemeint. Objektiv ist eine vermittelte Information immer dann, wenn sie intersubjektiv nachprüfbar ist.[63]

Wenn im Zusammenhang von prognostischen Informationen von „richtig" gesprochen wird, dann ist Richtigkeit nicht im Sinne einer ex ante-Wahrheit zu interpretieren.[64] Die Richtigkeit im Sinne von wahr könnte bei prognostischen Informationen nur zurückblickend (ex post) beurteilt werden, da diese zum Abschlussstichtag noch ungewiss sind. Nach SFAC 2.59 ist daher die Frage der Zuverlässigkeit der vermittelten Informationen „hardly ever a question of black or white, but rather of more reliability or less"[65]. Wie könnte in diesem Zusammenhang „richtig" interpretiert werden? Bei der Abschlusserstellung steht der Ersteller grundsätzlich dem Problem gegenüber, dass unterschiedliche Erwartungen über künftige Ereignisse existieren, die er im Abschluss auf einen Wert verdichten muss. Für den Adressaten ergibt sich hieraus ebenfalls ein Problem: Der Ersteller kann aus einer Bandbreite möglicher Werte den Wert wählen, der am Besten zu seiner Zielerreichung beiträgt. Somit hat der Adressat ein Interesse an einer geringen Bandbreite der Werte. Eine investororientierte Rechnungslegung sollte deshalb die Wahlmöglichkeiten einschränken oder die Bandbreiten offen legen.

Die Einschätzung künftiger Ereignisse kann sich in der Regel nicht auf sichere Erwartungen stützen. Von sicheren Erwartungen kann nur ausgegangen werden, wenn es sich um bereits realisierte oder determinierte Vorgänge handelt.[66] In der Literatur wird hinsichtlich des Wissens über künftige Ereignisse zwischen der Wahrscheinlichkeit und Glaubwürdigkeit unterschieden.[67] Zur Ermittlung des Erwartungswerts wird für jede mögliche künftige Ereignis durch mathematisch-statistische Verfahren eine bestimmte Wahrscheinlichkeit ihres Eintritts geschätzt.[68] Durch die Aggregation der mit ihren Eintrittswahrscheinlichkeiten gewichteten möglichen in dem Umweltzustand eintretenden Ereignisse wird der Erwartungswert ermittelt. Bei vollständiger Offenlegung des Verfahrens und der Streuung des Erwartungswerts können die so ermittelten Erwartungswerte durch Dritte intersubjektiv nachgeprüft werden.[69]

---

62 Vgl. Haller (Grundlagen, 1994), S. 208; Pellens (Internationale Rechnungslegung, 2001), S. 140.

63 Vgl. Baetge/Roß (Fair Presentation, 2000), S. 33.

64 Vgl. Baetge/Kirsch/Thiele (Bilanzen, 2002), S. 103.

65 SFAC 2.59.

66 Zu den fast sicheren Erwartungen könnten auch die Fälle zählen, in denen aufgrund der Struktur des Sachverhalts nur ein Ereignis möglich erscheint, weil sämtliche anderen Konstellationen nur mit äußerst geringen Wahrscheinlichkeiten eintreten können. Vgl. Leffson (GoB, 1987), S. 471.

67 Vgl. Baetge (Objektivierung, 1970), S. 17; Ballwieser (Anforderungen, 2001), S. 160; Ziesemer (Rechnungslegungspolitik, 2002), S. 27-29.

68 Vgl. Ballwieser (Risiko, 1981), S. 99-100.

69 Die Prüfung kann dabei beispielsweise durch den Abschlussprüfer oder den Aufsichtsrat erfolgen. Vgl. § 316 Abs. 1 HGB; § 171 Abs. 1 AktG.

Der Glaubwürdigkeit liegt hingegen die subjektive Einschätzung des Bilanzierenden zugrunde.[70] Diese Einschätzungen gehen oft auf den Erfahrungsschatz des Bilanzierenden zurück, weshalb ihre Entstehung in der Regel nicht dokumentiert werden kann. Von daher wird im Rahmen der folgenden Untersuchung lediglich auf die Zuverlässigkeit im Sinne von intersubjektiver Nachprüfbarkeit (Wahrscheinlichkeit) abgestellt. Im weiteren Verlauf der Arbeit ist jeweils zu untersuchen, ob die im Rahmen der Goodwill-Bilanzierung vermittelten Informationen über künftige Ereignisse wahrscheinlich und/oder glaubwürdig sind und welche Konsequenzen sich daraus für die Zuverlässigkeit der jeweils vermittelten Information ergeben. Beispielsweise ist zu untersuchen, ob die Annahmen im Rahmen von Wertminderungstests[71] intersubjektiv nachgeprüft werden können und insofern für den Investor eine zuverlässige Informationsgrundlage bieten.

2.2.3 Relation von Relevanz und Zuverlässigkeit zur Entscheidungsnützlichkeit

Die Ausrichtung der Informationsvermittlung an der Entscheidungsnützlichkeit hat in der Literatur dazu geführt, dass sich unterschiedliche Auffassungen über das Verhältnis der qualitativen Anforderungen an einen Abschluss gebildet haben. Einigkeit herrscht aber darüber, dass im Zusammenhang mit der Entscheidungsnützlichkeit den Kriterien Relevanz und Zuverlässigkeit eine entscheidende Bedeutung zukommt.[72]

Die Anhänger der Traditional Theories erheben die Forderung nach zuverlässigen Informationen im Rahmen der Bereitstellung entscheidungsnützlicher Informationen. Ihrer Auffassung nach ist die Zuverlässigkeit als dominierend anzusehen; dagegen hat sich die Relevanz einer Information der Zuverlässigkeit unterzuordnen.[73] Im Gegensatz hierzu messen die Decision Usefulness-Anhänger der Relevanz einer Information eine vorrangige Bedeutung bei und stellen das Kriterium der Relevanz folglich über das Kriterium der Zuverlässigkeit.[74] In diesem Sinne ist eine relevante Information immer zuverlässig.

Busse von Colbe hingegen stellt die Relevanz einer Information mit der Zuverlässigkeit der Information auf eine Ebene. Seiner Meinung nach sind Informationen für den Informationsempfänger dann nützlich, wenn sie entscheidungsrelevant und zuverlässig im Sinne von intersubjektiv nachprüfbar sind. Ob im Einzelfall der Relevanz oder der Zuverlässigkeit eine

---

[70] Vgl. Moxter (Erwartungen, 1962), S. 631; Leffson (GoB, 1987), S. 472.

[71] Ein Wertminderungstest, auch Impairment Test genannt, ist vergleichbar mit einem Niederstwerttest. Vgl. Kapitel III, 1.3.2.3 und 2.3.2.

[72] Vgl. Kuhner (Spannungsverhältnis, 2001), S. 531; Hennrichs (Ausbau, 2000), S. 631; Haller (Grundlagen, 1994), S. 255.

[73] Vgl. Kuhner (Spannungsverhältnis, 2001), S. 528-532.

[74] Vgl. stellvertretend für viele Haller (Grundlagen, 1994), S. 222; Kuhlewind (Grundlagen, 1997), S. 103. Kuhlewind bezeichnet die Relevanz in diesem Zusammenhang als einen Obergrundsatz.

höhere Bedeutung beizumessen ist, bleibt strittig. Ein daraus möglicherweise resultierender Konflikt wird in der Literatur vielfach diskutiert.[75]

Das FASB hat bisher davon abgesehen, eine Rangstufe der Kriterien festzulegen,[76] weist aber auf die Notwendigkeit eines jeweiligen Mindestmaßes beider Kriterien hin.[77] Grundsätzlich sind die Kriterien somit gleichwertig. Im Sinne des Conceptual Framework soll eine entscheidungsnützliche Abschlussinformation daher sowohl relevant als auch zuverlässig sein. Die Rechnungslegung erfüllt nur dann das Ziel entscheidungsnützliche Informationen zu vermitteln, wenn das Prinzip der Relevanz durch das gleichgewichtete Prinzip der Zuverlässigkeit ergänzt wird.[78] „Increased relevance and increased reliability are the characteristics that make information a more desirable commodity – that is, one useful in making decisions."[79]

2.2.4 Grundsatz der Vergleichbarkeit von Informationen

Die Vermittlung entscheidungsnützlicher Informationen bedingt weiterhin die Vergleichbarkeit der Informationen, denn dadurch wird der Informationswert für den Adressaten erhöht.[80] Die Vergleichbarkeit weist dabei drei Dimensionen auf: Die Informationen sollen sowohl im Zeitablauf vergleichbar sein (interperiodische Vergleichbarkeit) als auch den Vergleich mit Informationen anderer Unternehmen ermöglichen (zwischenbetriebliche Vergleichbarkeit). Die Vergleichbarkeit kann darüber hinaus auch einen Soll-Ist-Vergleich ermöglichen. So können prognostische Informationen ex post verifiziert werden. Die Vergleichbarkeit der vermittelten Informationen eines Unternehmens setzt eine stetige Anwendung der Ansatz-, Bewertungs- und Ausweismethoden voraus. Eine Durchbrechung des Grundsatzes der Stetigkeit ist zwar gemäß SFAC 2.122 möglich, aber mit umfangreichen Erläuterungen und Begründungen für den Wechsel der Ansatz-, Bewertungs- und Ausweismethoden im Abschluss erforderlich.

Im Rahmen des dritten Kapitels dieser Arbeit sind die Anforderungen des Grundsatzes der Vergleichbarkeit der vermittelten Informationen an die Goodwill-Bilanzierung zu prüfen. Auch hierbei ist zu beachten, dass Wahlmöglichkeiten und Ermessensspielräume grundsätzlich die Vergleichbarkeit der im Abschluss vermittelten Informationen beeinträchtigen. Somit

---

75 Vgl. Busse von Colbe (Entwicklung, 1993), S. 20; Kuhner (Spannungsverhältnis, 2001), S. 530-537; Haller/Dietrich (Lagebericht, 2001), S. 1050; Hommel (Bilanzrechtskonzeption, 1997), S. 349-351; Haller (Grundlagen, 1994), S. 208-209.

76 Vgl. Haller (Grundlagen, 1994), S. 222-223.

77 Vgl. SFAC 2.34, 2.42, 2.44-2.45; Haller (Grundlagen, 1994), S. 209. Kuhner sieht die mangelnde Konkretisierung der Balance zwischen Relevanz und Verlässlichkeit kritisch. Vgl. Kuhner (Spannungsverhältnis, 2001), S. 537-539. Zu weiterer Kritik vgl. Haller (Grundlagen, 1994), S. 222-223. Kuhner kommt zu dem Ergebnis, dass die Adressaten an einem festen und langfristig konstanten Verhältnis der beiden Informationsanforderungen interessiert sind. Vgl. Kuhner (Spannungsverhältnis, 2001), S. 537.

78 Vgl. Kam (Accounting, 1990), S. 53-54.

79 Mueller (Characteristics, 1999), S. 158-159.

80 Vgl. SFAC 2.111.

ist im dritten Kapitel eine umfangreiche Analyse der Bilanzierungsvorschriften zum Goodwill anhand der Kriterien Entscheidungsrelevanz, Zuverlässigkeit und Vergleichbarkeit[81] der vermittelten Informationen durchzuführen.

2.3 Vergleich der Anforderungen mit dem IFRS-Framework

Die Rechnungslegung nach IFRS besteht aus einem Zusammenspiel des Framework, auch als Rahmenkonzept bezeichnet, der einzelnen Standards und den Interpretationen des IFRIC.[82] Das Framework hat nicht das sogenannte Endorsement-Verfahren durchlaufen. Nach Aussage der Kommission der Europäischen Gemeinschaften stellt das Rahmenkonzept weder einen IFRS noch eine diesbezügliche Interpretation dar, sodass es nicht der Übernahme in Gemeinschaftsrecht bedarf. Dennoch ist es als Grundlage der Rechnungslegung anzusehen.[83] Während im Framework die konzeptionellen Grundlagen der Rechnungslegung nach IFRS verankert sind, beinhalten die Standards Einzelfragen der Rechnungslegung. Das Framework dient als Deduktionsbasis neuer Standards und zur Hilfestellung bei der Anwendung der IFRS. Die Bedeutung des Framework ist subsidiär. Verbindlichkeit für einen IFRS-Abschluss besitzen nur die Standards und die Interpretationen. Zur Klärung eines Bilanzierungssachverhalts ist gemäß IAS 8.7 in erster Instanz auf die Standards und Interpretationen abzustellen. Bei Regelungslücken hat das Management laut IAS 8.11 zuerst auf Fallanalogien und dann auf deduktive, aus dem Framework abgeleitete Systemanalogien zurückzugreifen.[84] Die dritte, in IAS 8.12 kodifizierte Ebene bei Regelungslücken, sieht den Rückgriff auf Verlautbarungen anderer Standardsetter vor, die ein ähnliches Conceptual Framework zur Entwicklung von Rechnungslegungsstandards zugrunde legen wie das IASB.[85]

Dennoch besitzen einzelne wesentliche Grundsätze des Rahmenkonzepts materiellen Verbindlichkeitscharakter durch deren Kodifizierung im IAS 1.[86] Beispielsweise heißt es in IAS 1.13: „Financial Statements shall present fairly the financial position, financial performance and cash flows of an entity. Fair presentation requires the faithful representation of the effects of transactions, other events and conditions in accordance with the definitions and recognition criteria for assets, liabilities, income and expenses set out in the Framework."[87]

---

81 Zur Vergleichbarkeit vgl. Kapitel I 2.2.4.

82 Achleitner/Behr sprechen in diesem Zusammenhang von einer dreistufigen Ordnung und beziehen die Interpretationen des IFRIC auf der dritten Stufe mit ein. Vgl. Achleitner/Behr (International, 2003), S. 87-89.

83 Vgl. Kommission der Europäischen Gemeinschaften (Kommentare, 2003), S. 6.

84 Vgl. Pellens/Fülbier/Gassen (Internationale Rechnungslegung, 2004), S. 87-88.

85 Hier sind in erster Linie die US-GAAP gemeint. Weiterhin wird durch diese Regelung die Stellung des Conceptual Framework aufgewertet.

86 Vgl. Pellens/Fülbier/Gassen (Internationale Rechnungslegung, 2004), S. 100; Mujkanovic (Fair Value, 2002), S. 56-57.

87 Weitere Verweise auf das Framework enthalten z. B. IAS 1.18 und 1.21. Vgl. hierzu auch Böcking/Lopatta/Rausch (Wertkategorien, 2005), S. 6, Rz. 13. Zur Prinzipienbasierung in der in-

Das Ziel der IFRS-Rechnungslegung ist „Informationen über die Vermögens-, Finanz- und Ertragslage sowie Veränderungen in der Vermögens- und Finanzlage eines Unternehmens zu geben, die für einen weiten Adressatenkreis bei dessen wirtschaftlichen Entscheidungen nützlich sind.“[88] Dennoch stellt die IFRS-Rechnungslegung die Investoren als Hauptgruppe heraus, da sich ihre Informationsbedürfnisse mit denjenigen der meisten anderen Adressaten decken.[89] Die daraus ableitbare Informationsfunktion folgt ebenfalls dem Decision Usefulness-Gedanken.[90] Die vorrangige Zielsetzung der IFRS-Rechnungslegung besteht in dem Schutz der Adressaten vor einem eigennützig handelnden Management durch die Vermittlung entscheidungsrelevanter Informationen über die Vermögens-, Finanz- und Ertragslage sowie die vom Unternehmen generierten Cashflows. Diese Informationen sollen den Adressaten als Basis wirtschaftlicher Entscheidungen dienen.[91] Damit die Adressaten interessenwahrende Entscheidungen treffen können, muss das Potenzial des Unternehmens zur Generierung zukünftiger Cashflows prognostiziert werden. Dazu sind auch Informationen über die Veränderung der Vermögens- und Finanzlage von großer Bedeutung.[92] Ferner legt das Management in den Abschlüssen Rechenschaft über die Ergebnisse seiner wirtschaftlichen Entscheidungen über das ihm anvertraute Kapital ab; somit dienen die Abschlüsse den Adressaten als Entscheidungsgrundlage zur Beurteilung der Leistung des Managements.[93] Die Informationen über die Vermögens- und Finanzlage enthält vorwiegend die Bilanz, die Ertragskraft wird durch die Gewinn- und Verlustrechnung sowie die Segmentberichterstattung abgebildet, die Entwicklung der Cashflows wird aus der Kapitalflussrechnung ersichtlich und der Anhang enthält erläuternde Informationen.[94]

Um dem Ziel der Vermittlung entscheidungsrelevanter Informationen gerecht zu werden, sind gemäß dem IFRS-Framework bestimmte Rechnungslegungsprinzipien zu beachten. Mittels der beiden Basisannahmen (Underlying Assumptions) der periodengerechten Erfolgsermitt-

---

ternationalen Rechnungslegung vgl. Nobes (Rules-Based, 2005); Preißler (Prinzipienbasierung, 2002). Zur Prinzipienbasierung der US-GAAP vgl. Kuhlewind (Grundlagen, 1997).

88 F.12.

89 Vgl. F.9-10. Jacobi kritisiert in diesem Zusammenhang die mangelnde theoretische und empirische Fundierung dieser Unterstellung. Vgl. Jacobi (Bilanztheoretische Grundlagen, 2003), S. 54-55.

90 Vgl. Wagenhofer (Internationale Rechnungslegungsstandards, 2005), S. 117; Coenenberg (Jahresabschluss, 2003), S. 56-57; Jacobi (Bilanztheoretische Grundlagen, 2003), S. 54. Die Decision Usefulness-Theorien gehen grundsätzlich davon aus, dass ein Unternehmen nur fortbesteht, wenn es die Erwartungen der Jahresabschlussadressaten erfüllt. Daher sollen den Adressaten entscheidungsnützliche Informationen zur Verfügung gestellt werden. Die Entscheidungssituationen und Informationsverarbeitungsprozesse der Adressaten dienen als Ausgangspunkt der Rechnungslegungsgestaltung. Vgl. Jacobi (Bilanztheoretische Grundlagen, 2003), S. 43-46; Ballwieser (Entwicklung, 1993), S. 111-118; Haller (Grundlagen, 1994), S. 147-157.

91 Vgl. IAS 1.7; F.12; Streim/Bieker/Esser (Entscheidungsnützliche Informationen, 2003), S. 458.

92 Vgl. IAS 1.7; F.15. Kritisch zum Prognosewert von vergangenheitsbezogenen und durch den Jahresabschluss vermittelten Informationen vgl. Kahle (Informationsversorgung, 2002), S. 101-103; Streim (Versprechen, 2000), S. 120-129; Moxter (Rechnungslegungsmythen, 2000), S. 2147-2149; Schildbach (US-GAAP, 2002), S. 65; Wagner (Prognoseverfahren, 1994).

93 Vgl. IAS 1.7; F.14; F.18.

lung und der Unternehmensfortführung sowie bestimmter qualitativer Anforderungen (Qualitative Characteristics), konkretisiert das IASB die Zielsetzung der Vermittlung entscheidungsnützlicher Informationen. Als qualitative Anforderungen gelten die Merkmale, durch welche die Informationen für die Adressaten nützlich werden. Die folgende Abbildung zeigt die Hierarchie der Rechnungslegungsmerkmale nach IFRS.

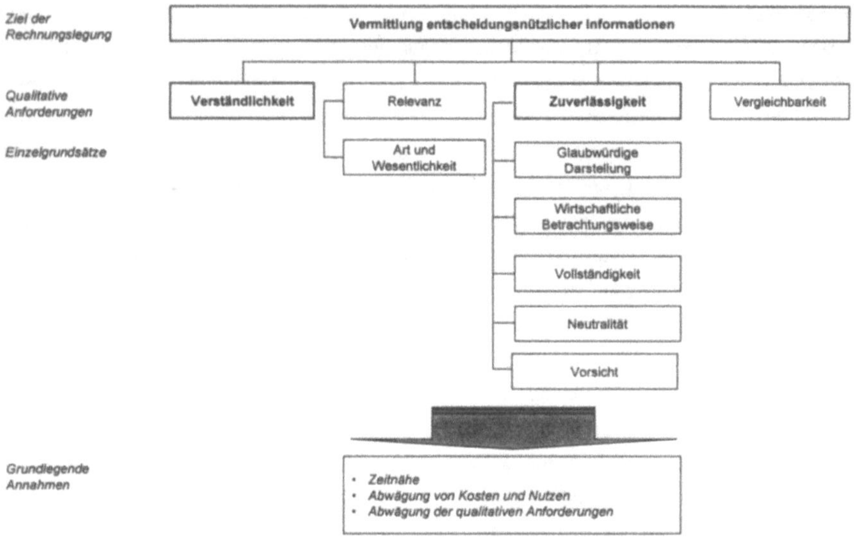

Abbildung 6: Hierarchie der Rechnungslegungsmerkmale nach IFRS
Quelle: In Anlehnung an Hayn (International Accounting Standards, 1994), S. 720.

Wie der obigen Darstellung zu entnehmen ist, zählen zu den qualitativen Anforderungen an Informationen die Verständlichkeit, Relevanz, Zuverlässigkeit und Vergleichbarkeit. Diese primären Qualitätsanforderungen werden durch sekundäre Qualitative Characteristics, die Einzelgrundsätze, ergänzt. So wird beispielsweise die Relevanz einer Information durch die Art und die Wesentlichkeit der Information bestimmt.

Verständlichkeit von Rechnungslegungsinformationen bedeutet, dass ein Adressat mit angemessenen Rechnungslegungskenntnissen und ökonomischem Verständnis den Abschluss ohne weitere Interpretationshilfen verstehen kann.[95] Die Verständlichkeit rechtfertigt aber

[94] Vgl. F.19; F.21.
[95] Vgl. Pellens/Fülbier/Gassen (Internationale Rechnungslegung, 2004), S. 104.

nicht, auf die Veröffentlichung von die Entscheidungen des Adressaten beeinflussenden Informationen zu verzichten, um keine Verständnisschwierigkeiten hervorzurufen.[96]

Das Kriterium der Relevanz beinhaltet die Forderung nach der Entscheidungswichtigkeit von Informationen. Informationen sind gemäß dem IFRS-Framework relevant, wenn sie die wirtschaftlichen Entscheidungen des Adressaten beeinflussen, indem sie ihm bei der Beurteilung vergangener, derzeitiger oder künftiger Entscheidungen helfen oder seine Beurteilungen aus der Vergangenheit bestätigen oder korrigieren.[97] Die Information soll somit den Adressaten bei der Beurteilung zukünftiger Entscheidungen sowie bei der Bestätigung als auch Revidierung von in der Vergangenheit getroffenen Erwartungen unterstützen.[98] Die Relevanz einer Information wird insbesondere danach beurteilt, inwieweit diese zur Prognose künftiger Cashflows dienlich ist.[99] Dabei verfügt eine Information über eine umso höhere Entscheidungsrelevanz, je mehr der Sachverhalt, der durch die Information vermittelt wird, dem Adressatenanspruch genügt.[100]

Die Relevanz einer Information wird durch ihre Art und Wesentlichkeit determiniert. Dabei müssen nicht beide Kriterien kumulativ erfüllt sein, denn bereits die Art der Information kann für die Bestimmung der Relevanz ausreichen. Beispielhaft nennt das Framework die Berichterstattung über ein neues Geschäftssegment. Unabhängig von der Wesentlichkeit der erzielten Segmentergebnisse hat die Berichterstattung über dieses Segment einen Einfluss auf die Beurteilung und Einschätzung der Chancen bzw. Risiken für das berichtende Unternehmen.[101] Bei der Art der Information steht eine qualitative Betrachtungsweise im Vordergrund. Die Wesentlichkeit hingegen bezieht sich auf das quantitative Ausmaß der Information. Informationen sind dann wesentlich, wenn ihre Nichtveröffentlichung oder ihre fehlerhafte Darstellung im Abschluss die wirtschaftliche Entscheidung des Adressaten beeinflusst. Die Wesentlichkeit soll bewirken, dass unwichtige Informationen den Blick auf relevante Informationen nicht verhindern oder einschränken und somit die Nutzungsmöglichkeiten des Adressaten begrenzen. Die Beurteilung, ob eine Information wesentlich oder unwesentlich ist, liegt im Ermessen des berichtenden Unternehmens und bedarf einer Einzelfallbetrachtung. Eine generelle Quantifizierung des Wesentlichkeitskriteriums durch die Vorgabe von Grenz- oder

---

96 Vgl. F.25; Pellens (Internationale Rechnungslegung, 2001), S. 438-439; Coenenberg (Analyse, 2000), S. 53; Baetge/Kirsch/Thiele (Konzernbilanzen, 2002), S. 119.

97 Vgl. F.26.

98 Vgl. Haller (Grundlagen, 1994), S. 208.

99 Vgl. Böcking/Benecke (Segmentberichterstattung, 1998), S. 94-95; Müller (Earnings per Share, 1994). Zu Prognosen vgl. auch Zwirner/Wohlgemuth (Vergangenheitsorientierung, 2000).

100 Vgl. Hitz/Kuhner (Prüfstand, 2002), S. 281.

101 Vgl. F.29.

Schwellenwerten ist weder im Framework noch in den Standards enthalten oder beabsichtigt.[102]

Ebenfalls eng verbunden mit dem Kriterium der Relevanz ist die Zuverlässigkeit der Informationen. Um die Zuverlässigkeit sicherzustellen, wird diese Anforderung durch Unterprinzipien konkretisiert. Hierzu zählen die glaubwürdige Darstellung[103], die wirtschaftliche Betrachtungsweise[104], die Neutralität[105], die Vorsicht[106] und die Vollständigkeit[107]. Eine weitere primäre qualitative Anforderung an entscheidungsnützliche Informationen nach dem IFRS-Framework ist die Vergleichbarkeit. Die Vergleichbarkeit erstreckt sich dabei sowohl auf die interperiodische als auch auf die zwischenbetriebliche Vergleichbarkeit und ermöglicht darüber hinaus auch einen Soll-Ist-Vergleich.[108] Die qualitativen Anforderungen werden durch bestimmte Nebenbedingungen ergänzt bzw. konkretisiert. Zum einen wird eine zeitnahe Berichterstattung gefordert.[109] Unangemessene Verzögerungen im Rahmen der Berichterstattung beeinflussen die Relevanz der Information. Darüber hinaus besteht ein Zielkonflikt zwischen der rechtzeitigen Bereitstellung einer Information und der Zuverlässigkeit der Information, da nicht beide Kriterien gleichzeitig optimiert werden können. Zum anderen gilt nach dem Framework der Kosten-Nutzen-Aspekt. Unter wirtschaftlichen Gesichtspunkten soll der Nutzen aus einer im Rahmen der Berichterstattung vermittelten Information die Bereitstellungskosten der Information übersteigen.[110] Die Bedeutung dieser Nebenbedingung wird aber dadurch eingeschränkt, dass die Schätzung bzw. die Quantifizierung von Nutzen und Kosten

---

[102] In der Segmentberichterstattung wird ein qualitativer Schwellenwert von 10% vorgegeben. Dieser ist aber nicht allgemeingültig bei der Bestimmung der Wesentlichkeit. Vgl. IAS 14.38. Darüber hinaus existieren Eintrittswahrscheinlichkeiten bei Rückstellungen und Forderungen. Die Passivierung einer Rückstellung hat gemäß IAS 37 zu erfolgen, wenn die Wahrscheinlichkeit des Bestehens einer gegenwärtigen Verpflichtung sowie die Wahrscheinlichkeit eines Potenzialabflusses jeweils 50% überschreiten. Vgl. IAS 37.14-23. Änderungen dieser Wahrscheinlichkeiten sind durch den ED IAS 37 vom 30.06.2005 geplant. Vgl. weiterhin Kapitel III, 3.2.8 zu den Restrukturierungsrückstellungen. Zu ungewissen Verpflichtungen nach US-GAAP vgl. Wangemann (Verpflichtungen, 1997).

[103] Der Grundsatz der wahrheitsgemäßen Darstellung impliziert, dass alle Vermögenswerte und Schulden bilanziell zu erfassen sind. Da der Rechnungsleger in der Regel bestimmten Unsicherheiten in der Sachverhaltsbeurteilung ausgesetzt ist, kommt es auf die Art und Weise an, in der ein Sachverhalt in der Bilanz berücksichtigt wird. Eine wahrheitsgemäße Darstellung ist hier auch im Sinne der Einhaltung von Rechnungslegungsgrundsätzen zu interpretieren.

[104] Die wirtschaftliche Betrachtungsweise besagt, dass Geschäftsvorfälle ihrem wirtschaftlichen Gehalt entsprechend abzubilden sind. Vgl. F.35; Böcking (Verbindlichkeitsbilanzierung, 1994), S. 7-32.

[105] Der Grundsatz der Neutralität fordert eine wert- und vorurteilsfreie Informationsvermittlung vom berichtenden Unternehmen. Vgl. F.36.

[106] Das Vorsichtsprinzip bezieht sich im Rahmen der IFRS vorrangig auf die Ermessensausübung bei der Bewertung. Nach Ansicht des IDW kann das Vorsichtsprinzip als Schätzregel für ungewisse Erwartungen interpretiert werden. Vgl. IDW (Leitfaden, 1995), S. 43.

[107] Gemäß dem Prinzip der Vollständigkeit müssen im Abschluss alle Informationen unter Beachtung der Wesentlichkeit und der Kosten der Erstellung enthalten sein. Vgl. F.38.

[108] Vgl. zu weiteren Erläuterungen Kapitel I, 2.2.4

[109] Vgl. F.43.

[110] Vgl. F.44.

ermessensabhängig ist. Als weitere Nebenbedingung gilt die Forderung nach der Verständlichkeit der Informationen.

Die Ausführungen zeigen, dass die grundsätzliche Ausrichtung des Conceptual Framework der US-GAAP und des IFRS-Framework gleich ist. Insofern scheint gerechtfertigt, dass im Rahmen des Projekts „Conceptual Framework" geplant ist, „to develop a common conceptual framework that is based on and builds on their existing frameworks."[111]

2.4 Zwischenergebnis

Nach dem Conceptual Framework der US-GAAP und nach dem IFRS-Framework ist es das Ziel der Rechnungslegung entscheidungsnützliche Informationen zu vermitteln, die es den Adressaten ermöglichen, einen Einblick in die tatsächliche Vermögens-, Finanz- und Ertragslage des Unternehmens zu erhalten. Entscheidungsnützliche Informationen müssen sowohl relevant als auch zuverlässig sein. Bezogen auf den Adressaten hat eine Information immer dann einen Nutzen, wenn sie „die Alternativenauswahl des Entscheidenden beeinflussen kann"[112]. Diese Information ist dann für den Adressaten entscheidungsrelevant. Da Entscheidungen grundsätzlich zukunftsgerichtet sind, gehen sie dem Handeln voraus. Um Entscheidungen zu treffen, werden Prognosen über zukünftige Ereignisse angestellt, indem vorhandene Daten ausgewertet werden.[113] Die Voraussetzung für eine mehrperiodische Analyse ist die Vergleichbarkeit der Daten im Zeitablauf sowie die Vergleichbarkeit zwischen den Unternehmen. Sind die Daten vergleichbar, dann tragen sie zur Relevanz einer Information bei.[114]

Die Zuverlässigkeit der vermittelten Informationen kann danach beurteilt werden, ob die Geschäftsvorfälle entsprechend den gesetzlichen Vorschriften abgebildet wurden. Genau hier setzte auch die Kritik an APB 16 „Business Combinations" und am IAS 22 an. Die Standards wurden auf die Agenda genommen, weil die Bilanzierungsvorschriften zu große Manipulationsspielräume eröffneten und insofern die Vergleichbarkeit stark eingeschränkt wurde. Zuverlässigkeit umfasst ebenfalls die Objektivität der vermittelten Informationen, das heißt, die

---

111 IASB (Project Summary Framework, 2005), S. 1.

112 Löbler (Jahresabschlussforschung, 1998), S. 212.

113 Vgl. Schneider (Entscheidungstheorie, 1995), S. 69.

114 Leffson bezeichnet den Grundsatz der Vergleichbarkeit als allgemeine Voraussetzung für die Aufstellung von Jahresabschlüssen. Vgl. Leffson (GoB, 1987), S. 180, 186. Nach dem HGB ist der Grundsatz der Vergleichbarkeit Bestandteil der GoB. Aus dem Grundsatz der Vergleichbarkeit folgt der Grundsatz der Stetigkeit, der im HGB als Grundsatz der formellen Bilanzkontinuität, als Bewertungsstetigkeit und für Konzernabschlüsse als Stetigkeit von Konsolidierungsmethoden kodifiziert ist. Außerdem ist die Abgrenzung des Konsolidierungskreises stetig vorzunehmen. Die Forderung nach Objektivität ist in den GoB im Grundsatz der Richtigkeit und Willkürfreiheit implizit enthalten. Die Richtigkeit bezieht sich auf die Führung von Handelsbüchern (§ 239 Abs. 2 HGB). Moxter betrachtet den Grundsatz der entscheidungsrelevanten Informationen als Kerngrundsatz der Rechenschaft. Vgl. Moxter (Fundamentalgrundsätze, 1976), S. 97.

Information muss nachprüfbar sein.[115] Eine Information hat „für den Informationsempfänger nur dann einen Wert, wenn der Empfänger sie für glaubwürdig hält“[116]. Glaubwürdig ist eine Information, wenn die Regeln der Ermittlung der Information (hier der Jahresabschlussdaten) bekannt sind und die Ermittlung nachvollzogen werden kann. Die Ermittlung darf demnach nicht von subjektiven Wertvorstellungen abhängig sein.[117] Objektivität ist somit ein weiteres Kriterium zur Beurteilung der Zuverlässigkeit von Informationen im Rahmen der Bilanzierung nach US-GAAP und IFRS. Die Glaubwürdigkeit von Informationen wird ebenfalls durch den Grundsatz der Vollständigkeit unterstützt. Vollständigkeit umfasst zum einen die Erfassung aller buchungspflichtigen Vorgänge und zum anderen die Verarbeitung aller verfügbaren Informationen.[118]

Ein Kriterium, welches die Aussagefähigkeit der Informationen beurteilt, existiert nicht.[119] Als Hilfskonstrukt wird deshalb die Eignung von Informationen als Grundlage für die Entscheidungen der Adressaten herangezogen. Danach kann eine Information bezüglich ihrer Eignung als Grundlage für Prognosen und ihrer Fähigkeit, bereits vorhandene Prognosen über künftige Ereignisse zu bestätigen oder zu korrigieren, beurteilt werden.[120] Diese Kriterien sind grundsätzlich adressatenbezogen. Unterschiedliche Jahresabschlussadressaten treffen aber unterschiedliche Entscheidungen und stellen dafür unterschiedliche Prognosen an; insofern können die Kriterien nicht allgemeingültig geprüft werden. Da aber nach US-GAAP und IFRS vereinfachend die Investoren stellvertretend für alle Jahresabschlussadressaten betrachtet werden, kann akzeptiert werden, dass die Informationsbedürfnisse der Investoren größtenteils die Informationsbedürfnisse der übrigen Jahresabschlussadressaten abdecken.[121]

Weitere Kriterien für die Beurteilung von Informationen können die Zeitnähe und Kosten-Nutzen-Überlegungen sein.[122] Dabei schränkt das Kriterium der Zeitnähe den Grundsatz der Vollständigkeit ein. Die Beschaffung und Verarbeitung aller Informationen beansprucht Zeit.

---

115 Vgl. Popper (Logik, 1989), S. 18.

116 Franke/Laux (Informationen, 1970), S. 4. Vgl. hierzu ebenfalls Moxter (Bilanzlehre, 1976), S. 433.

117 Vgl. Leffson (GoB, 1987), S. 81-82.

118 Vgl. Moxter (Fundamentalgrundsätze, 1976), S. 92.

119 Vgl. F.44; SFAC 2.135, 2.138.

120 Vgl. F.26; SFAC 2.51-2.53.

121 Vgl. F.10. Diese Aussage ist unter Berücksichtigung der allgemeinen Vorbehalte aus Kapitel I zu sehen. Vgl. hierzu ebenfalls Berndt (Fairnesskonzeptionen, 2005), S. 48-52.

122 Vgl. hierzu auch die Diskussion zu Fast Close-Abschlüssen in der Literatur. „Fast-Close-Abschlüsse sind ein Musterbeispiel für das Spannungsverhältnis zwischen Relevanz und Vertrauenswürdigkeit in der Rechnungslegung. Einerseits sind Unternehmensinformationen für den Kapitalmarkt umso nützlicher, je aktueller sie sind; andererseits sind zeitnah bereitgestellte Daten zumeist weniger zuverlässig als Informationen, die erst nach einem längeren Aufstellungszeitraum veröffentlicht werden. Der (Netto-)Informationswert von Fast-Close-Abschlüssen hängt hier ganz entscheidend von der Qualität der Schätzverfahren ab, mit denen unsichere, zukünftige Zahlungsströme evaluiert werden.“ Hommel/Schulte (Fast-Close-Abschlüsse, 2004), S. 1671.

Das geht zu Lasten der Zeitnähe der Informationen.[123] Ebenso begrenzen Kosten-Nutzen-Überlegungen die genannten Kriterien.

3 Entwicklung der bilanziellen Abbildung des Goodwill aus einer Business Combination

3.1 Grundlagen der Purchase-Methode und der Pooling of Interests-Methode

Im weiteren Verlauf der Arbeit wird immer wieder auf die Kapitalkonsolidierungsmethoden (Pooling of Interests-Methode und Purchase-Methode) zurück gegriffen. Aufgrund dessen soll an dieser Stelle ein kurzer Einblick in die Methodik der beiden Verfahren gegeben werden, um die im Einzelnen erläuterten Wirkungsweisen in der Bilanz und der Gewinn- und Verlustrechnung verständlich zu machen sowie die daraus abgeleitete Diskussion nachvollziehbar zu machen.

Sinn und Zweck der Kapitalkonsolidierung ist es, die Kapitalverflechtungen zwischen Mutter- und Tochterunternehmen zu eliminieren und damit das Eigenkapital des Konzerns so darzustellen, wie es die wirtschaftliche Einheit des Konzerns erfordert. Dabei ist grundsätzlich zwischen zwei Konsolidierungsmethoden zu unterscheiden: der Purchase-Methode und der Pooling of Interests-Methode. Die Pooling of Interests-Methode verfolgt den Grundgedanken, dass die Anteilseigner der Muttergesellschaft und des zu erwerbenden Unternehmens, die vor dem Verbund unabhängig voneinander waren, ihre Interessen zusammen führen, indem sie sich gemeinsam an dem Unternehmensverbund beteiligen.[124] Der Anschaffungsvorgang muss durch einen Anteilstausch erfolgen, das heißt, die Anteilseigner des erworbenen Unternehmens tauschen ihre direkte Beteiligung am Unternehmen in eine neue direkte Beteiligung an dem neuen Unternehmen.[125] Nach dem Anteilstausch haben beide Anteilseignergruppen weiterhin, jedoch mit anderen Einflusssphären, Eigentumsinteressen an dem aus Mutter- und Tochterunternehmen bestehenden Unternehmensverbund.[126] Bei der Konsolidierung nach der Pooling of Interests-Methode wird ein positiver Unterschiedsbetrag durch Differenzbildung von Kaufpreis und bilanziellem Eigenkapital des erworbenen Unternehmens gebildet. Die einzelnen Bilanzpositionen werden zu Buchwerten übernommen. Eine Aufdeckung stiller

[123] Vgl. F.43-44.

[124] Vgl. Gingele (Konsolidierter Abschluss, 1989), S. 131; Küting (Konzernrechnungslegung, 1993), S. 367; Adler/Düring/Schmaltz (Rechnungslegung, 1996), S. 485, Rn. 2-3; Baker/Lembke/King (Financial Accounting, 1996), S. 19; Eckes/Weber (Konzernrechnungslegung, 1998), S. 1457, Rn. 4.

[125] Im Vergleich zur Erwerbsmethode wird hier keine Erwerbsfiktion unterstellt, bei der einzelne Assets und Liabilities erworben werden. Durch den Anteilstausch verlassen keine Ressourcen das Unternehmen. Diesem speziellen Vorgang von Unternehmenszusammenschlüssen soll die Pooling of Interests-Methode Rechnung tragen. Die Begriffe Assets und Liabilities werden im weiteren Verlauf dieser Arbeit mit den Begriffen Vermögenswerte und Schulden gleichbedeutend verwendet.

[126] Eckes/Weber (Konzernrechnungslegung, 1998), S. 1457, Rn. 4. Es handelt sich bei der Pooling of Interests-Methode um einen mit der Verschmelzung vergleichbaren Vorgang. Im Gegensatz zur Verschmelzung bleiben jedoch beide Unternehmen rechtlich selbständig.

Reserven und Lasten erfolgt nicht. Der positive Unterschiedsbetrag wird mit den Rücklagen verrechnet. Ein Goodwill entsteht nicht.

Grundlage der Purchase-Methode ist die Erwerbsfiktion, wonach der Erwerb der einzelnen Vermögenswerte und die Übernahme der Schulden durch das Mutter- oder ein Tochterunternehmen unterstellt wird.[127] Die einzelnen Bilanzpositionen können deshalb nicht unverändert mit ihren Buchwerten übernommen werden. Somit sind im Rahmen einer Neubewertung die entsprechenden Anschaffungskosten der Vermögenswerte und Schulden zu ermitteln und anzusetzen.[128] Die Neubewertung führt grundsätzlich dazu, dass bei der Erstkonsolidierung auf der Aktivseite stille Reserven und auf der Passivseite stille Lasten aufgedeckt werden. Diese erhöhen respektive vermindern entsprechend das Eigenkapital des erworbenen Unternehmens.[129] Ein nach Auflösung stiller Reserven und Lasten verbleibender positiver Unterschiedsbetrag, der sich ebenfalls aus der Differenzbildung von Kaufpreis und neuem bilanziellem Eigenkapital des erworbenen Unternehmens ergibt, wird als Goodwill aktiviert und gegebenenfalls abgeschrieben. Insofern wird, im Gegensatz zu der Pooling of Interests-Methode, bei der Purchase-Methode in den folgenden Perioden die Gewinn- und Verlustrechnung mit Abschreibungen belastet, wenn eine Wertminderung des Goodwill vorliegt.[130]

3.2 Historische Entwicklung der Pooling of Interests-Methode in den USA

3.2.1 Ursprung und Entwicklung der Pooling of Interests-Methode

Bereits in den zwanziger Jahren wurden die Grundlagen der Pooling of Interests-Methode diskutiert,[131] während die Purchase-Methode weniger erörtert wurde. Im Mittelpunkt der Diskussion über die Pooling of Interests-Methode stand, neben der Buchwertfortführung von Vermögenswerten und Schulden, die Fortführung der Gewinnrücklagen. Einerseits wurde die Auffassung vertreten, dass ein Konzern seine Tätigkeit nicht mit Gewinnrücklagen beginnen kann. Wildman/Powell waren andererseits schon damals der Auffassung, dass der wahre Gehalt des Zusammenschlusses zu berücksichtigen sei und stellten bezüglich der Buchwertfortführung fest, dass sich der Wert der Vermögenswerte und Schulden der an dem Zusammenschluss beteiligten Unternehmen nicht allein durch den Zusammenschluss ändern müsste.[132]

---

127 „Für die Erstkonsolidierung wird dementsprechend unterstellt, der Konzern habe ein Bündel einzelner Vermögenswerte und Schulden unmittelbar erworben." Adler/Düring/Schmaltz (Rechnungslegung, 1996), § 301 HGB, S. 397, Rn. 37.

128 Nach Küting/Harth ist diese Neubewertung der erworbenen Vermögenswerte und Schulden „das der Purchase-Methode immanente Wesensmerkmal." Küting/Harth (Kapitalkonsolidierung, 1999), S. 1371.

129 Dabei ist zu berücksichtigen, dass die selbsterstellten immateriellen Vermögenswerte des erworbenen Unternehmens gemäß der Annahme des Einzelerwerbs als vom Konzern entgeltlich erworben gelten und folglich in der Konzernbilanz angesetzt werden müssen. Vgl. Baetge (Konzernbilanzen, 1997), S. 198.

130 Vgl. Zum Wertminderungstest Kapitel III, 2.3.2.

131 Vgl. Wyatt (Critical Study, 1963), S. 19.

132 Zu weiteren Ausführungen vgl. Wildman/Powell (Capital Stock, 1928), S. 224.

Erstmals urkundlich erwähnt wurde der Begriff Pooling of Interests im Jahr 1943 in einem Fall der Federal Power Commission. Die Kommission hat damals mehreren Energieversorgungsunternehmen untersagt, eine Fusion auf der Grundlage von Zeitwerten vorzunehmen. Begründet wurde dies mit der bereits bestehenden engen Verbundenheit der Unternehmen vor dem Zusammenschluss. Daher hielt die Kommission die Fortführung der Buchwerte mittels Addition für angemessen.[133] Eine erste offizielle Einführung des Begriffs durch den Berufsstand der Wirtschaftsprüfer erfolgte im Jahr 1945 in einem Bericht des Committee on Public Utility Accounting sowie in den dazugehörigen Kommentaren des Committee on Accounting Procedure (CAP).[134] Zu diesem Zeitpunkt beschrieb der Begriff Pooling of Interests eine bestimmte Form von Unternehmenszusammenschlüssen. Erst im Jahr 1946 wurde beim Zusammenschluss der Celanese Corporation of America und der Tubize Rayon Corporation[135] der Begriff zum ersten Mal als Bezeichnung für eine Bilanzierungsmethode verwendet.[136]

Der ARB 24 „Accounting for Intangible Assets", welcher die Bilanzierung von immateriellen Vermögenswerten regelte und eine Stellungnahme zur Bilanzierung des Goodwill enthielt, wurde im Dezember 1944 durch das CAP veröffentlicht. In ARB 24 „Accounting for Intangible Assets" wurde zwischen immateriellen Vermögenswerten mit begrenzter und unbegrenzter Nutzungsdauer unterschieden. Während immaterielle Vermögenswerte mit begrenzter Nutzungsdauer über diese abzuschreiben waren, bestanden für immaterielle Vermögenswerte mit unbegrenzter Nutzungsdauer, zu denen auch der Goodwill gehörte, drei alternative Bilanzierungsmöglichkeiten: Sie konnten (1) entweder sofort erfolgsneutral mit den Rücklagen verrechnet werden, (2) systematisch über eine geschätzte Nutzungsdauer abgeschrieben werden oder (3) bis zum Eintreten einer Wertminderung unverändert in der Bilanz enthalten bleiben.[137] Obwohl das CAP aus Transparenzgründen davon abriet, war die verbreitete Vorgehensweise in der Praxis, den erworbenen Goodwill sofort erfolgsneutral mit den Rücklagen zu verrechnen.[138] Am 20. Januar 1945 wurde Accounting Series Release 50 „The

---

133 Vgl. Wyatt (Critical Study, 1963), S. 22.

134 Vgl. Wyatt (Critical Study, 1963), S. 23. Das CAP wurde im Jahr 1938 vom AIA gegründet. Im CAP waren ausschließlich US-amerikanische Wirtschaftsprüfer als ehrenamtliche Mitglieder tätig. Das CAP wurde im Jahr 1959 aufgelöst. In den Jahren seiner Amtszeit hat das CAP 51 ARB zu bestimmten Rechnungslegungsproblemen herausgegeben. Diese ARB hatten für die Unternehmen lediglich Empfehlungscharakter. Vgl. zum AIA auch Fußnote 141.

135 Dieser Unternehmenszusammenschluss wurde als ein Pooling of Interests angesehen, obwohl das Eigenkapital der Celanese Corporation dreimal so hoch und der Wert der Aktiva sogar fünfmal so hoch war wie bei der Tubize Rayon Corporation. Zu einer detaillierten Darstellung vgl. Black (Merger Accounting, 1947), S. 215-220.

136 Vgl. Rayburn/Powers (Pooling of Interests Accounting, 1993), S. 304. Danach kennzeichnete der Begriff Pooling of Interests zunehmend eine Bilanzierungsmethode, während die ursprüngliche Bedeutung als Beschreibung einer bestimmten Art von Unternehmenszusammenschlüssen in den Hintergrund trat. Vgl. Wyatt (Critical Study, 1963), S. 56-57.

137 Vgl. ARB 24 „Accounting for Intangible Assets", Textziffer 35.

138 Vgl. ARB 24 „Accounting for Intangible Assets", Textziffer 35.

Propriety of Writing Down Goodwill by Means of Charges to Capital Surplus“ von der SEC veröffentlicht. Hierin wurde die Verrechnung mit den Rücklagen verboten.

In den vierziger Jahren wurden nur wenige Unternehmenszusammenschlüsse nach der Pooling of Interests-Methode bilanziert. In der Literatur wurden aber zu diesem Zeitpunkt schon Bilanzierungskonzepte für unterschiedliche Arten von Unternehmenszusammenschlüssen vorgeschlagen.[139] Wilcox führte damals das Konzept des Part Purchase/Part Pooling ein, welches für Zusammenschlüsse vorgesehen war, die sowohl Elemente des Erwerbs als auch der Interessenzusammenführung beinhalteten.[140]

Im September 1950 wurde mit ARB 40 „Business Combinations“ die erste offizielle Regelung des American Institute of Accountants (AIA)[141] zur Pooling of Interests-Methode veröffentlicht. ARB 40 „Business Combinations“ enthielt vier Kriterien zur Unterscheidung zwischen Unternehmenszusammenschlüssen die nach der Pooling of Interests-Methode zu bilanzieren waren und solchen, die nach der Purchase-Methode bilanziert werden mussten. Als Indikatoren für die Anwendung der Pooling of Interests-Methode galten:

1. Fortbestand des Eigentümerkreises,
2. relativ gleiche Unternehmensgröße,
3. Fortbestand des Managements bzw. der Verfügungsmacht, das Management zu kontrollieren und
4. ähnliche oder komplementäre Tätigkeitsfelder der Unternehmen.[142]

Neben diesen Anwendungsvoraussetzungen der Pooling of Interests-Methode enthielt ARB 40 „Business Combinations“ auch entsprechende Bilanzierungsvorschriften. Danach ergab sich für die Bilanzierung nach der Pooling of Interests-Methode, dass die Buchwerte der Vermögenswerte und Schulden der einzelnen Unternehmen fortgeführt werden sollten, während die Gewinnrücklagen fortgeführt werden durften.[143]

Im Juni 1953 wurde ARB 43 „Restatement and Revision of Accounting Research Bulletins“ veröffentlicht und enthielt eine Überarbeitung der ersten 42 Bulletins. Hierbei wurde ARB 24 „Accounting for Intangible Assets“ durch ARB 43, Chapter 5 „Intangible Assets“, ersetzt. Die

---

139 Vgl. Werntz (Corporate Consolidations, 1945); Black (Merger Accounting, 1947); Wilcox (Analysis, 1950).

140 Vgl. Wilcox (Analysis, 1950), S. 106-107.

141 Im Jahr 1938 wurde das AIA gegründet, aus dem später das AICPA hervorging. Das AIA war eine Vereinigung der US-amerikanischen Wirtschaftsprüfer und wurde von der SEC mit der Erstellung von Accounting Standards beauftragt.

142 Vgl. ARB 40.2. Auf eine genaue Beschreibung des Größenkriteriums wurde verzichtet, doch die Formulierung deutete darauf hin, dass die Pooling of Interests-Methode bei sich zusammenschließenden Unternehmen mit extremen Größenunterschieden nicht angewendet werden durfte. Es war auch keines der Kriterien für sich entscheidend, sondern die Kriterien sollten insgesamt beurteilt werden. Vgl. ARB 40.3.

143 Vgl. ARB 40.5.

bedeutendste Änderung war, dass immaterielle Vermögenswerte mit unbegrenzter Nutzungsdauer aus Transparenzgründen nicht mehr mit den Rücklagen verrechnet werden durften.[144] ARB 40 „Business Combinations" wurde ebenfalls durch ARB 43, Chapter 7, Section C „Business Combinations", ersetzt, enthielt aber nur geringfügige Änderungen. Die Anwendungskriterien der Pooling of Interests-Methode blieben unverändert.[145]

Im Januar 1957 wurde ARB 43, Chapter 7, Section C „Business Combinations", durch ARB 48 „Business Combinations" ersetzt und die Anwendungskriterien der Pooling of Interests-Methode geändert. Um den zunehmenden Diversifikationstendenzen der Unternehmen gerecht zu werden, wurde das Kriterium der ähnlichen oder komplementären Geschäftsfelder gestrichen. Dagegen blieben die Kriterien Fortbestand des Eigentümerkreises sowie Fortbestand des Managements erhalten.[146] Das Größenkriterium wurde durch ARB 48 „Business Combinations" erstmals genauer definiert: Wenn ein Unternehmen nach dem Zusammenschluss mehr als 90-95% der Stimmrechte besaß, handelte es sich eher um einen Erwerb als um eine Interessenzusammenführung.[147] Allerdings erklärte der damalige Chief Account der SEC, Andrew Barr, dass auch in solchen Fällen nach der Pooling of Interests-Methode bilanziert werden könnte, wenn die anderen Kriterien oder sonstige Umstände dies nahe legten.[148] Daraus resultierte, dass nahezu jeder Unternehmenszusammenschluss nach der Pooling of Interests-Methode bilanziert werden konnte.[149] Obwohl die Pooling of Interests-Methode nicht als Wahlrecht in ARB 48 „Business Combinations" aufzufassen war, wurde sie in der Praxis als solches betrachtet. Entsprechend ihren bilanziellen Vorstellungen wählten die Unternehmen zwischen der Pooling of Interests-Methode und der Purchase-Methode.[150]

3.2.2 Verbreitung der Pooling of Interests-Methode

Im Jahr 1959 wurde das CAP durch das Accounting Principles Board (APB) abgelöst. Das APB war ein Rechnungslegungsausschuss des American Institute of Certified Public Accountants (AICPA)[151] und legte im Rahmen der Entwicklung von Rechnungslegungsstandards besonderen Wert auf Forschungsprojekte, die sich mit konkreten Bilanzierungsproblemen beschäftigten.[152] Aufgrund der zunehmenden Anwendung der Pooling of Interests-Methode seit Beginn der sechziger Jahre und dem Problem, eindeutige Abgrenzungskriterien für

---

[144] Vgl. ARB 43, Chapter 5, Par. 9. Von der Rücklagenverrechnung wurde bereits in ARB 24 „Accounting for Intangible Assets" abgeraten.

[145] Vgl. ARB 43, Chapter 7, Section C, Par. 2.

[146] Vgl. ARB 48.5.

[147] Vgl. ARB 48.6.

[148] Vgl. Barr (Accounting Aspects, 1959), S. 179.

[149] Vgl. Jaenicke (Pool, 1962), S. 762.

[150] Vgl. Eigen (Pooling, 1965), S. 537.

[151] Im Jahr 1957 wurde das American Institue of Accountants (AIA) in American Institute of Certified Public Accountants (AICPA) umbenannt. Vgl. Kiefer (Kapitalmarktregulierung, 2003), S. 50.

[152] Vgl. Rayburn/Powers (Pooling of Interests Accounting, 1993), S. 313.

die Beurteilung der Art des Unternehmenszusammenschlusses zu finden, veranlasste das APB eine Studie zu diesem Thema.[153] Diese von Wyatt durchgeführte Accounting Research Study (ARS) 5 „A Critical Study of Accounting for Business Combinations“ wurde im Jahr 1963 vom AICPA veröffentlicht. In der Studie untersuchte Wyatt für den Zeitraum von 1945 bis 1960 über 350 Unternehmenszusammenschlüsse. Er stellte fest, dass die meisten Unternehmenszusammenschlüsse zwischen Unternehmen unterschiedlicher Größe stattfanden[154] und dass die Pooling of Interests-Methode in den meisten Fällen bei Unternehmenszusammenschlüssen durch Anteilstausch angewendet wurde. Wyatt kommt aber auch zu dem Ergebnis, dass fast alle diese Unternehmenszusammenschlüsse aufgrund ihres ökonomischen Gehalts nach der Purchase-Methode zu bilanzieren gewesen wären. Die Anwendung der Pooling of Interests-Methode sei hingegen nur bei sich zusammenschließenden Unternehmen gerechtfertigt, die rechtlich getrennt aber ökonomisch eng verbunden sind. Die Anwendungskriterien aus ARB 48 „Business Combinations“ hält Wyatt für die Beurteilung des wahren Charakters eines Unternehmenszusammenschlusses für ungeeignet, da die Anwendungsvoraussetzungen nicht in der Lage waren, die Wahlmöglichkeit der Bilanzierungsmethode entsprechend dem wirtschaftlichen Gehalt des Unternehmenszusammenschlusses einzugrenzen. Er empfiehlt daher die Anwendung eines Fair Value Pooling für den Fall, dass sich ungefähr gleich große Unternehmen zusammenschließen und sich das erwerbende Unternehmen nicht eindeutig feststellen lässt. Das Fair Value Pooling geht von einem Neuanfang, einem so genannten Fresh Start, des aus dem Zusammenschluss resultierenden Unternehmens aus. Dabei müssen alle Vermögenswerte und Schulden des neuen Unternehmens zum Fair Value bewertet werden, und es dürfen grundsätzlich keine Gewinnrücklagen übernommen werden.[155]

Die Accounting Research Studies dienten aber nur der Diskussion bestimmter Problemkreise und gaben nicht die offizielle Meinung des AICPA wieder.[156] So bewertete Moonitz, der damalige Direktor für Accounting Research des AICPA, die Studie als gute Basis für Diskussionen. Gleichzeitig distanzierte er sich aber von den Schlussfolgerungen und Empfehlungen der Studie. Er sprach sich im Namen des Project Advisory Committee der ARS 5 „A Critical Study of Accounting for Business Combinations“ dafür aus, dass auch weiterhin zwischen Unternehmenszusammenschlüssen nach der Purchase-Methode und nach der Pooling of Interests-Methode unterschieden werden sollte. Allerdings sollten die Abgrenzungskriterien mehr den wahren wirtschaftlichen Gehalt des Zusammenschlusses berücksichtigen. Darüber hinaus wurde das Fair Value Pooling vom Committee strikt abgelehnt, da die Interpretation eines Neuanfangs beider Unternehmen nicht akzeptiert wurde.[157]

---

153 Vgl. Simon (Verschmelzung, 1997), S. 76.

154 Das Größenkriterium wurde demnach häufig unterlaufen.

155 Zu den Ergebnissen der Studie vgl. ausführlich Wyatt (Critical Study, 1963), S. 26-107.

156 Vgl. Wyatt (Critical Study, 1963), zweite Titelseite.

157 Vgl. Wyatt (Critical Study, 1963), S. XIII.

Im Oktober 1965 wurde die APB Opinion 6 „Status of Accounting Research Bulletin“ veröffentlicht, die eine Überarbeitung bzw. Ergänzung aller vom CAP bisher veröffentlichten ARB war. Ein Paragraph daraus bezog sich auf die Bilanzierung von Unternehmenszusammenschlüssen nach ARB 48 „Business Combinations“. Dieser regelte, dass bis auf das Kriterium des Eigentumsfortbestands die Anwendungskriterien der Pooling of Interests-Methode aus ARB 48 „Business Combinations“ nur noch zur Illustration und nicht als konkrete Voraussetzungen dienen sollten.[158] Diese Lockerung der Anwendungskriterien und die zunehmende Verbreitung der Methode entfachten immer wieder die Diskussion um die Anwendbarkeit der Pooling of Interests-Methode.[159] Im Juli 1966 empfahl die American Accounting Association (AAA), eine Vereinigung amerikanischer Hochschullehrer für Rechnungslegung, die Pooling of Interests-Methode zu verbieten, da der wirtschaftliche Gehalt des Unternehmenszusammenschlusses durch die Rücklagenverrechnung in der Bilanz nicht transparent würde.[160]

Durch die Veröffentlichung von APB Opinion 10 „Omnibus Opinion-1966“ im Dezember 1966 wurde Paragraph 12 aus ARB 48 „Business Combinations“ geändert und das Retroactive Pooling ermöglicht. Wurde beispielsweise ein Unternehmenszusammenschluss kurz nach Ende des Geschäftsjahrs, aber noch vor Erstellung des Abschlusses nach der Pooling of Interests-Methode durchgeführt, so sollte der Abschluss bereits die Auswirkungen des Zusammenschlusses für das abgelaufene Geschäftsjahr darstellen.[161] Insoweit ergab sich ein Manipulationsspielraum für das Management bei einem kurz vor der Vollendung stehenden Zusammenschluss, indem es in Abhängigkeit von den im vorangegangenen Geschäftsjahr erzielten Ergebnissen über den endgültigen Zeitpunkt des Zusammenschlusses entschied. Entsprachen die erzielten Ergebnisse den Erwartungen, konnte der Zusammenschluss in das folgende Geschäftsjahr verlegt werden, während der Zusammenschluss bei nicht zufriedenstellenden Ergebnissen bereits für das abgelaufene Geschäftsjahr dargestellt wurde. APB Opinion 10 „Omnibus Opinion-1966“ war insofern keine Verbesserung und ergab keine Konkretisierung der Pooling of Interests-Methode, sondern erweiterte diese um zusätzliche Ermessensspielräume.

Zum Ende der sechziger Jahre erreichte die Diskussion über die Pooling of Interests-Methode ihren vorläufigen Höhepunkt. Zu diesem Zeitpunkt war die Zahl der Unternehmenszusammenschlüsse, die nach der Pooling of Interests-Methode bilanziert wurden, stark angestiegen. So waren in den Jahren 1969 und 1970 von 391 Anträgen auf Börsenzulassung für Aktienemissionen, zum Zweck des Kaufs oder der Fusion, 82,5% auf Unternehmenszusammen-

---

[158] Vgl. APB Opinion 6.22.
[159] Vgl. Eigen (Pooling, 1965), S. 536-540; Lauver (Case, 1966), S. 65-74.
[160] Vgl. AAA (Statement, 1966), S. 33.
[161] Vgl. APB Opinion 10.5.

schlüsse nach der Pooling of Interests-Methode zurückzuführen.[162] Die Anwendungsvoraussetzungen waren zu diesem Zeitpunkt keine Restriktionen. Das Größenkriterium war bedeutungslos geworden, und es bestand die Möglichkeit des Retroactive Pooling. Die SEC duldete das Konzept des Part Purchase/Part Pooling und für den Anteilstausch konnten anstelle von Stammaktien beliebige Arten von Wertpapieren eingesetzt werden.[163] Eine Neuregelung der Pooling of Interests-Methode war daher erforderlich. Aus diesem Grund bildete das APB im Januar 1968 ein Committee on Business Combinations. Vor Erarbeitung einer neuen Stellungnahme wollte das Committee on Business Combinations aber die Ergebnisse der ARS 10 „Accounting for Goodwill" abwarten, weil hierin ein Teilaspekt der Bilanzierung von Unternehmenszusammenschlüssen, nämlich die Bilanzierung eines Goodwill, behandelt wurde.[164]

Catlett/Olson führten die ARS 10 „Accounting for Goodwill" durch und veröffentlichten ihre Ergebnisse im Oktober 1968. Auch Catlett/Olson kamen, wie bereits Wyatt in der ARS 5 „A Critical Study of Accounting for Business Combinations", zu dem Ergebnis, dass ein überwiegender Teil der Unternehmenszusammenschlüsse aufgrund des ökonomischen Gehalts der Transaktion nicht nach der Pooling of Interests-Methode zu bilanzieren gewesen wären, sondern nach der Purchase-Methode.[165] Allerdings kamen Catlett/Olson auch zu dem Ergebnis, dass ein erworbener Goodwill mit den Rücklagen verrechnet werden sollte.[166] Diese Empfehlung sowie die methodische Vorgehensweise der Studie wurden vom Director of Research und der Mehrheit des Project Advisory Committee abgelehnt.[167] Trotz der Kritik waren ARS 5 „A Critical Study of Accounting for Business Combinations" und ARS 10 „Accounting for Goodwill" Ausgangspunkt für die Überarbeitung der Regelungen zur Bilanzierung von Unternehmenszusammenschlüssen.[168]

Im Februar 1969 wurde das APB von der SEC angehalten, eine entsprechende Lösung für die Probleme im Rahmen der Bilanzierung von Unternehmenszusammenschlüssen zu finden.[169] Zunächst dachte das APB über ein Verbot der Pooling of Interests-Methode nach. Hierzu sagte der AICPA Executive Vice President Savoie: „[A]nything less than this solution will simply mean a 'repositioning' of the abuses that have become so rampant in recent years."[170]

---

162 Vgl. Wakefield (Accounting Principles, 1970), S. 33.
163 Vgl. Rayburn/Powers (Pooling of Interests Accounting, 1993), S. 315.
164 Vgl. Rayburn/Powers (Pooling of Interests Accounting, 1993), S. 316.
165 Vgl. Catlett/Olson (Accounting for Goodwill, 1968), S. 66.
166 Vgl. Catlett/Olson (Accounting for Goodwill, 1968), S. 106.
167 Vgl. Catlett/Olson (Accounting for Goodwill, 1968), S. XI-XIII, S. 116-154, S. 162-166.
168 Vgl. Rayburn/Powers (Pooling of Interests Accounting, 1993), S. 316.
169 Vgl. Davis (Reconsider, 1991), S. 100-101.
170 IASC (G4+1 Position Paper, 1998), S. 29.

Nach acht vorausgegangenen Discussion Drafts veröffentlichte das APB am 23. Februar 1970 schließlich einen Exposure Draft [ED] zur Bilanzierung von Unternehmenszusammenschlüssen und immateriellen Vermögenswerten. Danach waren sowohl die Purchase-Methode als auch die Pooling of Interests-Methode zulässig. Die Methoden waren aber nicht alternativ zulässig, sondern von bestimmten Kriterien abhängig.[171] Inhaltlich sahen diese Kriterien einen Größentest vor, der die Anwendung der Pooling of Interests-Methode erlaubte, wenn das erworbene Unternehmen nicht kleiner als ein Drittel des erwerbenden Unternehmens war. Ebenfalls sah der Exposure Draft eine verpflichtende Abschreibung des erworbenen Goodwill über die geschätzte Nutzungsdauer vor, wobei diese 20 Jahre nicht überschreiten durfte. Der Exposure Draft stieß in der Öffentlichkeit auf breite Ablehnung.[172] Aufgrund der starken Einschränkungen zur Anwendung der Pooling of Interests-Methode wurde mit einem starken Rückgang von Unternehmenszusammenschlüssen gerechnet und dadurch eine Schädigung der Wirtschaft befürchtet.[173] Das zunehmende Bewusstsein über die ökonomischen Konsequenzen der Rechnungslegung und die verstärkte Einflussnahme der Öffentlichkeit auf den Standard Setting Process führte dazu, dass bei einem Treffen des APB im Juni 1970 das Größenkriterium auf ein Verhältnis von eins zu neun herabgesetzt wurde.[174]

Einen Monat nach der beschlossenen Änderung des Größenkriteriums konnte auch nach mehrmaligen Versuchen die für den Exposure Draft erforderliche Zwei-Drittel-Mehrheit der Mitglieder des APB nicht gewonnen werden. Daher verzichtete das APB auf das Größenkriterium und teilte den Inhalt des Exposure Draft in zwei separate Opinions. Aufgrund der unterschiedlichen Meinungen der Mitglieder des APB zu den einzelnen Themengebieten wurde nur knapp die geforderte Mehrheit erreicht.[175] So entstanden die am 1. November 1970 veröffentlichten APB Opinion 16 „Business Combinations" und APB Opinion 17 „Intangible Assets".

Nach APB Opinion 16 „Business Combinations" mussten Unternehmenszusammenschlüsse entweder nach der Pooling of Interests-Methode oder nach der Purchase-Methode bilanziert werden. Für die Anwendung der Pooling of Interests-Methode waren zwölf Anwendungsvoraussetzungen zu erfüllen. Wurde nur eine Bedingung nicht erfüllt, musste nach der Purchase-Methode bilanziert werden. Die Anwendungsvoraussetzungen waren in drei Kategorien unterteilt. Die erste Kategorie betraf zwei Eigenschaften der sich zusammenschließenden Unternehmen, durch die gewährleistet werden sollte, dass die Aktionäre der beteiligten Unternehmen vorher keine gemeinsamen Interessen hatten. In der zweiten Kategorie wurden sieben

---

171 Vgl. IASC (G4+1 Position Paper, 1998), S. 29.
172 Lediglich Lehrkräfte im Bereich des Rechnungswesens und die Börsenaufsichtsbehörden befürworteten den Exposure Draft. Vgl. Rayburn/Powers (Pooling of Interests Accounting, 1993), S. 320.
173 Vgl. Wakefield (Accounting Principles, 1970), S. 33; Knortz (Realities, 1970), S. 32.
174 Vgl. Zeff (Rise, 1978), S. 59-60.
175 Vgl. IASC (G4+1 Position Paper, 1998), S. 29.

verschiedene Anforderungen an die Durchführung des Aktientauschs gestellt, denn Ziel war es, sicher zu stellen, dass auch tatsächlich ein Austausch von Stimmrechtsaktien stattgefunden hat und sich so künftig alle Aktionäre gemeinsam die Rechte und Risiken des zusammengeschlossenen Unternehmens teilten. Die dritte Kategorie beinhaltete drei Verbote bestimmter Geschäfte nach dem Zusammenschluss, die der Idee des Pooling of Interests widersprächen. Die folgende Tabelle 4 zeigt die zwölf Anwendungsvoraussetzungen der Pooling of Interests-Methode und das Fortbestehen von Tochterunternehmen:[176]

Kategorie	Bedingungen
Eigenschaften der sich zusammenschließenden Unternehmen	1. Jedes der sich vereinigenden Unternehmen ist selbständig und ist in den zwei Jahren vor Beginn der Planung des Zusammenschlusses weder ein Tochterunternehmen noch eine Abteilung eines anderen Unternehmens gewesen. 2. Jedes der sich vereinigenden Unternehmen ist unabhängig von dem jeweils anderen Unternehmen.
Voraussetzungen für die Durchführung des Zusammenschlusses	1. Der Zusammenschluss erfolgt durch eine einzige Transaktion oder er wird in Entsprechung eines festgelegten Plans innerhalb eines Jahres nach Aufstellung des Plans abgeschlossen. 2. Das Mutterunternehmen bietet nur solche Anteile an und gibt nur solche Anteile aus, die mit den gleichen Rechten wie die Mehrheit ihrer eigenen, nicht selbst gehaltenen, stimmberechtigten Anteile ausgestattet sind. Der Austausch erfolgt im Wesentlichen gegen alle stimmberechtigten Anteile eines anderen Unternehmens zu dem in dem Plan vorgesehenen Zeitpunkt. 3. Keines der Unternehmen verändert aufgrund von Überlegungen, die den Zusammenschluss beeinflussen, während der zwei Jahre vor Aufstellung des Plans oder in der Zeit zwischen Aufstellung des Plans und Vornahme des Zusammenschlusses die Zusammensetzung des stimmberechtigten Kapitals. Gleiches gilt für Änderungen in den Überlegungen zum Zusammenschluss, die Ausschüttungen an die Anteilseigner und die Ausgabe, den Tausch oder den Einzug von Anteilen betreffen. 4. Jedes Unternehmen erwirbt eigene Anteile nur für andere Zwecke als die des Zusammenschlusses. Keines der Unternehmen erwirbt in der Zeit zwischen der Erstellung des Plans für den Zusammenschluss und der Durchführung des Zusammenschlusses mehr als eine gewöhnliche Anzahl eigener Anteile.

176 Vgl. für die folgende Abbildung APB Opinion 16.45-49.

	5. Das Verhältnis der Kapitalanteile des einzelnen Anteilseigners zu den Kapitalanteilen der anderen Anteilseigner wird durch den Anteilstausch im Rahmen des Zusammenschlusses nicht verändert. 6. Die Stimmrechte, die den nach dem Anteilstausch neuen Kapitaleignern an dem zusammengefassten Unternehmen zustehen, können von diesen unmittelbar ausgeübt werden. Die Anteilseigner sind in der Ausübung der Stimmrechte in keinem Geschäftsjahr ausgeschlossen oder eingeschränkt. 7. Der Zusammenschluss wird innerhalb der im Plan vorgesehenen Zeit vollzogen. Keine Bedingung des Plans bezüglich der Ausgabe von Anteilen oder anderen Gegenleistungen ist schwebend.
Verbot bestimmter Vereinbarungen für die Zeit nach dem Zusammenschluss	1. Das zusammengefasste Mutterunternehmen stimmt weder direkt noch indirekt zu, dass alle oder Teile der zur Durchführung des Zusammenschlusses ausgegebenen Anteile eingezogen oder zurückgezahlt werden. 2. Das zusammengefasste Mutterunternehmen übernimmt nicht andere finanzielle Verpflichtungen zu Gunsten der früheren Anteilseigner des Tochterunternehmens, beispielsweise durch eine Kreditbürgschaft, die durch die an die früheren Anteilseigner des Tochterunternehmens ausgegebenen Anteile des Mutterunternehmens gesichert ist. Sie macht faktisch den Austausch der Wertpapiere unwirksam. 3. Das zusammengefasste Mutterunternehmen beabsichtigt oder plant nicht, innerhalb von zwei Jahren nach dem Zusammenschluss wichtige Teile der Vermögenswerte zu veräußern, es sei denn, es handelt sich um Veräußerungen im Rahmen der gewöhnlichen Geschäftstätigkeit der früher selbständigen Unternehmen oder um nach dem Zusammenschluss mehrfach vorhandene Betriebsanlagen oder Überkapazitäten.
Fortbestehen von Tochterunternehmen	Ein an dem Zusammenschluss beteiligtes Unternehmen darf nicht aufgelöst werden, sondern ist als Tochterunternehmen des Mutterunternehmens, dem im Rahmen des Anteilstausches als Leistung die Anteile an dem Tochterunternehmen übertragen worden sind, fortzuführen.

Tabelle 3: Anwendungsvoraussetzungen für die Pooling of Interests-Methode gemäß APB Opinion 16.45-49
Quelle: Eigene Darstellung.

Nach APB Opinion 16 „Business Combinations“ war eine Mischung der beiden Methoden gemäß dem Konzept des Part Purchase/Part Pooling grundsätzlich nicht mehr erlaubt.[177] Auch das nach APB Opinion 10 „Omnibus Opinion-1966“ eingeführte Retroactive Pooling, wonach die Pooling of Interests-Methode unter Umständen rückwirkend angewendet werden konnte, durfte nach APB Opinion 16 „Business Combinations“ nicht mehr angewendet werden.[178]

Die bedeutendste durch APB Opinion 17 „Intangible Assets“ hervorgerufene Änderung im Rahmen der Bilanzierung von Unternehmenszusammenschlüssen war die Behandlung des erworbenen Goodwill. Dieser musste jetzt ergebniswirksam über maximal 40 Jahre abgeschrieben werden. In diesem Punkt war das APB von seinem ursprünglichen Vorschlag im Exposure Draft abgewichen. Doch gerade diese Abschreibungsvorschrift eröffnete wahrscheinlich den Anreiz für viele Unternehmen, die Pooling of Interests-Methode anzuwenden, um dadurch die ergebnisbelastenden Goodwillabschreibungen zu vermeiden.

3.3 Abschaffung der Pooling of Interests-Methode nach US-GAAP

3.3.1 Probleme und missbräuchliche Anwendung bei der Bilanzierung von Business Combinations als Ursache der Neuregelungen

Die umfangreichen Anwendungsvoraussetzungen aus APB Opinion 16 „Business Combinations“ sollten dazu beitragen, die Anwendung der Pooling of Interests-Methode zu begrenzen. In den Jahren nach dem In-Kraft-Treten der Vorschrift nahm die Zahl der Unternehmenszusammenschlüsse nach dieser Methode ab.[179] Allerdings ergaben sich zahlreiche Unklarheiten bei der Anwendung der Vorschriften. Daher veröffentlichte das AICPA in den Jahren von 1970 bis 1973 insgesamt 39 Interpretationen zu APB Opinion 16 „Business Combinations“. Zusätzlich hat die SEC drei ASR erlassen, die sich mit diesem Thema befassten. Weiterhin erstellten große Wirtschaftsprüfungsgesellschaften umfassende Handbücher zur Interpretation der Anwendungsvoraussetzungen. „This must say something about the ambiguity of the concept of pooling-of-interests to accountants. Soundly conceived concepts are more easily understood and interpreted shortly after adoption.“[180]

Aufgrund der bestehenden Anwendungsprobleme sollte die Bilanzierung von Business Combinations eines der ersten Projekte des FASB, welches 1973 das APB als Standardsetter ablöste, werden. Bis auf ein Discussion Memorandum im August 1976 wurde das Projekt aber

[177] Allerdings existierte die folgende Ausnahme: Nach der „Grandfather-Klausel“ war die Anwendung der Pooling of Interests-Methode möglich, obwohl eines der Unternehmen bereits mit bis zu 50% am anderen beteiligt war. Vgl. APB Opinion 16.99 sowie dazu Rayburn/Powers (Pooling of Interests Accounting, 1993), S. 322.

[178] Vgl. APB Opinion 16.61.

[179] Vgl. Davis (Reconsider, 1991), S. 100.

immer wieder verschoben. Im Jahr 1981 wurde es mit der Begründung einer zu geringen Priorität im Vergleich zu anderen Projekten von der Agenda gestrichen.[181] Aufgrund der weiterhin bestehenden Unklarheiten wurde bei vielen Zusammenschlüssen eine Beurteilung seitens der SEC erforderlich, ob in Einzelfällen die Pooling of Interests-Methode anzuwenden ist.[182]

Die zwölf Anwendungsvoraussetzungen des APB Opinion 16 „Business Combinations" waren dazu bestimmt, einen Unternehmenskauf[183] von einer Interessenzusammenführung zu unterscheiden. Dabei wurden unter anderem Kriterien berücksichtigt, die den Fortbestand des Eigentums jedes Aktionärs und damit die Kontinuität auf Ebene der Gesellschafter sichern sollten. Die Kontinuität auf Ebene der Gesellschaften hingegen blieb unberücksichtigt.[184] Aber gerade ein Unternehmenszusammenschluss, der die Interessen der Unternehmen vereinigen soll, ist ohne die Beibehaltung des Managements schwer vorstellbar.[185] Ein solcher Fortbestand ließe sich durch eine vorgeschriebene paritätische Zusammensetzung des Managements gewährleisten.[186] Auch durch das Kriterium der relativ gleichen Größe der Unternehmen, welches bereits im Jahr 1950 durch ARB 40 „Business Combinations" gefordert wurde, könnte aufgrund der Stimmrechtsverteilung ein Fortbestand des Managements erreicht werden.[187] Ein solches Größenkriterium hätte die Anwendungshäufigkeit der Pooling of Interests-Methode erheblich verringert, denn oftmals fanden Zusammenschlüsse zwischen Unternehmen mit erheblichen Größenunterschieden statt.[188] Die Anwendungsvoraussetzungen waren nur begrenzt geeignet, den tatsächlichen Wesensgehalt eines Zusammenschlusses zu beurteilen. Weiterhin versuchten die Unternehmen durch gezielte Sachverhaltsgestaltungen die Anwendung der Pooling of Interests-Methode zu erreichen.[189]

Im Vergleich zur Bilanzierung nach der Purchase-Methode weist die Anwendung der Pooling of Interests-Methode den Vorteil auf, dass es in den Folgeperioden aufgrund der nicht vor-

---

180 Dieter (Revisit Accounting, 1989), S. 46. Es überrascht daher nicht, dass laut Umfrage des AAA und des FASB die APB Opinion 16 „Business Combinations" zu einem der schwächsten Rechnungslegungsstandards erklärt wurde. Vgl. Reither (Accounting Standards, 1998), S. 288-289.

181 Vgl. Exposure Draft 1999, Par. 80; Dieter (Revisit Accounting, 1989), S. 44.

182 Vgl. Dieter (Revisit Accounting, 1989), S. 47. Die SEC verbrachte viel Zeit mit der Klärung von Anwendungsfragen bei der Pooling of Interests-Methode. Vgl. IASC (G4+1 Position Paper, 1998), Par. 64. Negativ beeinflusst wurde die Methode auch durch das sich wandelnde wirtschaftliche Umfeld. Seit den achtziger Jahren waren die Kapitalstrukturen und die Finanzinstrumente der Unternehmen wesentlich komplexer geworden, was die Beurteilung der Anwendungsvorschriften noch komplizierter machte. Vgl. Davis (Reconsider, 1991), S. 99; Dieter (Revisit Accounting, 1989), S. 46-47.

183 Zu Ablauf und Formen von Unternehmenskäufen vgl. Schüppen/Walz (Formen, 2005).

184 Vgl. Simon (Verschmelzung, 1997), S. 84-85.

185 Vgl. Davis (Reconsider, 1991), S. 100.

186 Bis zum Jahr 1965 wurde die Beibehaltung des Managements nach ARB 40 „Business Combinations", 43 „Restatement and Revision of Accounting Research Bulletins" und 48 „Business Combinations" als Kriterium für die Anwendung der Pooling of Interests-Methode gefordert.

187 Vgl. Simon (Verschmelzung, 1997), S. 85.

188 Vgl. Davis (Reconsider, 1991), S. 103.

189 Vgl. Telkamp/Bruns (Fresh Start, 2000), S. 748.

handenen Abschreibungen auf den Goodwill bzw. auf nicht aufgedeckte stille Reserven zu einem höheren Ergebnisausweis kommt. Weiterhin können bei einem späteren Verkauf der zu Buchwerten übernommenen Vermögenswerte durch die Auflösung stiller Reserven entsprechende Gewinne erzielt werden. Auch das Ausschüttungspotenzial ist durch die Übernahme bzw. Addition der Gewinnrücklagen höher als bei einer Bilanzierung nach der Purchase-Methode.[190] Darüber hinaus führt die Pooling of Interests-Methode in der Regel dazu, dass der Zusammenschluss für die Anteilseigner und die Unternehmen steuerneutral ist.[191] Ebenfalls ist zu berücksichtigen, dass auch ergebnisorientierte Kennzahlen, wie beispielsweise die Eigenkapitalrentabilität zum einen - aufgrund des Ausbleibens der Abschreibungen auf den Goodwill - durch höhere Gewinne und zum anderen durch eine gesunkene Kapitalbasis - durch die Verrechnung des Unterschiedsbetrags mit dem Eigenkapital – gesteigert werden können (Doppeleffekt).

Der Erfolg eines Unternehmenszusammenschlusses hängt bei hinreichend effizienten Kapitalmärkten von der Erzielung künftiger Cashflows ab und nicht von der Kapitalkonsolidierungsmethode.[192] Auch empirische Studien konnten die oben genannten Vorteile der Pooling of Interests-Methode nicht in Form von positiven Kapitalmarktreaktionen bestätigen.[193] Dennoch waren die Unternehmen bei den Zusammenschlüssen oftmals bereit, hohe Kosten für entsprechende Sachverhaltsgestaltungen und zusätzliche Übernahmeprämien zu bezahlen, um die Kapitalkonsolidierung nach der Pooling of Interests-Methode vornehmen zu können.[194] Aufgrund dieses Missbrauchs wurde immer wieder über eine Neuregelung bzw. eine Abschaffung der Pooling of Interests-Methode diskutiert.[195]

Anfang der neunziger Jahre hat das Financial Accounting Standards Advisory Council (FASAC)[196] dem FASB vorgeschlagen, die Frage der Bilanzierung von Unternehmenszusammenschlüssen neu zu diskutieren und wies diesem Projekt bei einem Meeting im Juli 1996 eine hohe Priorität zu. Kurz darauf nahm das FASB das Projekt „Business Combinations" auf seine Agenda, um sich mit offenkundigen Fehlern und Unzulänglichkeiten in APB

---

190 Vgl. Simon (Verschmelzung, 1997), S. 46-47; Vater (M&A Accounting, 2001), S. 1844; Tump/Gross (M&A, 2001). Zu einer Darstellung der Faktoren, welche die Wahl der Konsolidierungsmethode beeinflussen, vgl. White/Sondhi/Fried (Analysis, 1998), S. 780-787.

191 Vgl. White/Sondhi/Fried (Analysis, 1998), S. 764-765.

192 Vgl. Rammert (Pooling, 1999), S. 628; Koch/Hofacker (Merger of Equals, 2000), S. 543.

193 Vgl. Hong/Kaplan/Mandelker (Pooling, 1978), S. 31-47; Davis (Reaction, 1990), S. 696-709.

194 Vgl. IASC (G4+1 Position Paper, 1998), Par. 115.

195 Vgl. Davis (Reconsider, 1991), S. 107; Dieter (Revisit Accounting, 1989), S. 48. Telkamp/Bruns weisen in diesem Zusammenhang darauf hin, dass das Problem unerwünschter Sachverhaltsgestaltungen auf die unzureichenden Abgrenzungskriterien zurückzuführen ist und nicht das Konzept der Pooling of Interests-Methode in Frage stellt. Vgl. Telkamp/Bruns (Fresh Start, 2000), S. 748.

196 Das FASAC wird teilweise auch nur als „Council" bezeichnet. Zu den Hauptaufgaben des FASAC gehören die Beratung des FASB bezüglich Projektprioritäten und der Hinweis hinsichtlich neuer, auf die Agenda aufzunehmender Themen. Vgl. FASAC (Overview, 2003), S. 1.

Opinion 16 „Business Combinations“ auseinanderzusetzen. Es folgten die Einrichtung einer Task Force[197], eine öffentliche Sitzung im Februar 1997[198] und ein Special Report, der die Grundlage für eine öffentliche Diskussion bilden sollte.[199] Nach weiteren Überarbeitungen wurde im Dezember 1998 das Position Paper „Recommendations for Achieving Convergence on the Methods of Accounting for Business Combinations“ für Kommentierungszwecke veröffentlicht.[200]

3.3.2 Überlegungen auf internationaler Ebene: G4+1 Position Paper

Das im Jahr 1998 von der G4+1[201] veröffentlichte Position Paper „Recommendations for Achieving Convergence on the Methods of Accounting for Business Combinations“ befasst sich mit verschiedenen Methoden zur Bilanzierung von Unternehmenszusammenschlüssen. Aufgrund der divergierenden Regelungen in den einzelnen Ländern bezüglich der Behandlung von Business Combinations wurde untersucht, welche Methode für welche Art von Unternehmenszusammenschlüssen adäquat erscheint und ob es überhaupt ein Nebeneinander verschiedener Methoden geben sollte. Dabei wurde neben der Pooling of Interests-Methode und der Purchase-Methode auch die Fresh Start-Methode berücksichtigt. Bei der Fresh Start-Methode wird für Zwecke der Rechnungslegung von einem Neuanfang der Unternehmen nach dem Zusammenschluss ausgegangen.[202] Alle Vermögenswerte und Schulden der beteiligten Unternehmen sind demnach am Tag des Zusammenschlusses zum Fair Value zu bewerten.[203]

Im Ergebnis sprach sich die G4+1 dafür aus, dass alle Unternehmenszusammenschlüsse nach der Purchase-Methode abgebildet werden sollten.[204] Für die Anwendung der Purchase-Methode ist allerdings erforderlich, dass das erwerbende Unternehmen identifiziert werden kann.[205] Sofern bei einem Unternehmenszusammenschluss kein Erwerber identifizierbar ist,

---

197 Eine Task Force ist eine Arbeitsgruppe, in der Experten aus verschiedenen Interessengruppen das Problem und mögliche Lösungsansätze studieren und diskutieren. Sie ist im Due Process vorgesehen.

198 Von 1997 bis zur Verabschiedung der Standards SFAS 141 „Business Combinations“ und SFAS 142 „Goodwill and Other Intangible Assets“ fanden mehr als 40 Public Meetings statt.

199 Zu dem Special Report wurden 54 Kommentierungen abgegeben.

200 Der Aufforderung zur Stellungnahme folgten 148 Personen bzw. Institutionen.

201 Die G4+1 war eine Gruppe, die sich aus Repräsentanten der Standardsetter Australiens, Großbritanniens, Kanadas, Neuseelands und den Vereinigten Staaten von Amerika sowie aus beobachtenden Vertretern des IASC zusammensetzte. Vgl. IASC (G4+1 Position Paper, 1998), S. XV. Ihr Ziel war es, durch Analysen bestimmter Rechnungslegungsstandards und Vorschläge für eine Neuregelung eine einheitliche Sichtweise für bestimmte Rechnungslegungsprobleme zu schaffen und somit die Informationsversorgung für die Kapitalmärkte zu verbessern. Vgl. IASC (G4+1 Position Paper, 1998), S. XI. Diese hatten allerdings keine Bindungswirkung für die Mitglieder, sondern dienten nur als Grundlage für die Entwicklung eigener Standards. Im Januar 2001 beschloss die Gruppe ihre Auflösung, da die Mitgliedstaaten im IASB vertreten sind.

202 Dies entspricht insofern dem bereits im Jahr 1963 von Wyatt vorgeschlagenen Fair Value Pooling. Vgl. Wyatt (Critical Study, 1963), S. 81-86.

203 Vgl. IASC (G4+1 Position Paper, 1998), Par. 22, Par. 51-53.

204 Vgl. IASC (G4+1 Position Paper, 1998), Par. 192.

205 Vgl. IASC (G4+1 Position Paper, 1998), Par. 165.

sollte ein Erwerber bestimmt werden.[206] Die G4+1 räumte zwar ein, dass in solchen Fällen die Fresh Start-Methode besser geeignet sei als die Purchase-Methode, sah aber die Vorteile einer einzigen Bilanzierungsmethode als ausschlaggebend an.[207] So wurde die Abschaffung der Pooling of Interests-Methode ebenfalls empfohlen.[208]

3.3.3 Exposure Draft „Business Combinations and Intangible Assets"

Das FASB sah die in APB Opinon 16 „Business Combinations" eingeräumte Möglichkeit der Anwendung unterschiedlicher Konsolidierungsmethoden auf die Abbildung gleichartiger Unternehmenszusammenschlüsse als Mangel an, weil es dadurch zu „dramatically different financial results"[209] kommen konnte. Darüber hinaus erschwerte die Gültigkeit unterschiedlicher Konsolidierungsmethoden die Unternehmensvergleichbarkeit für die Jahresabschlussadressaten.[210] So hatte der erste Entwurf im September 1999 das Ziel, die Pooling of Interests-Methode abzuschaffen.[211] Bereits innerhalb der Kommentierungsphase löste diese Abschaffung heftige Kritik aus.[212] Ein weiteres wesentliches Element des ersten Entwurfs war die Halbierung der maximalen Abschreibungsdauer des Goodwill von 40 auf 20 Jahre.[213] Begründet wurde diese Nutzungsdauerverkürzung unter anderem mit international üblichen Abschreibungsdauern und mit den Ergebnissen einer Feldstudie des FASB.[214] Das FASB stellte im Ergebnis des Feldversuchs fest, dass aufgrund der zunehmenden Geschwindigkeit des technologischen Wandels der Produktlebenszyklus abnimmt und somit die wirtschaftliche Nutzungsdauer der im Goodwill zusammengefassten Elemente generell weniger als 20 Jahre beträgt. Ein Impairment Test anstelle einer planmäßigen Abschreibung des Goodwill wurde zu diesem Zeitpunkt bereits diskutiert, fand aber keinen Eingang in den damaligen Exposure Draft, da es nach Auffassung des FASB nicht möglich ist, die einzelnen Bestandteile des Goodwill komplett nach begrenzter und unbegrenzter Nutzungsdauer zu trennen.[215] Die Entwicklung eines hierfür operationalen Ansatzes erklärte das Board damals für gescheitert und verwies darauf, dass eine Nicht-Abschreibung die bessere Alternative sei. In diesem Zusammenhang sah sich aber das FASB nicht in der Lage, bessere Methoden für einen aus der Nicht-Abschreibung resultierenden Impairment Test zu präsentieren.[216]

---

[206] Vgl. IASC (G4+1 Position Paper, 1998), Par. 195-197.
[207] Vgl. IASC (G4+1 Position Paper, 1998), Par. 197.
[208] Vgl. IASC (G4+1 Position Paper, 1998), Par. 179.
[209] FASB (Questions, 1999), S. 2.
[210] Vgl. FASB (Questions, 1999), S. 2.
[211] Vgl. Johnson/Petrone (Pooling, 1999), S. 1-4. Der Exposure Draft stimmte in diesem Punkt mit den Empfehlungen der G4+1 Gruppe überein.
[212] Vgl. Beresford (Business Combinations, 2001), S. 74.
[213] Vgl. FASB (Exposure Draft, 1999), Par. 42.
[214] Vgl. FASB (Questions, 1999), S. 16-17.
[215] Vgl. FASB (Questions, 1999), S. 17.
[216] Vgl. FASB (Questions, 1999), S. 17.

Auch die Bilanzierung von Intangible Assets brachte im Rahmen des ersten Entwurfs einschneidende Neuerungen mit sich, die jedoch durch den Fokus auf die Abschaffung der Pooling of Interests-Methode überlagert wurden. In dem Entwurf konzentrierte sich das FASB auf erworbene immaterielle Vermögenswerte.[217] Vorgesehen war eine Differenzierung in abnutzbare und nicht abnutzbare immaterielle Vermögenswerte und ein unter bestimmten Bedingungen vom Goodwill separierter Ansatz identifizierbarer immaterieller Vermögenswerte.[218] Die für den separaten Ansatz vorgesehenen Kriterien sollten eine zuverlässige Messbarkeit im Sinne von Glaubwürdigkeit und Nachprüfbarkeit gemäß Concept Statement 2 „Qualitative Characteristics of Accounting Information" sicherstellen.[219] Gleichfalls war beabsichtigt, die maximale Abschreibungsdauer für diese immateriellen Vermögenswerte auf 20 Jahre zu reduzieren.[220]

3.3.4 Politischer Richtungswechsel – Der revised Exposure Draft

3.3.4.1 Unabhängigkeit des FASB

Um den Richtungswechsel, der sich durch den revised Exposure Draft ergab, würdigen zu können, soll zunächst die offizielle Unabhängigkeit des FASB erläutert werden.

Das FASB wurde im Jahr 1972 gegründet und ist seit 1973 der bedeutendste Standardsetter in den USA.[221] Bei der Standardsetzung folgt das FASB einem so genannten Due Process, der formal geregelt ist und in den die Öffentlichkeit einbezogen wird. Interessierte und inhaltlich betroffene Personen sollen im Rahmen des Due Process die Möglichkeit haben, ihre Ansichten und Argumente in den Entstehungsprozess einzubringen. Durch diese Meinungsvielfalt wird außerdem eine hohe Qualität der Standards sichergestellt. Das FASB muss aber bei seinen Entscheidungen neutral sein, denn die Standards dürfen nicht durch einen Interessenlobbyismus verzerrt werden.[222] Die folgende Tabelle 5 stellt den Due Process dar:

---

217 Die Diskussion über einen erweiterten Ansatz immaterieller Vermögenswerte fand damals starke Unterstützung. Dies zeigen die Kommentare zu dem im Jahr 1997 veröffentlichten Special Report des FASB. Vgl. Beckman (Business Combinations, 1998), S. 57.

218 Überlegungen zur Bilanzierung von In-Process Research And Development Costs waren ausdrücklich nicht Gegenstand des Projekts. Vgl. FASB (Project Summary, 1999), S. 1.

219 Vgl. FASB (Exposure Draft, 1999), Par. 21.

220 Nach APB Opinion 17.9 war eine maximale Abschreibungsdauer für immaterielle Vermögenswerte von 40 Jahren vorgesehen.

221 Vgl. Miller/Redding/Bahnson (The FASB, 1998), S. 22-23.

222 Vgl. SFAC 2.98. Das FASB hat diese geforderte Neutralität noch einmal explizit im Exposure Draft 1999 „Business Combinations and Intangible Assets", Par. 138-142 betont.

Schritte	Erläuterungen
1. Aufnahme einer Fragestellung auf die Agenda	Fragestellungen werden an das FASB herangetragen und vom Stab beurteilt. Bei der Einschätzung als signifikant wird das Problem für weitere Studien und eine mögliche Verlautbarung ausgewählt.
2. Einsetzen einer Arbeitsgruppe (Task Force)	Experten studieren das Problem und erörtern mögliche Lösungsansätze.
3. Erstellung eines Discussion Memorandum oder Invitation to Comment	Discussion Memorandum oder Invitation to Comment wird von der Task Force mit Unterstützung des Stabs angefertigt. Sie bilden die Grundlage für eine Problemlösung.
4. Öffentliche Anhörungen bzw. Anhörungen zum Discussion Memorandum	Die schriftlichen Stellungnahmen werden in einer öffentlichen Anhörung diskutiert.
5. Entwurf und Herausgabe eines Exposure Draft	Das FASB erwägt alle geäußerten Meinungen und gibt seine vorläufige Meinung und seine Begründung dafür im Exposure Draft bekannt.
6. Öffentliche Anhörung bzw. Anhörungen zum Exposure Draft	Nach dem Eingang der Stellungnahmen kommt es zu einem zusätzlichen Meinungsaustausch im Rahmen einer öffentlichen Anhörung.
7. Herausgabe des Standards	Verabschiedung des Standards mit einfacher Mehrheit durch das FASB. Die Gründe für die Entscheidungen werden in einer Basis for Conclusion mitgeteilt.

Tabelle 4: Due Process des FASB
Quelle: In Anlehnung an Sonnemann (Konzeptionelle Grundlagen, 1989), S. 31.

Um einen Interessenlobbyismus zu verhindern, sind alle Mitglieder des FASB, im Gegensatz zu den Mitgliedern der Vorgängerorganisationen CAP und APB, hauptberuflich und gegen entsprechende Bezahlung für das Board tätig. So soll ihre Neutralität und Unabhängigkeit gegenüber sonstigen Arbeitgebern sicher gestellt werden.[223] Das FASB bzw. die ihm übergeordnete Financial Accounting Foundation (FAF) finanziert sich hauptsächlich durch den Verkauf ihrer Publikationen, aber auch durch Spenden, die größtenteils von Prüfungsgesellschaften und Unternehmen stammen. Teilweise wird dadurch versucht, das FASB bei der

[223] Vgl. Miller/Redding/Bahnson (The FASB, 1998), S. 39.

Standardsetzung zu beeinflussen. Folglich ist die Unabhängigkeit und Neutralität des FASB durch diese finanzielle Bindung gefährdet.[224]

Besonders großen Einfluss auf die Arbeit und die Entscheidungen des FASB hat die SEC. Sie wurde im Jahr 1934 als unabhängige Bundesbehörde vom Kongress im Rahmen des Securities Exchange Act gegründet und ist kraft Gesetz dazu befugt, Rechnungslegungsnormen für börsennotierte Gesellschaften zu erlassen.[225] Diese Aufgabe hat die SEC seit dem Jahr 1938 an Private Standardsetter delegiert. Vor der Gründung des FASB war zunächst die Berufsorganisation der Wirtschaftsprüfer bzw. das dort zuständige CAP und später das APB mit der Erstellung von Rechnungslegungsnormen betraut.[226] Im Jahr 1973 übernahm das FASB diese Aufgabe. Trotz dieser Delegation kann die SEC eigene Vorschriften erlassen.

Auch die Politik kann über die SEC indirekt Einfluss auf das FASB nehmen, denn die Stellung der SEC beruht auf der Ermächtigung durch den Kongress. Darüber hinaus kann der Kongress Druck auf das FASB ausüben, indem er mit abweichenden gesetzlichen Regelungen oder Reformen den privaten Standardsettern droht. Beresford, der Vorsitzende des FASB von 1987 bis 1997, hält es in solchen Konfliktfällen für wichtig, dass das FASB flexibel ist und in Konfliktfällen mit der SEC bei seinen Entscheidungen nachgibt, um das gesamte Konzept des privaten Standard Setting nicht zu gefährden.[227] Aufgrund dieser Möglichkeiten der Einflussnahme auf die Standards sind Zweifel an der tatsächlichen Neutralität und Unabhängigkeit des FASB angebracht – trotz dessen offizieller Unabhängigkeit.[228]

3.3.4.2 Politische Einflussnahme: Verstärkter Druck auf das FASB bezüglich des Business Combinations-Projekts

Einen entscheidenden Richtungswechsel hat das Projekt „Business Combinations and Intangible Assets“ durch eine Kongressanhörung am 2. März 2000 erfahren.[229] Senator Gramm forderte dort anstelle der vorgesehenen ratierlichen Abschreibung eine Aktivierung des Goodwill und einen Impairment Test im Rahmen der Folgebewertung.[230] Die hinter der Aktivierung und dem Impairment Test stehenden Motive lagen deutlich auf der Hand: Unternehmen wollten eine Kompensation für die im Rahmen der Pooling of Interests-Methode mögliche erfolgsneutrale Verrechnung des Unterschiedsbetrags. Gramm bezeichnete in seiner

---

224 Vgl. ausführlich hierzu Schildbach (US-GAAP, 2002), S. 34-39.

225 Vgl. Miller/Redding/Bahnson (The FASB, 1998), S. 22; Kiefer (Kapitalmarktregulierung, 2003), S. 37-44.

226 Vgl. Kiefer (Kapitalmarktregulierung, 2003), S. 50-55.

227 Vgl. Beresford (Standardsetter, 1997), S. 83.

228 Auch das IASB betreibt als Institution eines privatwirtschaftlich organisierten Vereins keine interessenfreie Politik. Vgl. Ballwieser (Konzeptionslosigkeit, 2005), S. 729. Vgl. auch zur früheren Diskussion über das Konzept der IFRS Streim (Internationalisierung, 1998).

229 Die Anhörung fand vor dem Senate Banking, Housing and Affairs unter dem Titel „The Pooling Method of Accounting for Corporate Mergers“ statt. Vgl. Beresford (Business Combinations, 2001), S. 74-77.

230 Vgl. Senate Banking Committee (Corporate Mergers, 2000).

Eröffnungsrede die Unternehmensvertreter als Opfer der geplanten Neuregelung.[231] Weiterhin wurde die geplante Abschaffung der Pooling of Interests-Methode bei einer weiteren Anhörung am 4. März 2000 heftig kritisiert.[232] Insbesondere Vertreter aus der New Economy plädierten für eine Beibehaltung der Pooling of Interests-Methode.[233] Demgegenüber betrachteten einige Kongressabgeordnete eher die Schwachstellen der Purchase Methode und vor allem die zu diesem Zeitpunkt noch vorgesehene planmäßige Abschreibung kritisch.

Im März 2000 sandten die beteiligten Senatoren der zweiten Anhörung zur Abschaffung der Pooling of Interests-Methode einen Brief an Jenkins, dem Nachfolger von Beresford als FASB Chairman, und warnten hierin vor den Konsequenzen eines vorschnellen Handelns bei einem Projekt dieser Tragweite.[234] Unter anderem enthielt der Brief den Vorschlag, die Purchase-Methode durch einen jährlichen Impairment Test des Goodwill zu verbessern.[235] Kurze Zeit später fand ein so genanntes „Roundtable Meeting and Discussion of Accounting for Goodwill" statt, in dem Senator Gramm bekräftigte, dass die Purchase-Methode der Pooling of Interests-Methode überlegen sei.[236] Seiner Meinung nach läge das Problem dieser Methode in der Abschreibungspflicht eines aus der Transaktion resultierenden Goodwill, selbst dann, wenn sich dieser bei einem erfolgreichen Zusammenschluss im Laufe der Zeit noch vergrößern sollte. Zu diesem Zeitpunkt wurde klar, dass das Business Combinations-Projekt und insbesondere die Behandlung des Goodwill im Interesse der Öffentlichkeit stand. Anfang Oktober 2000 vergrößerte sich der Druck auf das FASB durch einige Kongressabgeordnete, die einen Gesetzesentwurf einbrachten, in dem vorgesehen war, dass sich eine Kommission der gesamten Problematik immaterieller Vermögenswerte noch einmal annehmen sollte.[237] Zur gleichen Zeit forderten 13 Senatoren Edmund L. Jenkins in einem Brief dazu auf, keine weiteren Schritte bezüglich des Business Combinations-Projekts einzuleiten, bis der Kongress im folgenden Jahr die Auswirkungen der Änderungen analysiert habe.[238]

---

231 Vgl. Senate Banking Committee (Corporate Mergers, 2000).

232 Diese Anhörung vor dem Subcommittee on Finance and Hazardous Materials of the Committee on Commerce hatte den Titel „Accounting for Business Combinations: Should Pooling be Eliminated?", vgl. Beresford (Business Combinations, 2001), S. 77-79.

233 Vgl. hier stellvertretend für Unternehmen der New Economy die Ausführungen des Vice President und Corporate Controller von Cisco Systems Powell Committee on Commerce (Hearing, 2000), S. 81-83.

234 Vgl. Beresford (Business Combinations, 2001), S. 82.

235 Vgl. Beresford (Business Combinations, 2001), S. 82.

236 Vgl. Senate Banking Committee (Roundtable Discussion, 2002). Dort heißt es: "I would argue that purchase accounting is superior to pooling of interest. The problem comes, however, in that purchase accounting requires that this goodwill be written down over time, even though, in any successful merger, we expect the value of that goodwill to rise and not to decline."

237 Der Entwurf hatte den Titel „Financial Accounting for Intangibles Reexamination (FAIR) Act" und wurde durch Charles Christopher Cox mit der Unterstützung von 12 weiteren Senatoren eingebracht. Vgl. US-Congress (Intangibles, 2000), Section 1-4.

238 Vgl. Beresford (Business Combinations, 2001), S. 83-84.

Die Rolle der SEC und ihr Einfluss auf das Business Combinations-Projekt lässt sich nicht eindeutig identifizieren. Beresford stellt in diesem Zusammenhang auf die Bindung personeller Kapazitäten ab. Seinen Angaben zu Folge haben der Chief Accountant der SEC und seine Mitarbeiter ca. 40% ihrer personellen Kapazitäten einsetzen müssen, um die Anwendung der Pooling of Interests-Methode im Rahmen von Unternehmenserwerben zu prüfen. Der Wegfall dieser Methode führte somit zu freien Kapazitäten bei der SEC.[239] Senator Gramm kritisierte während einer Rede im März 2000 in diesem Zusammenhang, dass die SEC einen zu starken Einfluss auf das FASB ausübe. Seiner Meinung nach war diese personelle Kapazitätsbindung der SEC ein Grund für das FASB, das Business Combinations-Projekt zu initiieren.[240]

Der Einfluss des Kongresses auf das FASB wurde durch diesen Konflikt erneut zum Ausdruck gebracht. Beresford, von 1987 bis 1997 Chairman des FASB, sah die Gesetzgebung als größte Existenzbedrohung des FASB an.[241] Bereits im Jahr 1977 wies der amerikanische Kongress die SEC per Gesetz an, Bilanzierungsmethoden zu akzeptieren, die nicht in Übereinstimmung mit FASB-Erlassen standen. Im Mittelpunkt der damaligen Diskussion stand die Akzeptanz bzw. die Abschaffung eines Methodenwahlrechts im Zusammenhang mit der Bilanzierung von Öl- und Gassuchbohrkosten sowie dazugehöriger Entwicklungskosten. Als mögliche Erfassungsmethoden standen die Successful Efforts-Methode und die Full Cost-Methode zur Diskussion.[242] Das FASB sprach sich damals für die alleinige Zulassung der Successful Efforts-Methode aus, die eine erfolgswirksame Erfassung aller Kosten bei fehlgeschlagenen Bohrungen in trockenen Gebieten vorsah.[243] Eine Bilanzierung derartiger Kosten nach der Full Cost-Methode, bei der die Suchbohrkosten auf mehrere Jahre hätten verteilt werden können, schloss das FASB aus.[244] Auf Drängen der Ölindustrie beschloss der Kongress aber die SEC durch ein Gesetz anzuweisen, beide Methoden in den Jahresabschlüssen der betroffenen Unternehmen zu akzeptieren.[245] Die SEC leistete diesem Gesetz Folge.[246] Somit lief SFAS 19 ins Leere.[247] Durch die fehlende Akzeptanz der vom FASB vorgesehenen Bilanzierungsweise wurde 1979 SFAS 25 vom FASB veröffentlicht, in dem das FASB seine Meinung revidierte und schließlich das Methodenwahlrecht zuließ.[248]

---

239 Vgl. Beresford (Business Combinations, 2001), S. 75.
240 Vgl. Senate Banking Committee (Corporate Mergers, 2000).
241 Vgl. Beresford (Business Combinations, 2001), S. 86.
242 Vgl. hierzu weiterführend Lev (Accounting Regulation, 1979), S. 485-503.
243 Vgl. Deakin (Analysis, 1979), S. 722; Kim/Lipka (Accounting Choice, 1991), S. 61.
244 Vgl. Granof (Enron, 2002). Vgl. weiterführend Verrecchia (Enron, 2003).
245 Vgl. Deakin (Lobbying, 1989), S. 138-139.
246 Vgl. Beresford (Business Combinations, 2001), S. 83. Die SEC ließ zwar auch beide Methoden zu, knüpfte aber an die Anwendung bestimmte Voraussetzungen. Vgl. Lilien/Pastena (Comparability, 1981), S. 690-691.
247 Vgl. Beresford (Business Combinations, 2001), S. 82; Larcker/Revsine (Oil and Gas, 1983), S. 728.
248 Vgl. Granof (Enron, 2002).

Der Drohung einer legislativen Regelung eines Bilanzierungskonflikts sah sich das FASB auch Mitte der neunziger Jahre im Rahmen der Diskussion um das Stock-Compensation-Projekt gegenüber. Diskussionspunkt war die Intention des FASB, die Beeinflussung von Ergebnisgrößen durch den Verwässerungseffekt bei einer Ausgabe von Aktienoptionsplänen im Konzernabschluss offenzulegen. Die Veröffentlichung des Exposure Draft führte dazu, dass 88 Senatoren[249] für die so genannte „Sense-of-Senate"-Resolution stimmten, in der sie das FASB vor den Konsequenzen des geplanten Standards warnten und für die Beibehaltung der bisherigen Vorschriften plädierten.[250] Darüber hinaus erhöhte der Kongress den Druck auf das Board, indem der Accounting Standards Reform Act of 1994 als Gesetzesvorlage eingebracht wurde.[251] Dieser sah eine gesetzliche Zustimmungspflicht seitens der SEC bei allen Veröffentlichungen des FASB vor.[252] Die Gesetzesvorlage ist zwar gescheitert, hat aber ihre Wirkung erzielt: Beresford war überzeugt, dass es zu einer Auflösung des FASB gekommen wäre, wenn sich das Board nicht dem Druck des Kongresses gebeugt hätte.[253] Der nach seinen Worten nötigen Flexibilität des FASB war es zu verdanken, dass SFAS 123 in der politisch gewünschten Form verabschiedet wurde.[254]

3.3.5 Verabschiedung des SFAS 141 „Business Combinations" und SFAS 142 „Goodwill and Other Intangible Assets"

Am 14.02.2001 wurde der überarbeitete Entwurf des FASB mit dem Titel „Business Combinations and Intangible Assets – Accounting for Goodwill" veröffentlicht, der als alleinige Konsolidierungsmethode die Purchase-Methode vorsah und grundlegende Änderungen zur bisherigen Goodwill-Bilanzierung enthielt. Im Juni 2001 wurden schließlich SFAS 141 und SFAS 142 verabschiedet. Weitere inhaltliche Ausführungen zu diesen Standards vor dem Hintergrund der Anforderungen an Rechnungslegungsstandards für kapitalmarktorientierte Unternehmen zur Abbildung eines Goodwill aus einer Business Combination enthält Kapitel III dieser Arbeit.

---

249 Bei der Abstimmung gab es nur neun Gegenstimmen, vgl. o.V. (Stock Options, 1994), S. 9.

250 Vgl. US-Congress (Act, 1994), Section 1.1-11.

251 Die Gesetzesvorlage wurde von Joseph Liebermann mit Unterstützung durch sieben weitere Senatoren eingebracht, vgl. US-Congress (Act, 1994), S. 1.

252 Vgl. US-Congress (Act, 1994), Section 3.4-13.

253 Vgl. Beresford (Standardsetter, 1997), S. 83.

254 Vgl. Beresford (Standardsetter, 1997), S. 83.

3.4 Reaktionen des IASB auf die Abschaffung der Pooling of Interests-Methode nach US-GAAP

3.4.1 IAS 22 „Business Combinations“ – Historische Entwicklung

Im Jahr 1983 wurde mit IAS 22 der erste Standard verabschiedet, der u. a. die Bilanzierung eines derivativen Goodwill[255] regelte. Der Standard sah für einen im Rahmen eines Unternehmenszusammenschlusses entstandenen Goodwill ein Wahlrecht zwischen einer Aktivierung mit planmäßiger Abschreibung oder einer erfolgsneutralen Verrechnung mit den Rücklagen vor.[256] Bei der planmäßigen Abschreibung war keine Höchstgrenze für die wirtschaftliche Nutzungsdauer vorgeschrieben. Die Folgebewertung durch einen Impairment Only Approach zu regeln, wurde damals in IAS 22.22 (1983) mit der Begründung abgelehnt, dass dadurch die Abnutzung im Zeitablauf nicht dargestellt werden könnte. Ein aktivierter Goodwill musste beim Vorliegen einer Wertminderung außerplanmäßig abgeschrieben werden.[257] Die Behandlung von Zuschreibungen war nicht geregelt. Ebenfalls gab es keine weiteren Regelungen bezüglich der erfolgsneutralen Verrechnung des Goodwill. Die Unternehmen konnten die zu kürzenden Rücklagen frei wählen und auch bei einer Veräußerung des zugehörigen Tochterunternehmens auf eine erfolgswirksame Erfassung des Goodwill verzichten.[258]

Die Kritik an den vielfältigen Wahlrechten und dem insgesamt sehr geringen Regelungsumfang zur Bilanzierung eines Goodwill sowie insbesondere die Kritik an der erfolgsneutralen Verrechnung führten im Jahr 1993 zu einer fundamentalen Überarbeitung des IAS 22. Der damals neu entstandene IAS 22 (rev. 1993) sah die Möglichkeit der erfolgsneutralen Verrechnung für neu entstehende Goodwills nicht mehr vor, sondern schrieb ihre Aktivierung und planmäßige Abschreibung fest.[259] Die wirtschaftliche Nutzungsdauer sollte in der Regel nicht mehr als fünf Jahre betragen. Abweichungen von diesem Grundsatz waren bei Vorliegen entsprechender Gründe bis zu maximal 20 Jahren möglich.[260] Im Rahmen des IAS 22 (1993) wurde diese Begrenzung als willkürlich eingestuft.[261] Eine Nutzungsdauer über 20 Jahre hin-

---

[255] Ein derivativer Goodwill ist grundsätzlich ein erworbener Goodwill, während ein selbsterstellter oder selbstgeschaffener grundsätzlich als originärer Goodwill bezeichnet wird. Vgl. auch zur HGB-Sicht Zielke (Goodwill, 1995); Ziehms (Geplante Änderungen, 2001).

[256] Vgl. IAS 22.19 (1983), 22.40 (1983).

[257] Vgl. IAS 22.41 (1983).

[258] Auch für einen negativen Goodwill gab es ein weites Bilanzierungsspektrum: Eine Hinzurechnung zu den Rücklagen, eine Abstockung des nicht monetären Vermögens sowie eine Passivierung und ertragswirksame Auflösung waren möglich. Vgl. IAS 22.40 (1983) i. V. m. IAS 22.42 (1983).

[259] Vgl. IAS 22.40 (1993), 22.42 (1993).

[260] Vgl. IAS 22.42 (1993).

[261] IAS 22.45 (1993) führt hierzu aus, dass der Geschäfts- oder Firmenwert einen künftigen wirtschaftlichen Nutzen aus Synergieeffekten oder Vermögenswerten, die nicht einzeln in der Bilanz angesetzt werden dürfen, darstellt. Dabei kann die Nutzungsdauer des Geschäfts- oder Firmenwertes nur schwer geschätzt werden. Für Bilanzierungszwecke wird daher eine willkürliche Grenze für die Abschreibungsdauer festgelegt.

aus wurde aufgrund der Schätzungsschwierigkeiten nicht akzeptiert.[262] Bei Anzeichen geringerer als der erwarteten Einzahlungsüberschüsse musste der Goodwill außerplanmäßig abgeschrieben werden.[263] Eine Zuschreibung war nicht zulässig.[264] Da der Standard eine Reaktivierung von vorher erfolgsneutral verrechneten Goodwills nicht vorsah,[265] waren Unternehmens- und Zeitvergleiche kaum möglich.[266]

In der überarbeiteten Version des IAS 22 (1993) war die Rücklagenverrechnung des Goodwill nur noch bei einer Interessenzusammenführung (Uniting of Interests) im Rahmen der Interessenzusammenführungsmethode (Pooling of Interests-Methode) möglich,[267] wobei die Anwendung an bestimmte Voraussetzungen geknüpft war.

Im Jahr 1998 wurde der IAS 22 erneut überarbeitet. Die oben dargestellten Voraussetzungen für eine Konsolidierung nach der Pooling of Interests-Methode blieben erhalten. Änderungen ergaben sich aber hinsichtlich der Behandlung eines Goodwill im Rahmen der Folgebilanzierung. Der Standard sah nunmehr vor, die Abschreibung über 20 Jahre hinaus als widerlegbare Vermutung zu formulieren. Weiterhin wurde unter der Überschrift „Erzielbarkeit des Buchwertes – Wertminderungsaufwendungen" ausgeführt, dass ein Unternehmen zur Klärung der Frage, ob ein Goodwill wertgemindert ist, den IAS 36 aus dem Jahr 1998 heranzuziehen hat. Der IAS 36 schrieb die Vorgehensweise beim so genannten Impairment Test vor. Insofern wurde zu diesem Zeitpunkt die planmäßige Abschreibung um einen Impairment Test ergänzt.

Hinweise zur Behandlung von Ingangsetzungs- und Erweiterungsaufwendungen oder vergleichbaren Posten enthalten die IFRS erst seit dem Standardentwurf E 50 „Intangible Assets" aus dem Jahr 1995. Im E 50 „Intangible Assets" subsumierte das IASB immaterielle Vermögenswerte die aus Ingangsetzungs- und Erweiterungsaufwendungen resultierten unter die Rechnungsabgrenzungsposten und verdeutlichte, dass es sich um Zahlungen handelt, deren Erfolgswirksamkeit über mehrere Perioden reicht. Forschungs- und Entwicklungskosten wur-

---

262 Vgl. IAS 22.45 (1993). Unter gewissen Umständen ist die Nutzungsdauer des Goodwill so eindeutig an die Nutzungsdauer eines identifizierbaren Vermögenswerts angelehnt, dass eine Nutzung des Geschäfts- oder Firmenwerts über die Nutzungsdauer des identifizierbaren Vermögenswerts hinaus angenommen werden kann. Schätzungen über einen Zeitraum von mehr als 20 Jahren sind aber nicht ausreichend zuverlässig, da es unwahrscheinlich ist, dass der Planungszeitraum eines Unternehmens in Bezug auf seine Tätigkeiten als Ganzes einen Zeitraum von 20 Jahren überschreitet. Vgl. IAS 22.45 (1993).

263 Vgl. IAS 22.46 (1993).

264 Vgl. IAS 22.47 (1993).

265 Vgl. IAS 22.79 (1993); Cairns (Cope, 1996), S. 62-64.

266 Bei Vorliegen eines negativen Goodwill sah IAS 22 (1993) ein Wahlrecht zwischen einer Abstockung des nicht monetären Vermögens und einer Passivierung mit ertragswirksamer Auflösung über fünf Jahre, im Ausnahmefall aber auch bis zu über 20 Jahre vor. Vgl. IAS 22.49 (1993), 22.51 (1993).

267 Uniting of Interests kennzeichnete somit die Form des Unternehmenszusammenschlusses während die so genannte Pooling of Interests-Methode die Art der Kapitalkonsolidierung darstellte. Die Abgrenzung von der Uniting of Interests zur Acquisition spiegelte das bekannte Problem wider, die Art des Unternehmenszusammenschlusses zu bestimmen. Vgl. zur Definition der beiden Begriffe IAS 22.9 (1993).

den nicht unter die Rechnungsabgrenzungsposten gefasst, da sie vom Geltungsbereich des IAS 9 „Research and Development Costs“ erfasst wurden. Danach mussten Forschungskosten sofort als Aufwand erfasst werden, während Entwicklungskosten bei Erfüllung bestimmter Voraussetzungen zu aktivieren waren.[268] Vom Geltungsbereich des E 50 (1995) explizit ausgenommen waren Ausbildungs- und Personalaufwendungen sowie weitere Aufwendungen zum Aufbau eines Unternehmens oder einer Produktlinie.[269] Die Aktivierung dieser Aufwendungen galt aber als IFRS-konform.[270] Werbeausgaben hingegen durften nicht aktiviert werden, weil sie nach Ansicht des IASB aufgrund der nicht zuverlässigen selbständigen Bewertbarkeit die Vermögenswertseigenschaft nicht erfüllten.[271] Für den originären Goodwill ließ sich ebenfalls ein Ansatzverbot aus dem Framework (1989) ableiten: „Although most enterprises generate Goodwill internally over time, it is usually difficult to identify or measure that goodwill reliably.“[272] Ein eindeutiges Bilanzierungsverbot resultierte hieraus nicht. Folglich führte somit der E 50 erstmalig zu einem Aktivierungsverbot für den originären Goodwill.

Im Jahr 1997 wurden die Standardentwürfe E 60 „Intangible Assets“ und E 61 „Business Combinations“ veröffentlicht. Die Entwürfe enthielten aber hinsichtlich der eben geschilderten Punkte nur marginale Änderungen gegenüber dem schlussendlich verabschiedeten IAS 22 (1998).[273]

3.4.2 Gründe für die Abschaffung des IAS 22 „Business Combinations“

3.4.2.1 Norwalk Agreement

Das IASB und das FASB haben sich im September 2002 mit dem „Norwalk Agreement“ offiziell der Konvergenz beider Rechnungslegungssysteme verpflichtet. Gemäß diesem „Memorandum of Understanding“ sollen beide Standardsetter die bestehenden Unterschiede zwischen den IFRS und US-GAAP beseitigen und künftige Projekte aufeinander abstimmen, um auf Dauer kompatible Standards zu gewährleisten.[274]

Im Rahmen der Bilanzierung von Unternehmenszusammenschlüssen nahmen die Standards des FASB eine Vorreiterrolle an. Sie wurden mehr als drei Jahre vor dem Standard des IASB verabschiedet. Das IASB hat sich aber nicht in allen Punkten den FASB Meinungen angeschlossen. James J. Leisenring, der jahrelang Mitglied des FASB war und seit 2001 Mitglied des IASB ist, stellte in einem Interview klar: „There are some areas of the U.S. standards that

---

268 Vgl. IAS 9.15, 9.17 (1993).

269 Vgl. E 50.8 (1995). Die Behandlung dieser Aufwendungen wurde in keinem anderen Standard geregelt.

270 Vgl. Schmidt (Goodwill, 2002), S. 110.

271 Vgl. E 50.34 (1995); Hommel (Bilanzrechtskonzeptionen, 1997), S. 362.

272 F.34 (1989).

273 Vgl. IAS 22 (1998), Appendix 1, BC.

could be improved, where international standards seem to be more rigorous and more easily applied. We in the United States must recognize that we do not have all of the answers. We can still make some improvements."[275]

3.4.2.2 Anerkennung der IFRS durch die SEC

Das IASB besitzt als private Organisation keine Gesetzgebungskompetenz; es verfügt nicht über eine direkte Durchsetzungsmöglichkeit seiner Standards. Um eine verbreitete Anwendung der IFRS zu erzielen, ist das IASB auf die Zusammenarbeit mit nationalen und internationalen Standardsettern angewiesen.[276] Viele Länder gestatten bereits die Rechnungslegung nach IFRS oder schreiben diese verpflichtend vor. Beispielsweise haben nach der EU[277]-Verordnung vom 19. Juli 2002[278] (so genannte IFRS-Verordnung) alle an einem Kapitalmarkt innerhalb der EU notierten Unternehmen, die unter den Rechtsmantel eines Mitgliedstaats fallen, ab dem Jahr 2005 bzw. 2007 zwingend einen Konzernabschluss nach IFRS aufzustellen.[279]

Die SEC fordert aber für die Zulassung an der NYSE grundsätzlich einen Abschluss nach US-GAAP oder zumindest eine Überleitungsrechnung einzelner Positionen auf US-GAAP. Ein Abschluss nach IFRS reicht derzeit für diesen bedeutenden Kapitalmarkt nicht aus. In den letzten Jahren gab es aber Bestrebungen, die Anerkennung der IFRS zu fördern. Bereits im Jahr 1996 wurde die SEC durch ein vom US-Kongress beschlossenes Gesetz[280] veranlasst, sich verstärkt mit der Anerkennung internationaler Rechnungslegungsstandards auseinander zu setzen.[281] Die SEC entwickelte damals drei Schlüsselkriterien zur Anerkennung der IFRS. Danach muss die Kernmenge der Standards eine allgemein akzeptierte Rechnungslegungsbasis darstellen, die Standards müssen von hoher Qualität sein und auch die strikte Interpretation und Anwendung der Standards muss sichergestellt sein.[282] Levitt, der damalige Vorsitzende

274 Vgl. FASB/IASB (2002), www.iasb.org.uk/docs/press/2002pr15.pdf.

275 Tidrick (Conversation, 2002), S. 50.

276 Vgl. Wagenhofer (Internationale Rechnungslegungsstandards, 2005), S. 70-74, 91-95, 104-106; Pellens/Fülbier/Gassen (Internationale Rechnungslegung, 2004), S. 89-92.

277 In dieser Arbeit wird für die Europäische Gemeinschaft respektive die Europäische Union einheitlich der Begriff Europäische Union verwendet.

278 Vgl. Verordnung Nr. 1606/2002 des Europäischen Parlaments und des Rates vom 19.07.2002, Amtsblatt Nr. L 243 vom 11.09.2002, S. 1-4.

279 Zu bestehenden Nutzeneffekten durch diese Verpflichtung in Bezug auf die Eigenkapitalgeber vgl. Marten/Schlereth/Crampton/Köhler (Rechnungslegung, 2002). Die Frist bis zum Jahr 2007 bezieht sich auf Unternehmen, die in den USA notiert sind und bisher die US-GAAP als Bilanzierungsnormen in ihren Konzernabschlüssen anwenden.

280 Dieses Gesetz wurde auf Drängen der NYSE erlassen. Es sollte dazu beitragen, die Attraktivität des US-amerikanischen Kapitalmarkts für ausländische Investoren zu steigern. Vgl. Zeff (Core Standards,1998), S. 72.

281 Vgl. IASB (Business Combinations, 2001).

282 Vgl. IASB (Business Combinations, 2001). Als Reaktion auf das dritte Kriterium wurde im Jahr 1997 das Standard Interpretation Committee [SIC] gegründet, welches bei Bedarf entsprechende Interpretationen zu einzelnen Standards erarbeiten sollte. Seit dem Jahr 2002 wurde das SIC unter dem neuen Namen International Financial Reporting Interpretations Committee [IFRIC] eingesetzt. Das IFRIC „soll neben der

der SEC, wies aber darauf hin, „that acceptance of IASC standards by the SEC is not a foregone conclusion."[283]

Im Februar 2000 veröffentlichte die SEC ein Concept Release, dass sich erneut mit der Anerkennung der IFRS beschäftigte. Die SEC bat mit einem umfassenden Fragenkatalog die Öffentlichkeit um Stellungnahmen zu diesem Thema.[284] Allerdings hat das Concept Release, welches als „SEC's first rule-making step towards accepting those standards in the US market"[285] angesehen wurde, bis heute keine Wirkungen auf die Anerkennung der IFRS gezeigt.[286]

Im Mai 2000 hat die International Organization of Securities Commissions [IOSCO] nach eingehender Prüfung der IFRS ihren Mitgliedern, also auch der SEC, empfohlen, IFRS-Abschlüsse als Zulassungsvoraussetzung bei grenzüberschreitenden Börsennotierungen anzuerkennen.[287] Die IOSCO räumte aber ein, dass die Mitglieder Ergänzungen vorschreiben können, um wesentliche nationale oder regionale Themen zu erfassen. Dies umfasst die Forderung nach einer Überleitungsrechnung und entspricht somit bereits den Zulassungsvoraussetzungen der SEC. Es ist daher fraglich, ob die Empfehlung der IOSCO wesentliche Auswirkungen auf die Anerkennung der IFRS durch die SEC haben wird.[288] Für eine vollständige Anerkennung der IFRS durch die SEC wird vielmehr die Angleichung bzw. Annäherung zwischen IFRS und US-GAAP entscheidend sein.[289]

Die Entwicklung des Exposure Draft 3 „Business Combinations" sowie die Verabschiedung des IFRS 3 müssen somit auch im Hinblick auf die Anerkennung der IFRS durch die SEC betrachtet werden. Grundlegende Unterschiede bei der Bilanzierung von Unternehmenszusammenschlüssen würden eine vollständige Anerkennung sicherlich gefährden.[290] Fraglich ist inwieweit die Unterschiede gravierend sind. Business Combinations Phase II führt nun zu einer weiteren Angleichung. Wenn aber alle Standards eine so lange Entwicklungs- und Anerkennungsphase durchlaufen müssen, dann ist wohl die Anerkennung durch die SEC nur

---

strengen und einheitlichen Anwendung der IFRS auch rechtzeitig Vorgaben für neue Themen im Bereich der Rechnungslegung machen und kann daher Themen behandeln, die noch von keinem IFRS abgedeckt sind. Wagenhofer (Internationale Rechnungslegungsstandards, 2005), S. 59.

283 Levitt (Promises, 1997), S. 67.

284 Vgl. www.sec.gov/rules/concept/34-42430.htm.

285 IASC (IASC Insight, 2000), S. 1.

286 Vgl. Wagenhofer (Internationale Rechnungslegungsstandards, 2005), S. 73-74.

287 Vgl. www.iosco.org/news/pdf/IOSCONEWS26.pdf.

288 Vgl. Ballwieser (Konzernrechnungslegung, 2001), S. 652.

289 Zum US-amerikanischen Kapitalmarkt vgl. Zachert (Zugangshindernisse und Zugangsmöglichkeiten, 1994); Zachert (Erschließung, 1993); Wilhelm (Publizitätspflichten, 1998); Wiemann (Unternehmenspublizität, 1987); Weber/Hayn (US-Rechnungslegung, 1998).

290 Vgl. weiterhin Hommel (Goodwillbilanzierung, 2001), S. 1949; Pellens/Sellhorn (Goodwill-Bilanzierung, 2001), S. 1689.

sukzessive möglich. Dabei ist natürlich zu beachten, dass der Standard zur Bilanzierung von Unternehmenszusammenschlüssen immer auch Fragen zu immateriellen Vermögenswerten und Wertminderungen aufwirft und von daher umfangreich und wichtig ist.

Darüber hinaus ist dieses Projekt als ein Kernelement der Konvergenz zwischen US-GAAP und IFRS zu betrachten. Die SEC fordert weiterhin die Aufstellung eines Konzernabschlusses nach den US-GAAP für alle Unternehmen, die an der NYSE gelistet sind. Eine Anerkennung der IFRS für diesen bedeutenden Kapitalmarkt in den USA steht weiterhin aus. Sollte das Konvergenzprojekt im Rahmen der Bilanzierung von Business Combinations scheitern, wird die Anerkennung der IFRS durch die SEC weiterhin fraglich bleiben. Hingegen kann ein positiven Ausgang dieses Projekts ein Zeichen für eine schrittweise Anerkennung der IFRS durch die SEC sein.[291]

3.4.3 Business Combinations: Vom ED 3 zum IFRS 3

Vor dem Hintergrund der Veröffentlichungen der SFAS 141 und SFAS 142 bestand für das IASB Handlungsbedarf.[292] Das IASB wollte mit der Neuregelung zum einen die Qualität der Rechnungslegung im Vergleich zum IAS 22 steigern und zum anderen zur Konvergenz zwischen IFRS und US-GAAP beitragen.[293] Deshalb wurde im Dezember 2002 der Exposure Draft 3 „Business Combinations“ herausgegeben.

Vor allem das Ziel der internationalen Konvergenz wird in den jeweiligen Erläuterungen des IFRS 3 mehrfach erwähnt.[294] Die Ausführungen sind teilweise wörtlich aus den Verlautbarungen der SFAS 141 und SFAS 142 übernommen. So wird beispielsweise die Abschaffung der Pooling of Interests-Methode mit der Beeinträchtigung der Vergleichbarkeit von Konzernabschlüssen bei einer Zulassung mehrerer Methoden und dem Anreiz zur Transaktionsstrukturierung begründet.[295] Das IASB begründet die geänderte Bilanzierungsweise ebenfalls mit der Bereitstellung von entscheidungsnützlicheren Informationen in Bezug auf die getätigte Investition und seine Performance.[296] Die daraus resultierenden Vorteile übersteigen die Kosten, die den Unternehmen im Rahmen der Fair Value-Ermittlung der erworbenen Vermögenswerte und Schulden oder des erworbenen Reinvermögens des akquirierten Unternehmens entstehen könnten.[297] Dabei wird die Existenz eines True Mergers nicht ausgeschlossen. Nach Ansicht des IASB müssten dafür aber willkürfreie und eindeutige Kriterien entwickelt bzw. gefunden werden, um diese Transaktionen von Akquisitionen zu

---

291 Zur gegenseitigen Anerkennung der Rechnungslegungssysteme vgl. auch Grass/Mai (EU, 2005).
292 Vgl. Zeimes/Kühne (FAZ, 2004), S. 20.
293 Vgl. Wüstemann/Duhr (Geschäftswertbilanzierung, 2003), S. 247.
294 Vgl. IFRS 3, BC.38, BC.42, BC.48.
295 Vgl. IFRS 3, BC.38. Vgl. hierzu weiterhin Wüstemann/Duhr (2003), S. 247.
296 Vgl. IFRS 3, BC.45.
297 Vgl. IFRS 3, BC.46.

unterscheiden.[298] Darüber hinaus werden durch die Pooling of Interests-Methode keine besseren Informationen vermittelt als durch die Erwerbsmethode.[299]

Als im Dezember 2002 sowohl der ED 3 als auch ED IAS 36 und ED IAS 38 vorgelegt wurden, war deutlich, dass das IASB dem amerikanischen Standardsetter gefolgt war. Insbesondere die Regelungen zum Purchase Only Accounting sowie die Abschaffung der planmäßigen Goodwillabschreibung zu Gunsten eines zweistufigen Impairment Test zeigten die Abhängigkeit des IASB vom FASB.[300] Gerade in der Übernahme des zweistufigen Tests wurde in der Literatur eine deutliche „Sogwirkung der US-GAAP auf die inhaltliche Fortschreibung der IAS“[301] gesehen. Diese Sogwirkung kam aber nicht überraschend, weil das IASB einem zunehmenden Druck von Seiten der Unternehmen ausgesetzt war. Bei einer Beibehaltung der planmäßigen Abschreibungen auf den Goodwill wäre im Vergleich zu den US-GAAP ein so genanntes Unleveled Playing Field entstanden, weil aufgrund der unterschiedlichen Auswirkung auf die Jahresergebnisse die Unternehmen keinen Anreiz hätten, ihren Abschluss freiwillig nach IFRS aufzustellen.[302] Zugleich haben die EU-Unternehmen, die aufgrund ihres Listing in den USA die Regelungen der SEC einhalten müssen, vor dem Hintergrund der verbindlichen IFRS-Anwendung ein Interesse daran, die IFRS so weit wie möglich den US-GAAP anzunähern, damit sie eine Ausnahmeanerkennung der SEC erhalten.[303]

3.5 Derzeitiger Diskussionsstand: Business Combinations Phase II

Bei den Neuregelungen des IFRS 3, IAS 36 (rev. 2004) und IAS 38 (rev. 2004) wurden einige Sachverhalte ausgeklammert.[304] Mit diesen Themen beschäftigt sich das IASB im Rahmen der Phase II sowie weiterer geplanter Arbeitsschritte im Rahmen des Projekts „Business Combinations“, die gemeinsam mit dem FASB durchgeführt werden.[305] Unter anderem werden dabei die Notwendigkeit einer Alternative zur Purchase-Methode, wie beispielsweise die Fresh Start-Methode, und die Abbildung eines schrittweisen Unternehmenserwerbs diskutiert. Hinsichtlich der Höhe des bilanziellen Goodwill zeichnet sich insoweit eine Neuerung ab, als das IASB in Erwägung zieht, bei einer Beteiligung von unter 100% der

---

298 Vgl. IFRS 3, BC.48.

299 Vgl. IFRS 3, BC.50.

300 Vgl. ED 3.16a, 3.16b. Zur Bilanzierung eines Goodwill gemäß ED 3 “Business Combinations” vgl. Bieker/Esser (Goodwill-Bilanzierung, 2003); Theile/Pawelzik (Erfolgswirksamkeit, 2003).

301 Lüdenbach/Hoffmann (Bilanzierungsprobleme, 2003), S. 150.

302 Vgl. Brücks/Wiederhold (Business Combinations, 2003), S. 22. Beispielsweise wurde im Juli 2001 bekannt, dass das Schweizer Pharma-Unternehmen Novartis den Chairman des IASB, Sir David Tweedie, damit gedroht hatte, künftig nach US-GAAP und nicht nach IFRS zu bilanzieren, wenn das IASB keine Änderungen der 20-jährigen planmäßigen Goodwillabschreibung vornähme. Vgl. Zeff (Lobbying, 2002), S. 44.

303 Vgl. Pellens/Gassen (EU-Verordnungsentwurf, 2001), S. 141-142.

304 Vgl. zu den Implikationen auf die Firmenwertberücksichtigung Küting/Wirth (Implikationen, 2005).

305 Vgl. zur Business Combinations Phase II Brücks/Richter (Phase II, 2005).

Einheitstheorie zu folgen und den Ausweis nach der Full Goodwill-Methode zu verlangen. Das würde eine Hochrechnung des derivativen Goodwill auf die Minderheitenanteile bedeuten. Darüber hinaus haben sich IASB und FASB vorerst auf eine einheitliche Hierarchie der am Acquisition Date für die Fair Value-Ermittlung erforderlichen Wertmaßstäbe von Assets, Liabilities und Contingent Liabilities geeinigt.[306] Eine koordinierte Veröffentlichung beider Standardsetter erfolgte am 01.07.2005 durch „Exposure Draft of Proposed Amendments to IFRS 3 Business Combinations" und „Exposure Draft Business Combinations a replacement of FASB Statement 141".

3.6 Zwischenergebnis

Wie vorangehend erläutert hat die Goodwill-Bilanzierung eine lange geschichtliche Entwicklung. Die bedeutendsten Stationen sind in der nachfolgenden Tabelle 5 verdichtet dargestellt.

Zeit	Gesetzlich geregelt durch	Inhalt der Regelung
Dezember 1944	ARB 24 „Accounting for Intangible Assets"	ARB 24 „Accounting for Intangible Assets" regelte die Bilanzierung immaterieller Vermögenswerte und enthielt eine Stellungnahme zum Goodwill. Grundsätzliche Unterscheidung in immaterielle Vermögenswerte mit begrenzter Nutzungsdauer (Abschreibung über die Nutzungsdauer) und solche mit unbegrenzter Nutzungsdauer (hierzu gehört grundsätzlich auch der Goodwill). Immaterielle Vermögenswerte mit unbegrenzter Nutzungsdauer konnten entweder 1. sofort erfolgsneutral mit den Rücklagen verrechnet werden, 2. systematisch über die geschätzte Nutzungsdauer abgeschrieben werden oder 3. bis zum Eintreten einer Wertminderung unverändert in der Bilanz stehen bleiben (Impairment Test).
Januar 1945	ASR 50 „The Propriety of Writing Down Goodwill by Means of Charges to Capital Surplus"	Verbot der Rücklagenverrechnung

[306] Detaillierte Ausführungen zur Phase II des Business Combinations-Projekt enthält Kapitel III.

September 1950	ARB 40 „Business Combinations“	Enthielt vier Kriterien zur Bilanzierung von Unternehmenszusammenschlüssen nach der Pooling of Interests-Methode: 1. Fortbestand des Eigentümerkreises, 2. relativ gleiche Unternehmensgröße, 3. Fortbestand des Managements bzw. der Verfügungsmacht und 4. ähnliche oder komplementäre Tätigkeitsfelder. Dabei war grundsätzlich die Buchwertfortführung Pflicht und die Fortführung der Gewinnrücklagen ein Wahlrecht.
Juni 1953	ARB 43 „Restatement and Revision of Accounting Research Bulletins“	ARB 43, Chapter 5 „Intangible Assets“, ersetzte ARB 24 „Accounting for Intangible Assets“. Bedeutendste Änderung: Immaterielle Vermögenswerte mit unbegrenzter Nutzungsdauer durften nicht mehr mit den Rücklagen verrechnet werden.
Januar 1957	ARB 48 „Business Combinations“	Ersetzt ARB 43, Chapter 7 „Capital Accounts“ Section C „Business Combinations“ und enthält Änderungen bei den Anwendungskriterien für die Pooling of Interests-Methode. Das Kriterium ähnliche oder komplementäre Tätigkeitsfelder wurde gestrichen. Kriterien laut ARB 48 „Business Combinations“: 1. Fortbestand des Eigentümerkreises, 2. Fortbestand des Managements, 3. Größenkriterium wurde genauer definiert. Wenn ein Unternehmen nach dem Zusammenschluss mehr als 90-95% der Stimmrechte besitzt, dann handelt es sich eher um einen Erwerb als um eine Interessenzusammenführung. Aber: Faktisches Wahlrecht bei der Bilanzierungsmethode, da das Größenkriterium außer Acht gelassen werden konnte, wenn andere Kriterien oder Umstände dies nahe legten.
Oktober 1965	APB Opinion 6 “Status of Accounting Research Bulletins”	Überarbeitung/Ergänzung aller vom CAP bisher veröffentlichten ARB. Ein Paragraph bezog sich auf die Bilanzierung von Unternehmenszusammenschlüssen nach ARB 48 „Business Combinations“. Als einziges Kriterium zur Anwendung der Pooling of Interests-Methode sollte der Fortbestand des Eigentümerkreises gelten. Alle anderen

		Kriterien aus ARB 48 „Business Combinations“ sollten lediglich der Illustration dienen, jedoch keine konkreten Voraussetzungen sein.
Dezember 1966	APB Opinion 10 “Omnibus Opinion-1966”	Änderte Paragraph 12 aus ARB 48 „Business Combinations“. Retroactive Pooling war erlaubt. Part Purchase/Part Pooling war ebenfalls erlaubt.
Februar 1970	Exposure Draft zur Bilanzierung von Unternehmenszu-sammenschlüssen und immateriellen Vermögenswerten	Sowohl die Purchase-Methode als auch die Pooling of Interests-Methode sind als Konsolidierungsmethoden zulässig, ihre Anwendung hängt aber von bestimmten Kriterien ab. Diskussionen entfachten insbesondere über das Größenkriterium. Das Größenkriterium wurde nach weiteren Diskussionen aus dem Standard entfernt. Der Inhalt des ED wurde in zwei separate Opinions geteilt. Daraus resultierten APB Opinion 16 „Business Combinations“ und APB Opinion 17 „Intangible Assets“.
August 1970	APB Opinion 16 „Business Combinations“ und APB Opinion 17 „Intangible Assets“	An die Anwendung der Pooling of Interests-Methode waren 12 Voraussetzungen geknüpft und das Fortbestehen von Tochterunternehmen. Eine Verrechnung des Goodwill mit den Rücklagen war weiterhin möglich. Im Rahmen der Purchase-Methode betrug die maximale Abschreibungsdauer für den Goodwill 40 Jahre.
Dezember 1998	G4+1 Position Paper „Recommendations for Achieving Convergence on the Methods of Accounting for Business Combinations“	Das G4+1 Position Paper befasst sich mit verschiedenen Methoden zur Bilanzierung von Unternehmenszusammenschlüssen und der Frage, welche Methode bei welchem Unternehmenszusammenschluss anzuwenden ist und ob ein Nebeneinander mehrerer Methoden überhaupt sinnvoll ist. Im Rahmen des G4+1 Position Paper wird empfohlen, die Pooling of Interests-Methode abzuschaffen.
September 1999	Exposure Draft „Business Combinations and Intangible Assets“	Abschaffung der Pooling of Interests-Methode. Maximale Goodwillabschreibung über 20 Jahre.
Februar 2001	Exposure Draft (Revised) „Business Combinations and Intangible Assets –	Purchase-Methode als einzig zulässige Methode bei der Bilanzierung von Unternehmenszusammenschlüssen. Goodwill hat eine unbegrenzte Nutzungsdauer und wird im Rahmen des Impairment Tests auf Wertminderungen geprüft.

	Accounting for Goodwill“	
Juni 2001	SFAS 141 „Business Combinations“ und SFAS 142 „Goodwill and Other Intangible Assets“	Alleinige Anwendung der Purchase-Methode. Keine planmäßigen Abschreibungen auf den Goodwill. Abschreibungen nur im Rahmen eines zweistufigen Impairment Tests, falls eine Wertminderung identifiziert werden kann.
September 2002	Norwalk Agreement	Vollständige Konvergenz von SFAS und IFRS wird von beiden Standardsettern angestrebt.
Dezember 2002	Exposure Draft 3 „Business Combinations“	Abschaffung der Pooling of Interests-Methode, Wertminderungen im Rahmen eines Impairment Tests.
März 2004	IFRS 3 „Business Combinations“	Ersetzt IAS 22 „Business Combinations“. Alleinige Anwendung der Purchase-Methode. Keine planmäßigen Abschreibungen auf den Goodwill. Einstufiger Impairment Test.
2005	Business Combinations Phase II	Fokussierung auf die verbleibenden bzw. in Phase I ausgeklammerten Fragen in SFAS 141 „Business Combinations“ und IFRS 3 „Business Combinations“ zur Anwendung der Erwerbsmethode; offene Fragen zur Bilanzierung von Minderheitsanteilen und von Unternehmenszusammenschlüssen mit sukzessiven Anteilserwerb. Weiterhin sollen Konkretisierungen im Bereich der Bewertung der Gegenleistung und offene Ansatz- und Bewertungsfragen im Rahmen der Kaufpreisallokation erfolgen. Die Erarbeitung von Regelungen zur bilanziellen Abbildung von Joint Ventures unter möglicher Anwendung der Fresh Start-Methode und Zusammenschlüsse von Unternehmen mit gemeinsamer Kontrolle sind auf spätere Projektphasen verlegt worden. Eine koordinierte Veröffentlichung beider Standardsetter erfolgte am 01.07.2005 durch „Exposure Draft of Proposed Amendments to IFRS 3 Business Combinations“ und „Exposure Draft Business Combinations a replacement of FASB Statement 141“.

Tabelle 5: Historische Entwicklung der Goodwill-Bilanzierung

Die Untersuchung der geschichtlichen Entwicklung ging einher mit der Frage nach dem politischen Einfluss auf die Standardsetzung. Das FASB ist zwar offiziell unabhängig, aber der SEC unterstellt. Der politische Einfluss auf die SEC, die dem Kongress unterstellt ist, wirkt sich direkt auf das FASB aus. Auch bei der Entwicklung von SFAS 141 und SFAS 142 hat sich herauskristallisiert, dass die Bilanzierung eines Goodwill nach dem Purchase Only Accounting unter Anwendung des Impairment Test mit der Abschaffung der Pooling of Interests-Methode erkauft wurde. Weiterhin hat die historische Analyse ergeben, dass es sich bei diesen Bilanzierungsstandards um eine politische Lösung handelt, die den Lobbyisten insbesondere aufgrund der Regelungen zur Aktivierung und Folgebewertung des Goodwill zugute kommt. Inwieweit die Standards der Zielsetzung der Rechnungslegung nachkommen, entscheidungsnützliche Informationen zu vermitteln, wird im Folgenden durch die Analyse der Bilanzierungsvorschriften zum Goodwill herausgearbeitet.

4 Kritische Würdigung

Wie die Ausführungen verdeutlichen, kann sich die Standardsetzung trotz des Due Process nicht vollkommen von politischen Einflüssen befreien.[307] Inwiefern das von Vor- oder Nachteil für die Entwicklung von Standards ist, kann nur im Einzelfall beurteilt werden. Den Erläuterungen folgend sind die Bilanzierungsvorschriften zum Goodwill prädestiniert für häufige Änderungen unter starker politischer Einflussnahme. Es stellt sich die Frage, ob aber gerade durch diesen politischen Entscheidungsdruck Standards entwickelt werden, die Ermessensspielräume öffnen und für bilanzielle Abbildungswünsche der Unternehmensleitung missbraucht werden. Bei der Analyse der historischen Entwicklung wurde deutlich, dass die Kritik an der Goodwill-Bilanzierung immer dann hervortrat, wenn die Unternehmen die Bilanzierungswahlrechte verstärkt zu ihren Gunsten nutzten. Die Analyse zeigt weiterhin, dass den Standardsettern bezüglich der Bilanzierungsmöglichkeiten nur begrenzter Raum zur Verfügung steht, da die Diskussionen letztendlich immer an der Frage der erfolgswirksamen bzw. erfolgsneutralen Behandlung des Goodwill ansetzen. Von daher können die Bilanzierungsvorschriften als traditionsgesättigt angesehen werden, denn rückblickend wurden schon sämtliche Bilanzierungsregister geöffnet und auch wieder geschlossen. Letztendlich ist aber vielmehr von Bedeutung, welche Transparenz an Informationen durch die Bilanzierung hervorgerufen wird, d. h. in welcher Kombination die einzelnen Bilanzierungsmöglichkeiten zum Einsatz kommen und welche Kombination am Besten dazu geeignet ist, die Zielsetzung der Rechnungslegung zu erfüllen. Insbesondere die Verbindung zwischen Jahresergebnis und Cash Flow-Analyse unter Berücksichtigung stiller Reserven und Lasten ist für den Adressaten wesentlich.

---

[307] Vgl. zur Rechnungslegung als politischen Prozess McLeay/Ordelheide/Young (Lobbying, 2000); Zeff (Lobbying, 2002), Sunder (Political, 1988); Brown (Analysis, 1981).

Kaufpreis nur zu einem geringen Teil aus den Fair Values des erworbenen Nettovermögens ergibt und zusätzlich durch Komponenten wie beispielsweise dem erwarteten Wert von Synergieeffekten oder einer Kontrollprämie bestimmt wird.[321] Die wesentlichen Komponenten des Kaufpreises bei einer M&A-Transaktion lassen sich wie folgt darstellen:

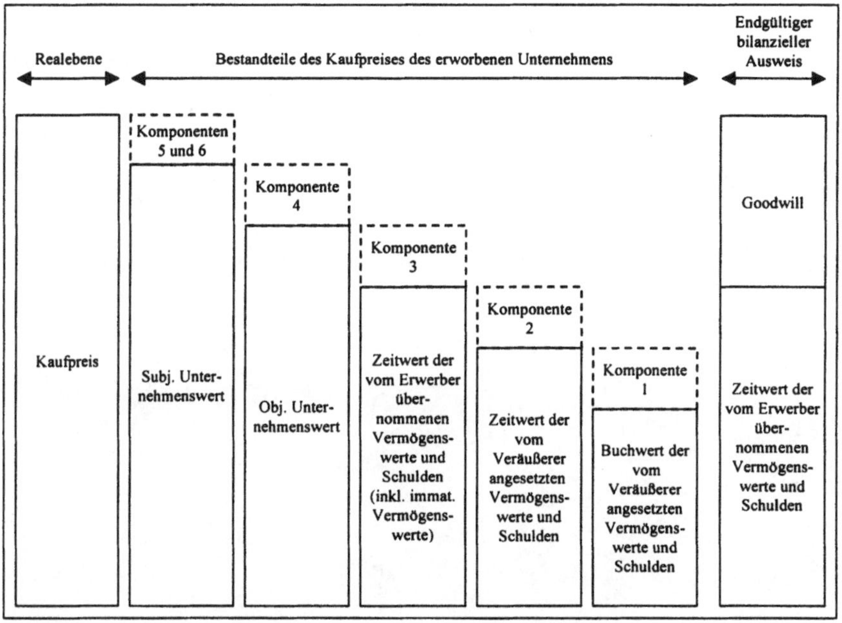

Abbildung 7: Kaufpreiskomponenten
Quelle: In Anlehnung an Richter (Goodwill, 2004), S. 34.

Nach den Regelungen des APB 16 „Business Combinations“ war es möglich, den Unterschiedsbetrag nur um „auffällige“ stille Reserven und Lasten zu verändern. Ein großer Teil der „nicht auffälligen“ stillen Reserven und Lasten ging aber im Goodwill unter[322], da die Vorschriften insbesondere für die Bilanzierung von immateriellen Vermögenswerten so restriktiv ausgelegt wurden, dass die Ansatzkriterien nicht erfüllt wurden und somit auch kein Bilanzansatz gerechtfertigt war.[323] Die Unternehmen waren eher daran interessiert, einen hohen Goodwill auszuweisen. Denn im Rahmen der Purchase-Methode konnte der Goodwill

321 Vgl. FASB, SFAS 141, Summary.

322 Vgl. Pellens/Sellhorn (Goodwill-Bilanzierung, 2001), S. 225. Immaterielle Vermögenswerte wurden nicht getrennt vom Goodwill ausgewiesen, obwohl ein getrennter Ansatz auch nach den bisherigen Bilanzierungsregeln erforderlich gewesen wäre. Vgl. Turner (Changing, 2001).

323 Vgl. zur Kaufpreisallokation nach IFRS 3 "Business Combinations" auch Heidemann (Kaufpreisallokation, 2005).

III Kapitel: Würdigung der bilanziellen Abbildung eines erworbenen Goodwill aus einer Business Combination vor dem Hintergrund der Anforderungen an Rechnungslegungsstandards für kapitalmarktorientierte Unternehmen

1 Analyse der Vorgehensweise zur Ermittlung eines Goodwill nach SFAS 141 „Business Combinations" und SFAS 142 „Goodwill and Other Intangible Assets"

1.1 Purchase Only Accounting und Purchase Price Allocation

1.1.1 Identifikation eines Erwerbers und Ermittlung des Kaufpreises

Mit dem Inkrafttreten des SFAS 141 sind sämtliche Unternehmenszusammenschlüsse, die nach dem 30. Juni 2001 initiiert werden[309], einheitlich nach der Purchase-Methode abzubilden.[310] Nach dem ED "Business Combinations a replacement of FASB Statement 141", der am 01. Juli 2005 veröffentlicht wurde, heißt diese Methode in Zukunft Acquisition-Methode. Durch die Umbenennung soll zum einen verdeutlicht werden, dass der Transaktion nicht zwingend ein Unternehmenskauf zugrunde liegen muss. Zum anderen soll durch die Acquisition Method die künftige Fair Value-Orientierung im Rahmen der Bestimmung des Goodwill von Mehr- und Minderheitsgesellschaftern zum Ausdruck gebracht werden. Damit entfernen sich die Standardsetter von dem der Purchase-Methode immanenten Anschaffungskostenprinzip.

Nach SFAS 141 ist für die Anwendung der Purchase-Methode die Identifikation eines Erwerbers unerlässlich.[311] Üblicherweise ist das Unternehmen, welches ein Entgelt für das zu erwerbende Unternehmen entrichtet, der Erwerber. Wird der Unternehmenskauf durch einen Share Deal vorgenommen, dann ist das Unternehmen als Erwerber anzusehen, das Aktien an die Eigner des anderen Unternehmens ausgibt.

Bei der Ermittlung des Kaufpreises sind grundsätzlich alle direkt angefallenen Kosten zu berücksichtigen.[312] Allgemeine und indirekte Erwerbskosten fließen als Aufwand der Periode direkt in die Gewinn- und Verlustrechnung ein. Wird die Akquisition nicht durch eine Barzahlung vorgenommen, sondern erfolgt ein Entgelt in Form von Aktien oder anderen

---

309 Vgl. SFAS 141.59a.

310 Vgl. SFAS 141.13. Unternehmenszusammenschlüsse von Not-for-Profit-Organizations und Corporate Joint Ventures sind gemäß SFAS 141.12 von dieser Regelung ausgenommen. Vgl. zur Purchase Price Allocation Bucher/Boller/Wildberger (Unternehmenszusammenschlüsse, 2003).

311 Vgl. SFAS 141, Appendix B, B.88. Problematisch erscheint die Identifikation eines Erwerbers bei einem echten Merger of Equals, so dass bei Vorliegen eines Anteilstauschs bestimmte Kriterien erforderlich sind, anhand derer die Kontrollverhältnisse identifiziert werden können. Vgl. SFAS 141.17a-e. Der sachliche Anwendungsbereich des SFAS 141 bezieht sich auf kapitalmarktorientierte und nicht kapitalmarktorientierte Unternehmen. Vgl. SFAS 141.10. vgl. weiterführend Ziehms (Geplante Änderungen, 2001).

312 Vgl. SFAS 141.24. Zur Kaufpreisgestaltung vgl. Ballwieser (Kaufpreisgestaltung, 2005).

Vermögenswerten, dann bildet der Fair Value dieser Vermögenswerte die Grundlage für die Kaufpreisbestimmung. In SFAS 141.22 wird darüber hinaus darauf hingewiesen, dass der Marktwert börsennotierter Aktien bei der Fair Value-Ermittlung dem Fair Value aus der Unternehmensbewertung des Zielobjekts vorzuziehen ist. Dabei ist allerdings zu berücksichtigen, dass der Börsenwert nicht zwingend dem Unternehmenswert entsprechen muss, sondern beispielsweise bedingt durch Paketzuschläge oder Paketabschläge erheblich davon abweichen kann.[313] Erfolgt der Unternehmenserwerb gegen die Übernahme einer Verbindlichkeit, ergibt sich der Kaufpreis aus dem Barwert der Verpflichtung.

1.1.2 Fair Value als Wertmaßstab bei der Kaufpreisallokation

Nach der Ermittlung der Anschaffungskosten entsteht ein aktivischer Unterschiedsbetrag, wenn der Kaufpreis größer ist als der Buchwert des Eigenkapitals des erworbenen Unternehmens.[314] Nach der Purchase-Methode sind die Vermögenswerte und Schulden des übernommenen Unternehmens mit ihren Fair Values in den Konzernabschluss einzubeziehen. Dies erfordert die Aufdeckung stiller Reserven und stiller Lasten in den Aktiva und Passiva des erworbenen Unternehmens. Die stillen Reserven ermitteln sich aus einem Vergleich zwischen dem Buchwert und dem Fair Value eines Vermögenswerts bzw. einer Schuld. Der aktivische Unterschiedsbetrag wird durch die Auflösung stiller Reserven vermindert und durch die Auflösung stiller Lasten erhöht. Nach US-GAAP kann derzeit die Auflösung stiller Reserven und Lasten bei einer Beteiligung von weniger als 100% durch eine volle oder anteilige Neubewertung vorgenommen werden, während nach IFRS nur die volle Neubewertung erlaubt ist.[315]

Der Fair Value wird in SFAS 142.23 definiert als „[t]he amount at which an asset (or liability) could be bought (or incurred) or sold (or settled) in a current transaction between willing parties, that is, other than in a forced or liquidation sale."[316] Der Fair Value im Sinne dieser Definition ist ein Marktwert[317], zu dem ein Vermögenswert oder eine Schuld an einem Markt

---

[313] Zu Paketzuschlägen und Paketabschlägen im Rahmen des Direct Comparison Approach vgl. Nowak (Marktorientierte Unternehmensbewertung, 2003), S. 167-168.

[314] Ist der Kaufpreis kleiner als der Buchwert des Eigenkapitals des erworbenen Unternehmens, dann ergibt sich ein negativer Unterschiedsbetrag. Das FASB lehnt die Existenz einer solchen Größe ab, da es das Entstehen auf Bewertungsfehler in den einzelnen Bilanzpositionen zurückführt. Vgl. SFAS 141, Appendix B, B.188. Sollte ein negativer Unterschiedsbetrag entstehen, sind die Fair Values der Vermögenswerte im Zugangszeitpunkt nach SFAS 141.44 „as a pro rata reduction" abzustocken. Ausgenommen von der Abstockung sind neben den monetären Aktiva insbesondere die Gegenstände des Umlaufvermögens, da hierfür in der Regel Marktwerte vorliegen. Vgl. SFAS 141.44. Darüber hinaus würde eine Abstockung von Vermögenswerten des Umlaufvermögens bei einem Verkauf der Produkte ausgeglichen werden und zu einem nicht getrennt ausgewiesenen ordentlichen Unternehmensertrag führen. Vgl. SFAS 141, Appendix B, B.188. Eine Passivierung des negativen Unterschiedsbetrags ist nach US-GAAP verboten.

[315] Vgl. zu den geplanten Neuerungen Business Combinations Phase II in Kapitel II.

[316] SFAS 142.23. Vgl. auch SFAS 142, Appendix F, Glossary.

[317] Zur Diskussion über das Konzept, welches dem Fair Value zugrunde liegt vgl. AICPA (Asset Acquired, 2001), S. 4-8; IFAC (ISA 545, 2002), Par. 7-8, Kümmel (Grundsätze der Fair Value-Ermittlung, 2002), S. 48-53.

veräußert werden könnte. Es wird in diesem Zusammenhang von dem so genannten Exit Value gesprochen.[318] Nach SFAS 142.23-25 folgt die Ermittlung des Fair Value für einen Vermögenswert bzw. eine Schuld grundsätzlich einer dreistufigen Hierarchie:

1. Der Fair Value ist der Wert, zu dem der Vermögenswert oder die Schuld an einem funktionsfähigen Markt (Active Market) veräußert werden kann.
2. Sollte kein funktionsfähiger Markt für den Vermögenswert bzw. die Schuld existieren, so sind die Marktpreise für vergleichbare Vermögenswerte bzw. Schulden zur Bewertung heranzuziehen.
3. Sollte kein Markt für vergleichbare Vermögenswerte bzw. Schulden existieren, ist der Wert zu schätzen, zu dem der Vermögenswert bzw. die Schuld an einem funktionsfähigen Markt veräußert werden könnte. Zur Schätzung wird meistens ein Barwertverfahren herangezogen. Der Wert des Vermögenswerts bzw. der Schuld ergibt sich bei Anwendung eines Barwertverfahrens durch die Diskontierung der dem Vermögenswert bzw. der Schuld zuzuordnenden künftigen Zahlungsströme, wobei als Anwendungsvoraussetzung die eindeutige Zurechenbarkeit von Zahlungsströmen auf die zu bewertenden Vermögenswerte bzw. Schulden gilt, um eine willkürfreie Bewertung zu gewährleisten.

Sollte eine eindeutige Zuordnung der Zahlungsströme zu den Vermögenswerten bzw. Schulden nicht möglich sein, ist der so genannte Cost Approach zur Bewertung der Vermögenswerte und Schulden anzuwenden.[319]

1.2 Berücksichtigung immaterieller Werte im Rahmen der Kaufpreisallokation

1.2.1 Gründe für die Neuregelung der Ansatzkriterien für immaterielle Vermögenswerte

Die Vorgaben des SFAS 141 zur Durchführung einer Purchase Price Allocation bei der Bilanzierung einer Business Combination sollen eine hohe Objektivierung beim Ansatz und bei der Bewertung der zu bilanzierenden Vermögenswerte und Schulden sicher stellen.[320] Das FASB legt hierbei zugrunde, dass sich bei M&A-Transaktionen in der Mehrzahl der Fälle der

---

[318] Vgl. Barth/Landsman (Fundamental Issues, 1995), S. 101; Pfitzer/Dutzi (Fair Value, 2002), Sp. 750-751.

[319] Vgl. zum Cost Approach AICPA (Asset Acquired, 2001), S. 11-12. Dem Cost Approach liegt die Vermutung zugrunde, dass ein Marktteilnehmer nicht mehr als die Reproduktionskosten für den Vermögenswert bzw. die Schuld zahlen würde. Gedanklich liegt der Transaktion somit eine Make or Buy-Entscheidung zugrunde. Dieses wiederum impliziert, dass die Marktteilnehmer auch in der Lage sind, den Vermögenswert bzw. die Schuld selbst zu erstellen. Somit sind die Reproduktionskosten – wird ein rational handelnder Marktteilnehmer unterstellt – der maximale Marktpreis. Die Anwendung von Realoptionsansätzen zur Fair Value-Ermittlung von Vermögenswerten und Schulden gilt als unzulässig. Nach Ansicht des AICPA ist die praktische Anwendung auf dem Gebiet der Rechnungslegung noch nicht standardisiert. Vgl. AICPA (Asset Acquired, 2001), S. 15. Zu Realoptionsansätzen vgl. Ballwieser (Unternehmensbewertung, 2001), S. 8-13; Copeland/Koller/Murrin (Valuation, 2000), S. 419.

[320] Vgl. zur Purchase Price Allocation Zelger (Purchase Price Allokation, 2005); Bartels/Graf von Kanitz (Purchase Price, 2005); Kuhlewind (Purchase Price, 2005).

Kaufpreis nur zu einem geringen Teil aus den Fair Values des erworbenen Nettovermögens ergibt und zusätzlich durch Komponenten wie beispielsweise dem erwarteten Wert von Synergieeffekten oder einer Kontrollprämie bestimmt wird.[321] Die wesentlichen Komponenten des Kaufpreises bei einer M&A-Transaktion lassen sich wie folgt darstellen:

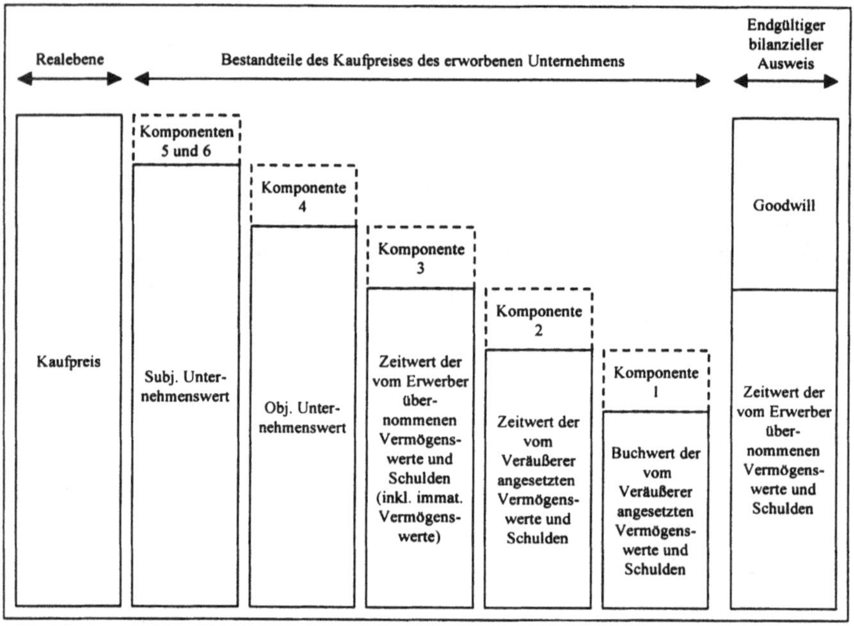

Abbildung 7: Kaufpreiskomponenten
Quelle: In Anlehnung an Richter (Goodwill, 2004), S. 34.

Nach den Regelungen des APB 16 „Business Combinations“ war es möglich, den Unterschiedsbetrag nur um „auffällige“ stille Reserven und Lasten zu verändern. Ein großer Teil der „nicht auffälligen“ stillen Reserven und Lasten ging aber im Goodwill unter[322], da die Vorschriften insbesondere für die Bilanzierung von immateriellen Vermögenswerten so restriktiv ausgelegt wurden, dass die Ansatzkriterien nicht erfüllt wurden und somit auch kein Bilanzansatz gerechtfertigt war.[323] Die Unternehmen waren eher daran interessiert, einen hohen Goodwill auszuweisen. Denn im Rahmen der Purchase-Methode konnte der Goodwill

---

321 Vgl. FASB, SFAS 141, Summary.

322 Vgl. Pellens/Sellhorn (Goodwill-Bilanzierung, 2001), S. 225. Immaterielle Vermögenswerte wurden nicht getrennt vom Goodwill ausgewiesen, obwohl ein getrennter Ansatz auch nach den bisherigen Bilanzierungsregeln erforderlich gewesen wäre. Vgl. Turner (Changing, 2001).

323 Vgl. zur Kaufpreisallokation nach IFRS 3 “Business Combinations” auch Heidemann (Kaufpreisallokation, 2005).

bei Annahme einer langen Nutzungsdauer über mehrere Perioden abgeschrieben werden. Somit wurden diese Perioden nicht mit überproportionalen Kosten der Akquisition belastet.[324] Bereits bei der Veröffentlichung des Exposure Draft „Business Combinations and Intangible Assets“ im Jahr 1999 wollte das FASB durch eine möglichst umfangreiche Berücksichtigung immaterieller Werte neben dem Goodwill die Entscheidungsnützlichkeit der Abschlussinformationen steigern.[325] Mit der generellen Bilanzierung von selbsterstellten immateriellen Vermögenswerten wollte sich das FASB zu diesem Zeitpunkt nicht befassen, weil das den Umfang des Projekts gesprengt hätte.[326] Während der Entwicklung des Exposure Draft „Business Combinations and Intangible Assets“ dehnte der FASB schließlich den Anwendungsbereich auf alle erworbenen immateriellen Vermögenswerte aus, um eine einheitliche Bilanzierung zu erreichen.[327] Gemäß SFAC 5.20 steigt die Entscheidungsnützlichkeit, wenn unterschiedliche Sachverhalte gesondert ausgewiesen werden. Denn ein separater Ausweis verbessert die Möglichkeit, künftige Cashflows zu prognostizieren. Enthält der Goodwill unterschiedliche Sachverhalte bzw. enthält er noch Vermögenswerte, die gesondert ausgewiesen werden könnten, dann steht dies nicht im Einklang mit der Entscheidungsnützlichkeit. Daher ist eine Reduzierung des Goodwill durch eine umfangreiche Identifikation immaterieller Vermögenswerte sinnvoll. Die Abgrenzung und Bewertung der immateriellen Vermögenswerte muss aber hinreichend objektivierbar sein, damit die Zuverlässigkeit und damit die Entscheidungsnützlichkeit der Informationen sicher gestellt ist.

Im Rahmen der Diskussionen über den ersten Entwurf wurden vier wesentliche Eigenschaften für einen eigenständigen Bilanzansatz immaterieller Vermögenswerte, losgelöst vom Goodwill, diskutiert.[328] Im Einzelnen handelte es sich hierbei um die gesonderte Identifizierbarkeit, die Art des Erwerbs, den erwarteten Zeitraum der Nutzenstiftung und die Separierbarkeit. Nach mehreren Diskussionen entschied das FASB, dass von den genannten Kriterien die Identifizierbarkeit als Bedingung ausreicht, um einen immateriellen Vermögenswert getrennt vom Goodwill anzusetzen.[329] Obwohl angemerkt wurde, dass ein erheblicher Teil der abspaltbaren immateriellen Werte auf rechtlichen oder vertraglichen Beziehungen basierte, wurde als zweites Kriterium die zuverlässige Bewertbarkeit herangezogen.[330] Die Erfüllung beider Bedingungen sollte zu einer Ansatzpflicht führen. Als Obergrenze für die Nutzungsdauer wurden 20 Jahre vorgesehen. Weiterhin wurde die

---

324 Vgl. FASB (Exposure Draft, 1999), Appendix B, B.258.

325 Vgl. FASB (Exposure Draft, 1999), Appendix B, B.253.

326 Vgl. FASB (Exposure Draft, 1999), Par. 7.

327 Vgl. FASB (Exposure Draft, 1999), Appendix B, B.248. Vgl. zu den allgemeinen Ansatzkriterien für immaterielle Vermögenswerte weiterführend Schruff (Immaterielle Vermögenswerte, 2004), Rz. 13-18.

328 Vgl. FASB (Exposure Draft, 1999), Appendix B, B.259.

329 Vgl. FASB (Exposure Draft, 1999), Appendix B, B.260.

330 Vgl. FASB (Exposure Draft, 1999), Appendix B, B.263. Zu den notwendigen Bedingungen Identifizierbarkeit und verlässliche Bewertbarkeit, vgl. FASB (Exposure Draft, 1999), Par. 37.

Möglichkeit einer unbegrenzten Nutzungsdauer für immaterielle Werte in den Exposure Draft „Business Combinations and Intangible Assets" aufgenommen.[331]

Mit der Überarbeitung des ersten Entwurfs stellte das FASB eine zu enge Anlehnung an die bereits bestehenden Regelungen nach APB Opinion 16 „Business Combinations" und 17 „Intangible Assets" fest. Die Schwächen in den bestehenden Standards wurden ohne wesentliche Verbesserungen in den Exposure Draft „Business Combinations and Intangible Assets" übernommen. Damit ist das FASB dem neu formulierten Ziel des umfassenden Bilanzansatzes von immateriellen Vermögenswerten nicht nachgekommen. Besonders das Kriterium der zuverlässigen Bewertbarkeit geriet in die Kritik, da viele immaterielle Vermögenswerte gerade dieses Kriterium nicht erfüllen. Schließlich wurden die Anforderungen modifiziert, um einen breiteren Ansatz immaterieller Vermögenswerte zu ermöglichen. Begründet wurden die modifizierten Ansatzkriterien seitens des FASB damit, dass ein getrennter Ausweis der immateriellen Vermögenswerte vom Goodwill auch bei weniger objektivierten Abgrenzungskriterien zu einem geeigneteren Ausweis führen würde, als ein Verbleiben im Goodwill.[332]

Mit der Verabschiedung des SFAS 141 und SFAS 142 hat das FASB durch die Ausdehnung der Ansatzpflicht für immaterielle Vermögenswerte im Rahmen einer Business Combination ein wesentliches Ziel ihres Business Combinations Project umgesetzt und somit auf die Kritik im ersten Entwurf reagiert. SFAS 141.39 sieht nunmehr zwei Kriterien vor, die zur Abspaltung immaterieller Vermögenswerte vom Goodwill und damit zu einer Ansatzpflicht führen: Das Contractual Legal-Kriterium, welches auf vertragliche oder gesetzliche Nutzenzuflüsse abstellt, und das Separability-Kriterium. Gemäß SFAS 141.35 sind alle identifizierbaren immateriellen Vermögenswerte auf die Erfüllung dieser Kriterien zu prüfen, unabhängig davon, ob vor der Transaktion bereits ein Ansatz beim erworbenen Unternehmen erfolgte. Die Erfüllung eines der beiden Kriterien führt grundsätzlich zu einer Bilanzierungspflicht.

SFAS 141 sieht in einem ersten Schritt die Prüfung des Contractual Legal-Kriteriums vor. Erfüllt der erworbene immaterielle Vermögenswert dieses Kriterium nicht, ist in einem zweiten Schritt zu prüfen, ob eine Ansatzpflicht nach dem Separability-Kriterium besteht. Sollte der immaterielle Vermögenswert auch danach nicht ansatzfähig sein, wird er weiterhin dem Goodwill zugerechnet. Die folgende Abbildung 7 verdeutlicht die Ansatzkriterien:

---

[331] Die Nutzungsdauer sollte bei gegebener Einzelveräußerbarkeit des Vermögenswertes oder bei einer rechtlichen oder vertraglichen Grundlage über 20 Jahre hinaus angehoben werden, falls dem Unternehmen ein klar zu bestimmender Cashflow für diesen Zeitraum zufließen sollte. Vgl. FASB (Exposure Draft, 1999), Par. 40.

[332] Vgl. FASB (Exposure Draft, 1999), Appendix A, A.52.

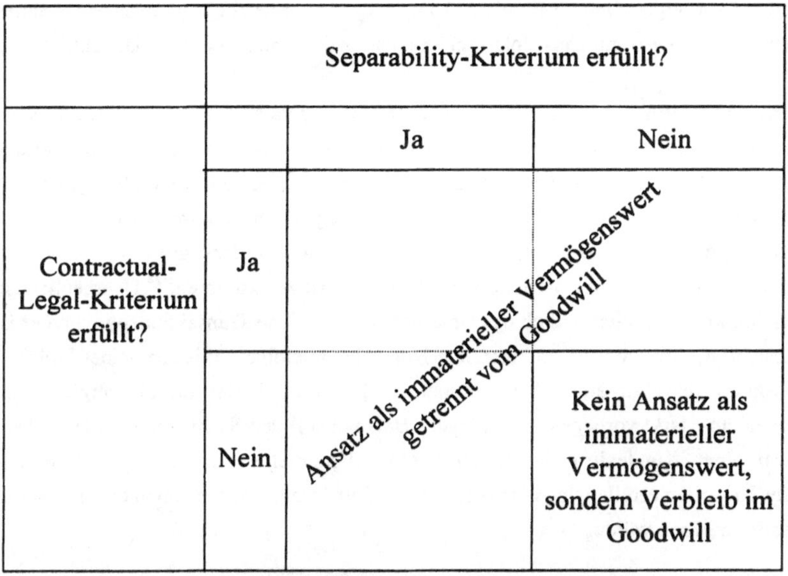

Abbildung 8: Ansatzkriterien nach SFAS 141: Contractual Legal/Separability

Das Heranziehen der beiden Kriterien beruht auf zwei wesentlichen Gründen: Wie bereits vorangehend erläutert, wollte das FASB zum einen die Entscheidungsnützlichkeit von Jahresabschlussinformationen verbessern. Zum anderen war die Schaffung dieser Kriterien für einige Mitglieder des Boards die Grundlage dafür die Ansicht zu vertreten, den Goodwill künftig keiner Abschreibung mehr zu unterziehen, sondern eine unbegrenzte Nutzungsdauer zu unterstellen und den Impairment Only Approach einzuführen.[333] Die Schaffung dieser Kriterien erleichterte es den Skeptikern im Board, den als Goodwill verbleibenden Teil als unbegrenzt zu chrakterisieren und somit eine Nichtabschreibung zu akzeptieren.[334]

1.2.2 Abgrenzungskriterien: Contractual Legal-Kriterium und Separability-Kriterium

Das Contractual Legal-Kriterium ist auf vertraglich (Contractual) oder gesetzlich (Legal) begründete zukünftige Nutzenzuflüsse ausgerichtet.[335] Beispiele hierfür sind Markenzeichen, Auftragsbestände, Sende- oder Franchise-Lizenzen. Das FASB hat das Contractual Legal-Kriterium als Abgrenzungskriterium zum Goodwill gewählt, weil der Wert eines

[333] Vgl. SFAS 141, Appendix B, B.149-150. Alvarez/Biberacher kritisieren in diesem Zusammenhang, dass bestimmte immaterielle Vermögenswerte, wie beispielsweise Belegschaftsqualität, in SFAS 141 „Business Combinations" von einer Bilanzierung ausgeschlossen werden, obwohl eine Bilanzierung nach APB Opinion 17 möglich war. Vgl. Alvarez/Biberacher (Unternehmenssteuerung, 2002), S. 347; SFAS 141, Appendix B, B.168-B.170.

[334] Vgl. SFAS 141, Appendix B, B.150.

[335] Vgl. SFAS 141.39.

immateriellen Vermögenswerts oft aus vertraglich oder gesetzlich gesicherten Rechten entsteht und somit ein wesentliches Unterscheidungskriterium zum Goodwill darstellt.[336]

Bei der Frage, ob ein immaterieller Vermögenswert das Separability-Kriterium erfüllt, ist zu prüfen, ob der Wert vom Unternehmen separierbar ist. Dabei muss der immaterielle Vermögenswert die Eigenschaft besitzen, separat vom Unternehmen verkauft, transferiert, lizenziert, vermietet oder getauscht zu werden.[337] Liegen beispielsweise Anzeichen für Markttransaktionen gleicher oder ähnlicher Vermögenswerte vor, dann gilt das Separability-Kriterium als erfüllt und der immaterielle Vermögenswert ist zu aktivieren.[338] Unerheblich ist, wie gut der Markt funktioniert und ob das Unternehmen in solche Transaktionen involviert ist oder beabsichtigt, am Markt aufzutreten. Nur die alleinige Existenz einer solchen Markttransaktion führt zu einer Ansatzpflicht, d. h. es ist irrelevant, ob vergleichbare Transaktionen am Markt vorliegen.[339] Folgendes Beispiel soll den Sachverhalt verdeutlichen: Der Erwerb einer Kundenliste im Rahmen einer Unternehmenstransaktion würde das Separability-Kriterium erfüllen und eine Ansatzpflicht auslösen, wenn es einen eigenen Markt für Kundenlisten geben würde.

Weiterhin wird ein immaterieller Vermögenswert im Rahmen des Separability-Kriteriums als separierbar angesehen, wenn er sich nur in Verbindung mit einem Vertrag, einem anderen Vermögenswert oder einer Schuld veräußern lassen würde. Auch hier soll ein Beispiel den Sachverhalt verdeutlichen. Angenommen ein erworbenes Unternehmen fertigt ein Produkt unter dem Namen eines registrierten Warenzeichens. Für den Herstellungsprozess wird unter anderem ein nicht patentiertes, technisches Verfahren eingesetzt. Da bei einem Verkauf des Warenzeichens und des dazugehörigen Produkts das Verfahren notwendigerweise mitverkauft werden müsste und insoweit vom Unternehmen trennbar wäre, erfüllt auch das Verfahren das Separability-Kriterium.[340] Hieraus geht hervor, dass für den Ansatz als immaterieller Vermögenswert die Separierbarkeit nicht als Einzelseparierbarkeit[341] auszulegen ist.
Ist entweder das Contractual Legal- oder das Separability-Kriterium erfüllt, gilt für den immateriellen Vermögenswert eine Ansatzpflicht. Das FASB unterstellt, dass alle

---

336 Vgl. SFAS 141, Appendix B, B.156.

337 Vgl. SFAS 141.39; SFAS 141, Appendix A, A.11.

338 Vgl. SFAS 141, Appendix A, A.11.

339 Es wird deutlich, dass hier ein dem „Observable Market-Kriterium" des ersten Entwurfs ähnliches Kriterium verwendet wird. Das Observable Market-Kriterium musste herangezogen werden, wenn die zwanzigjährige Höchstabschreibungsdauer überschritten wurde. Das Kriterium kann jetzt allerdings eher als „Existing Market-Kriterium" bezeichnet werden.

340 Vgl. SFAS 141, Appendix A, A.13b.

341 Im Vordergrund soll hier das Wort „einzel" stehen, so wie beispielsweise die Einzelverwertbarkeit als häufiges Abgrenzungskriterium nach dem HGB gilt. „For purposes of this Statement, however, an intangible asset that cannot be sold, tranferred, licensed, rented, or exchanged individually is considered separable if it can be sold, transferred, licensed, rented, or exchanged in combination with a related contract, asset, or

immateriellen Vermögenswerte, die diese Kriterien erfüllen, identifizierbar sind und auch mit hinreichender Zuverlässigkeit bewertet werden können, unabhängig davon, ob die immateriellen Vermögenswerte eine begrenzte oder unbegrenzte Nutzungsdauer haben. Um die Identifikation eines separat vom Goodwill anzusetzenden immateriellen Vermögenswerts zu erleichtern, enthält SFAS 141 beispielhaft eine Liste potenzieller, im Rahmen eines Unternehmenszusammenschlusses erworbener immaterieller Vermögenswerte.[342]

• contractual legal criterion met
o separability criterion met
A. Marketing-related intangible asset • Trademarks, tradenames • Service marks, collective marks, certification marks • Trade dress (unique color, shape or package design) • Newspaper mastheads • Internet domain names • Noncompetition agreements
B. Customer-related intangible assets o Customer lists • Order or production backlog • Customer contracts and related customer relationships o Noncontractual customer relationships
C. Artistic-related intangible assets • Plays, operas, ballets • Books, magazines, newspapers, other literary works • Musical works such as compositions, song lyrics, advertising jingles • Pictures, photographs • Video and audiovisual material, including motion pictures, music videos, television programs
D. Contract-based intangible assets • Licensing, royalty, standstill agreements • Advertising, construction, management, service or supply contracts • Lease agreements • Construction permits

liability." SFAS 141.39. Das Separability-Kriterium geht somit über das handelsrechtliche Ansatzkriterium der selbständigen Verwertbarkeit hinaus, welches als Einzelverwertbarkeit auszulegen ist.

342 Die aufgeführten immateriellen Vermögenswerte können jeweils das Contractual Legal-Kriterium, das Separability-Kriterium oder beide erfüllen. Die vom FASB vorgenommene Auflistung ist nicht abschließend. Vielmehr wird darauf hingewiesen, dass weitere Vermögenswerte existieren können, die den Kriterien des SFAS 141.39 entsprechen und somit ebenfalls separat anzusetzen sind.

• Franchise agreements • Operating and broadcast rights • Use rights such as drilling, water, air, mineral, timber cutting, and route authorities • Servicing contracts such as mortgage servicing contracts • Employment contracts
E. Technology-based intangible assets • Patented technology • Computer software and mask works o Unpatented technology o Databases, including title plants • Trade secrets, such as secret formulas, processes, recipes

Abbildung 9: Immaterielle Vermögenswerte, die gemäß SFAS 141 einen vom Goodwill getrennten Ansatz begründen

Quelle: SFAS 141, Appendix A, A.14.

Die Frage der Aktivierung einer „Assembled Work Force", eines so genannten eingearbeiteten Mitarbeiterstamms, wurde vom FASB gesondert diskutiert. Erwirbt ein Unternehmen ein anderes Unternehmen, wird es, bei entsprechender Qualifikation, dem eingearbeiteten Mitarbeiterstamm im Rahmen der Kaufpreisbestimmung einen Wert beimessen, weil beispielsweise Neuakquisitionen und (Um)Schulungen von Mitarbeitern entfallen. Nach ersten Diskussionen im Rahmen der Exposure Drafts zu SFAS 141 und SFAS 142 wurde die Auffassung vertreten, dass der Mitarbeiterstamm beide Ansatzkriterien erfüllen kann. Das FASB kam aber dann zu dem Ergebnis, dass eine zuverlässige Bewertung des Mitarbeiterstamms auf Basis existierender Bewertungsverfahren nicht möglich ist.[343]

Bei Beachtung der Kriterien, die zu einem separaten Ansatz von immateriellen Vermögenswerten neben dem Goodwill führen, liegt die Vermutung nahe, dass im Vergleich zum APB 17 „Intangible Assets" der Umfang aktivierungsfähiger immaterieller Vermögenswerte zugenommen hat. Es können aber aufgrund der konkreten Anforderungen bestimmte Sachverhalte aus dem Kreis der aktivierungsfähigen immateriellen Vermögenswerte ausgeschlossen werden, da sie entgegen der Regelung in APB 17 „Intangible Assets" die Aktivierungsvoraussetzungen nicht erfüllen.[344] So kann beispielsweise die Belegschaft, nicht aber die Qualität verkauft, übertragen, lizenziert, vermietet oder ausgetauscht werden. Für die

343 Vgl. SFAS 141, Appendix B, B.169. In der Praxis wird für die Bewertung des Mitarbeiterstamms fast ausschließlich auf den Kostenansatz zurückgegriffen, der nach Ansicht des FASB zu keinem zuverlässigen Ergebnis führt. Vgl. SFAS 141, Appendix B, B.169.

344 Vgl. Alvarez/Biberacher (Unternehmenssteuerung, 2002), S. 347.

Belegschaftsqualität besteht deshalb nach SFAS 141.39 ein explizites Aktivierungsverbot.[345] Sie ist unter den Goodwill zu subsumieren.[346] Ein weiteres Ansatzverbot gilt für erworbene immaterielle Vermögenswerte aus dem Bereich Forschung- und Entwicklung im Sinne der FASB Interpretation 4 „Applicability of FASB Statement 2 to Business Combinations Accounted for by the Purchase Method (an interpretation of FASB Statement 2)", Par. 5. Diese sind grundsätzlich als Aufwendungen der Periode zu qualifizieren.[347]

1.3 Folgebewertung von immateriellen Vermögenswerten

1.3.1 Bestimmung der wirtschaftlichen Nutzungsdauer

Erfüllt ein immaterieller Vermögenswert nicht die Ansatzvoraussetzungen, dann wird er gemäß SFAS 142.11 in den Folgeperioden entsprechend seiner wirtschaftlichen Nutzungsdauer bilanziert.[348] Die wirtschaftliche Nutzungsdauer ist der Zeitraum, in dem der Vermögenswert erwartungsgemäß direkt oder indirekt zum Zahlungsstrom des Unternehmens bzw. seiner Berichtseinheit beiträgt. Die Bestimmung der wirtschaftlichen Nutzungsdauer soll gemäß SFAS 142.11 unter Berücksichtigung aller im Einzelfall sachdienlichen Umstände erfolgen und insbesondere die folgenden Faktoren einbeziehen[349]:

- Die voraussichtliche Verwendung im Unternehmen.
- Die erwartete wirtschaftliche Nutzungsdauer von einem bzw. von mehreren Vermögenswerten, die in direktem Bezug mit dem zu bilanzierenden Wert stehen (z. B. die wirtschaftliche Nutzungsdauer von Abbau- oder Förderrechten, die von der erwarteten wirtschaftlichen Nutzungsdauer der dazugehörigen Abbau- oder Förderstätte abhängt).
- Gesetze, Vorschriften oder vertragliche Regelungen, die Auswirkungen auf die Nutzungsdauer haben.
- Gesetze, Vorschriften oder vertragliche Regelungen, die eine Verlängerung der Nutzungsdauer zu vergleichsweise unerheblichen Kosten ermöglichen, sofern konkrete Absichten diesbezüglich vorhanden sind und eine Verlängerung ohne materielle Änderungen bestehender Geschäftsbedingungen erfolgen kann.
- Auswirkungen durch Veralterung, Nachfrageänderung, Wettbewerbs- und andere wirtschaftliche Einflussfaktoren wie (Branchen-)Konjunktur, technischer Fortschritt,

---

345 Vgl. auch SFAS 141, Appendix B, B.169.

346 „[T]he Fair Value of an assembled workforce acquired be included in the amount initially recorded as goodwill, regardless of whether it meets the recognition criteria". SFAS 141, Appendix B, B.169.

347 [I]ntangible assets ... should be charged to expense at the acquisition date regardless of whether they meet the criteria ... for recognition apart from goodwill". SFAS 141, Appendix B, B.170. Vgl. auch SFAS 141.42.

348 Vgl. SFAS 142, Appendix B, B.44.

349 Die in SFAS 142.11 aufgelisteten Faktoren stellen wesentliche Anhaltspunkte bei der Ermittlung der wirtschaftlichen Nutzungsdauer dar. Dabei sind aber immer die Umstände bzw. Sachverhalte des Einzelfalls zu berücksichtigen. Vgl. SFAS 142, Appendix B, B.45.

aus einer veränderten Gesetzgebung resultierende Unsicherheiten jedweder Art sowie Auswirkungen erwarteter Änderungen der Distributionskanäle.

- Die Kosten der Substanzerhaltung des Vermögenswertes zur Sicherung der zukünftigen Zahlungsströme (insoweit, wie sie auch bei anderen (materiellen) abschreibungspflichtigen Vermögenswerten Berücksichtigung finden).

Bei der Bestimmung der wirtschaftlichen Nutzungsdauer besteht bei gesetzlich gewährten Rechten, so genannten Legal Rights, ein Berücksichtigungswahlrecht bei der Bestimmung der Nutzungsdauer, falls Beweise für eine vom Unternehmen gewollte Verlängerung vorliegen und diese ohne größere Kosten erfolgen kann. Faktisch kann diese Regelung im Einzelfall bis hin zu einer unbestimmten Nutzungsdauer führen, die keine planmäßigen Abschreibungen mehr erfordert.[350] Die Abgrenzung der gesetzlichen von den privatvertraglich generierten Rechten erfolgte bereits mit dem Exposure Draft 1999 und wurde bis zur endgültigen Verabschiedung unverändert übernommen.[351] Um Verlängerungsoptionen in der wirtschaftlichen Nutzungsdauer bei privatvertraglich fixierten Rechten zu berücksichtigen, wurde noch im ersten Entwurf ein vorhandener Markt und das Kriterium der Einzelveräußerbarkeit gefordert.[352] In der verabschiedeten Version nach SFAS 142.11 ist aber nur der erwartete Zeitraum des Zahlungsstroms des betreffenden Vermögenswertes von Bedeutung. Spiegeln sich in den Erwartungen Verlängerungsoptionen wider, dann sind diese auch bei der Berechnung der wirtschaftlichen Nutzungsdauer zu berücksichtigen.

Bei der Bestimmung der Nutzungsdauer werden nach SFAS 141.11 zwei mögliche Ausprägungen unterschieden: Die begrenzte und die unbegrenzte Nutzungsdauer. Vermögenswerte mit einer begrenzten Nutzungsdauer unterliegen der (planmäßigen) Abschreibung und bei Vorliegen bestimmter Kriterien einem Impairment Test. Vermögenswerte mit einer unbegrenzten Nutzungsdauer werden nicht abgeschrieben, sondern sind einem mindestens jährlichen Impairment Test zu unterziehen.

1.3.2 Immaterielle Vermögenswerte mit begrenzter Nutzungsdauer

1.3.2.1 Abschreibungsnotwendigkeit

Die nach APB Opinion 17.29 zulässige maximale Nutzungsdauerschätzung von 40 Jahren wurde bereits im ED "Business Combinations and Intangible Assets" aus dem Jahr 1999 auf 20 Jahre reduziert.[353] In der Endversion des SFAS 141 wurde keine

---

350 Das FASB betont, dass die wirtschaftliche Nutzungsdauer alleine an den Zahlungsstrom des betreffenden Wertes gekoppelt ist und mit diesem erwartungsgemäß über die veranschlagte Dauer intern kalkuliert werden muss. Vgl. SFAS 142, Appendix B, B.48.

351 Vgl. FASB (Exposure Draft, 1999), S. 130.

352 Vgl. FASB (Exposure Draft, 1999), Appendix B, B.281.

353 Hier war aber noch die Möglichkeit vorgesehen, eine Nutzungsdauer von mehr als 20 Jahren zu unterstellen, falls der Zahlungsstrom über die gesamte Laufzeit klar zu identifizieren und das Kriterium der

Höchstabschreibungsdauer festgelegt. Die Abschreibungsdauer nach SFAS 142.12 ist an die wirtschaftliche Nutzungsdauer gebunden. Diese wiederum ist gemäß SFAS 142.11 vom erwarteten Zeitraum des Zahlungsstroms abhängig, der im ED "Business Combinations and Intangible Assets" das Hauptkriterium für die Verlängerungsoption darstellte.[354]

In APB Opinion 17.30 wurde im Regelfall die lineare Abschreibung für immaterielle Vermögenswerte unterstellt. Konnte eine geeignetere Methode zur Darstellung der tatsächlichen Abnutzung nachgewiesen werden, dann war eine Abweichung von der linearen Methode zulässig. Sowohl im ED "Business Combinations and Intangible Assets", Par. 39, als auch in SFAS 142.12 wurde festgelegt, dass die gewählte Abschreibungsmethode die Art und Weise der Verteilung wirtschaftlicher Vorteile aus dem Abschreibungsobjekt widerspiegeln soll. Ist diese Abschreibungsmethode nicht zuverlässig bestimmbar, dann muss eine lineare Abschreibung vorgenommen werden.

Die Behandlung eines bestehenden Restwerts am Ende der planmäßigen Nutzungsdauer wurde ebenfalls in den ED "Business Combinations and Intangible Assets", Par. 38, aufgenommen.[355] Bei der Berechnung der Abschreibungsdauer sind die Anschaffungskosten um einen möglichen Restwert zu kürzen. Annahmegemäß liegt der Restwert bei null, es sei denn, die geplante wirtschaftliche Nutzungsdauer im betreffenden Unternehmen ist kürzer als die angenommene Lebensdauer und der Restwert ist zuverlässig bestimmbar. Die Ermittlung des Restwertes kann entweder dadurch erfolgen, dass sich eine dritte Partei vertraglich verpflichtet, diesen Wert am festgesetzten Nutzungsende zu übernehmen. Eine andere

---

Einzelveräußerbarkeit erfüllt bzw. der Vermögenswert aus gesetzlich oder vertraglich entstandenen Rechten über die gesamte Laufzeit gesichert ist. Vgl. FASB (Exposure Draft, 1999), Par. 40. Der Grund für diese Ausnahme war die Absicht, einen Anreiz für die Abspaltung immaterieller Werte vom Goodwill zu schaffen, da die Abschreibung des Goodwill auf 20 Jahre begrenzt war. Vgl. FASB (Exposure Draft, 1999), Appendix B, B.283. Die Halbierung der Obergrenze von 40 auf 20 Jahre für alle immateriellen Vermögenswerte wurde mit dem Hinweis auf die gleiche zeitliche Abschreibungshöchstdauer für Goodwillabschreibungen und einem für die Verlängerung sinnvollen Maßstab begründet. Vgl. FASB (Exposure Draft, 1999), Appendix B, B.282-284.

354 Vgl. FASB (Exposure Draft, 1999), Par. 40.

355 In APB Opinion 17 „Intangible Assets" wurde dieses Thema nicht explizit behandelt. Vgl. SFAS 142, Appendix B, B.55. In APB Opinion 17.28 wurde die Abschreibung des vollständigen Wertes verlangt. In SFAS 142, Appendix B, B.55, weist das FASB auch darauf hin, dass die explizite Aufnahme des Restwertes durch FRS 10 „Goodwill and Intangible Assets" und IAS 38 „Intangible Assets" hervorgerufen wurde. IAS 38.91 unterstellt für immaterielle Vermögenswerte einen Restwert von null, es sei denn, (a) es besteht eine Verpflichtung einer dritten Partei, den Vermögenswert am Ende seiner Nutzungsdauer zu erwerben; oder (b) der Restwert kann unter Bezugnahme auf einen existierenden aktiven Markt für diese Art von immateriellem Vermögenswert verlässlich bestimmt werden und es ist wahrscheinlich, dass ein solcher Markt auch am Ende der Nutzungsdauer des immateriellen Vermögenswerts bestehen wird. Die Restwerte sind an jedem Bilanzstichtag zu beurteilen. Änderungen des geschätzten Restwerts legen die zukünftige Entwicklung zugrunde und sind durch Veränderung der künftigen periodischen Abschreibungen zu berücksichtigen. Ausgenommen hiervon sind Wertminderungen nach IAS 36 „Impairment of Assets". Vgl. auch Wehrheim (Intangible Assets, 2000); Weber/Wirth (Immaterielle Vermögenswerte, 2002); Keitz (Immaterielle Güter, 1997).

Möglichkeit ist, dass ein allgemein zugänglicher Markt für diesen Vermögenswert existiert, der am Ende der Laufzeit zur Bestimmung des Restwertes herangezogen werden kann.[356]

1.3.2.2 Historie des Impairment Test

Der Impairment Test ist vergleichbar mit dem im HGB verankerten Niederstwertprinzip.[357] Vor Verabschiedung des SFAS 121 „Accounting for the Impairment of Long-Lived Assets and for Long-Lived Assets to Be Disposed Of" im März 1995 existierten kaum Regelungen bezüglich solcher Werthaltigkeitstests für diese Gruppe von Vermögenswerten nach amerikanischen Rechnungslegungsstandards.[358] Die Bestimmung des Abwertungszeitpunkts wurde zwar in SFAC 5 „Recognition and Measurement in Financial Statements of Business Enterprises" festgelegt[359], aber in der Praxis nur wenig und inkonsistent ausgelegt.[360] Die außerordentliche Abschreibung wurde bis dahin weniger dazu verwendet, tatsächliche außerordentliche Wertminderungen in der Ergebnisrechnung zu berücksichtigen, sondern eher als Instrument der Ergebnismanipulation.[361] Der personelle Führungswechsel in einem Unternehmen wurde häufig als Begründung für so genannte „Write-Offs" hervorgehoben. Auf diese Weise soll für das neue Management eine bilanzielle Ausgangsbasis geschaffen werden, die es ermöglicht, der Periode des Übergangs auf das neue Management hohe Aufwendungen zuzuordnen, um die Folgeperioden mit solchen Aufwendungen zu verschonen.[362] Ein Handlungsbedarf in diesem Bereich wurde bereits 1980 identifiziert, als das Accounting Standards Executive Committee[363] [AcSEC] ein Arbeitspapier an das FASB sendete, welches eine Aufforderung zur Schaffung spezieller Vorschriften für die

---

356 In SFAS 142, Appendix B, B.55 heißt es: „During the redeliberations of the 1999 Exposure Draft, the Board clarified that the residual value is the net amount that an entity expects to obtain for an intangible asset at the end of its useful life to that entity – not at the end of its useful life in general. The Board also clarified that the residual value should be determined net of any costs to dispose of the intangible asset".

357 In der Literatur wird er auch als internationales Pendant zum Niederstwerttest gesehen. Vgl. Keller (Impairment Test, 2002), S. 111.

358 Vgl. Schuetze (Impairment Question, 1987), S. 26; Francis/Hanna/Vincent (Asset Write-Offs, 1996), S. 117-118.

359 Gemeint ist hier der so genannte „Probability Test". Vgl. Schuetze (Impairment Question, 1987), S. 28.

360 Vgl. Elliott/Hanna (Accounting Write-Offs, 1996), S. 136-137; Schuetze (Impairment Question, 1987), S. 28.

361 Francis/Hanna/Vincent kommen in einer Studie zu dem Ergebnis, dass die Manipulation und der tatsächliche Korrekturbedarf die beiden Hauptursachen einer außerplanmäßigen Abschreibung sind. Ergebnismanipulation bedeutet in diesem Zusammenhang, dass eine Abwertung entweder gar nicht oder nur bei Vorteilhaftigkeit für das betreffende Management vorgenommen wird. Vgl. Francis/Hanna/Vincent (Asset Write-Offs, 1996), S. 118.

362 Die Begründung von Aufwendungen durch den Managementwechsel wird allgemein als Ursache akzeptiert. Diese Vorgehensweise hat bis heute nicht an Gültigkeit verloren. Beispielhaft sei hier die Deutsche Telekom genannt. Der Interimsvorstandsvorsitzende Helmut Siehler hinterließ seinem Nachfolger Kai-Uwe Ricke im Rahmen eines so genannten Strategic Review außerplanmäßige Abschreibungen in Höhe von 21,6 Mrd. € allein auf immaterielle Vermögenswerte (Goodwill, Mobilfunk- und UMTS-Lizenzen), vgl. Deutsche Telekom (Sondereinflüsse, 2002), S. 47.

363 Das AcSEC gehört dem AICPA an.

Wertberichtigung von Vermögenswerten enthielt.[364] Damals wurde aber der Arbeit am Conceptual Framework und anderen Aufgaben mehr Priorität beigemessen, so dass kein derartiges Projekt aufgenommen wurde. In den nachfolgenden Jahren hat sich die Emerging Issue Task Force [EITF] dreimal ergebnislos mit dieser Thematik befasst[365], bis im Jahr 1987 eine Arbeitsgruppe (Task Force) im Bereich Restrukturierungsmaßnahmen, in dessen Zusammenhang regelmäßig hohe Write-Offs auftraten, einberufen wurde.[366] Die Aufnahme des Projekts wurde durch zwei Studien unterstützt.[367] Das Resultat der Bemühungen war der SFAS 121.[368]

Mit dem Inkrafttreten von SFAS 121 wurden detaillierte Regelungen[369] für die Anwendung von Impairment Tests und die Bemessung des Abschreibungsbedarfs geschaffen[370], die durch den SFAS 144, der den SFAS 121 im August 2001 ersetzte, nochmals überarbeitet wurden. Hauptargument der Überarbeitung durch SFAS 144 war die Vereinheitlichung der Bilanzierungsregeln zu den so genannten „Long-Lived Assets", die bis zu diesem Zeitpunkt sowohl durch APB Opinion 30 „Reporting the Results of Operations – Reporting the Effects of Disposal of a Segment of a Business, and Extraordinary, Unusual and Infrequently Occurring Events and Transactions" als auch durch SFAS 121geregelt wurden.[371]

1.3.2.3 Impairment Test nach SFAS 144 „Accounting for the Impairment or Disposal of Long-Lived Assets"

Abschreibungspflichtige Vermögenswerte unterliegen einem Impairment Test nach SFAS 144.[372] Dieser Impairment Test besteht aus einem zweistufigen Verfahren. Dieses Verfahren

---

[364] Das Arbeitspapier hatte den Titel „Accounting for the Inability to Fully recover the Carrying Amounts of Long Lived Assets". Vgl. SFAS 121, Appendix A, A.38.

[365] Die Wertberichtigung von Vermögenswerten war Gegenstand von Meetings im Oktober 1984, im Dezember 1985 und im Februar 1986. Vgl. SFAS 121, Appendix A, A.38.

[366] EITF 94-3 mit dem Titel „Liability Recognition for Certain Employee Termination Benefits and Other Costs to Exit an Activity (including Certain Costs Incurred in a Restructuring)" ist das Ergebnis dieser Task Force. EITF 94-3 ist im Jahr 2002 durch SFAS 146 "Accounting for Costs Associated with Exit or Disposal Activities" für ungültig erklärt worden.

[367] Im September 1986 veröffentlichte das Committee on Corporate Reporting des Financial Executives Institute [FEI] eine Studie mit dem Titel "Survey on Unusual Charges", die 1991 noch einmal aktualisiert werden sollte. Die zweite Studie war vom Institute of Management Accountants [IMA] aus dem Jahr 1987. Die Studie vom FEI wurde vom FASB in Auftrag gegeben und auch die Studie vom IMA wurde vom FASB unterstützt. Vgl. SFAS 121, Appendix A, A.42-43.

[368] Vgl. SFAS 121, Appendix A, A.44.

[369] Nach Meinung von Chaney/Hogan/Jeter haben die detaillierten Regelungen die Anzahl der Write-Offs erhöht statt gesenkt. Vgl. Chaney/Hogan/Jeter (Restructuring Charges, 2000), S. 5.

[370] Vgl. weiterführend Baker/Rue/Volkan (Impairment Write-Offs, 2000), S. 37-40; Titard/Pariser (Impaired Assets, 1996), S. 56-61.

[371] Vgl. SFAS 144, Summary.

[372] Im Zeitpunkt der Verabschiedung von SFAS 142 „Goodwill and Other Intangible Assets" war SFAS 144 „Accounting for the Impairment or Disposal of Long-Lived Assets" noch nicht verabschiedet. Die Vorschriften zum Impairmant Test in SFAS 142 „Goodwill and Other Intangible Assets" bezogen sich daher

soll sicherstellen, dass keine willkürlichen außerplanmäßigen Abschreibungen vorgenommen werden.

Auf der ersten Stufe kommt ein so genannter Recoverability Test zur Anwendung. Dieser ist durchzuführen, wenn Umstände oder Ereignisse darauf hinweisen, dass der Buchwert des Vermögenswertes durch seine zukünftigen Zahlungsströme nicht mehr einbringbar ist.[373] SFAS 144.8 nennt beispielhaft mögliche Gründe, die einen Recoverability Test bedingen. Hierzu zählt beispielsweise ein deutlicher Abfall des Marktpreises, eine markante Änderung im Gebrauch des Vermögenswertes innerhalb des Unternehmens sowie gesetzliche Änderungen oder andere wirtschaftliche Umstände, die Einfluss auf den Vermögenswert haben könnten.

Bei der Durchführung des Recoverability Test ist ebenfalls zu prüfen, ob der Abschreibungsbetrag, die Abschreibungsmethode oder die Abschreibungsdauer neuen Gegebenheiten anzupassen sind.[374] Ist eine Anpassung notwendig, dann ist diese gemäß SFAS 144.9 erst nach erfolgter Wertminderung vorzunehmen.

SFAS 144 teilt die Vermögenswerte in die Gruppen Long-Lived Assets To Be Held And Used, Long-Lived Assets Held For Use, Long-Lived Assets Held For Disposal Other Than By Sale und Long-Lived Assets Held For Disposal By Sale ein.[375] Abschreibungspflichtige immaterielle Vermögenswerte werden der Gruppe Long-Lived Assets To Be Held And Used zugeordnet. Innerhalb dieser Gruppe sieht SFAS 144.10 zur Durchführung des Recoverability Test eine Zusammenfassung von Vermögenswerten auf der niedrigsten Ebene identifizierbarer Zahlungsströme vor. In dieser Gruppe sollen die Zahlungsströme weitgehend unabhängig von anderen Gruppen sein. Bei einer Gruppierung von Vermögenswerten[376] wird die Nutzungsdauer durch die so genannten Primary Assets bestimmt, selbst wenn die Nutzungsdauer dieser Vermögenswerte kürzer sein sollte als die anderer Vermögenswerte in der Gruppe. Primary Assets werden nach SFAS 144.18 als langlebige Vermögenswerte charakterisiert, die die bedeutendste Komponente zur Generierung von Zahlungsströmen dieser Gruppe darstellen.[377]

---

auf SFAS 121 „Accounting for the Impairment of Long-Lived Assets and for Long-Lived Assets to Be Disposed Of".

373 Vgl. SFAS 144.8.

374 SFAS 144.9 verweist im Zusammenhang mit dem Abschreibungsbetrag und der Abschreibungsmethode auf APB Opinion 20 „Accounting Changes", Par. 10 und 31-33, sowie auf SFAS 142.11 bezüglich der Abschreibungsdauer.

375 Zu einem umfassenden Überblick vgl. Meeting/Luecke (Asset Impairment, 2002), S. 56-60.

376 Eine Gruppierung mit anderen Vermögenswerten ist dann erforderlich, wenn der Vermögenswert keinen weitgehend eigenständigen Zahlungsstrom generieren kann und er somit nur in Abhängigkeit anderer Vermögenswerte einen mönetär bewertbaren Output liefert.

377 SFAS 144.18 gibt zusätzlich drei Faktoren an, die bei der Bestimmung des Primary Asset zu berücksichtigen sind: 1. Die Frage, ob die anderen Vermögenswerte auch ohne das Primary Asset erworben worden wären.

Bei der Durchführung des zweistufigen Impairment Tests greift SFAS 144 jeweils auf die zukünftig erwarteten undiskontierten Netto-Zahlungsströme der Vermögenswerte als Maßstab zurück. Dabei entspricht „Netto" nach SFAS 144.16 der Differenz sämtlicher, mit den Vermögenswerten direkt in Verbindung stehender Ein- und Auszahlungen. Hierzu zählen auch Aufwendungen, die für den Ersatz oder die Instandhaltung von Vermögenswerten innerhalb der Gruppe anfallen.[378] SFAS 144.19 stellt dabei auf das so genannte Service Potential ab, welches dem Nutzenpotential aus Vermögenswerten in der derzeitigen Form und Gegebenheit entspricht. Folglich können weder zukünftige Modifikationen noch Verbesserungen an Vermögenswerten, wie z. B. der Umbau einer Maschine, in die Kalkulation der zukünftigen Netto-Zahlungsströme einfließen.[379] Ferner müssen der Berechnung unternehmensinterne Erwartungen zugrunde liegen, die in Relation zu anderen Daten des Unternehmens stehen.[380] Diese Daten müssen auch in anderen Unternehmenskalkulationen wie z. B. in internen Budgets oder Planungsrechnungen berücksichtigt worden sein. Durch die Berücksichtigung unternehmenseigener Daten kann die Berechnung des künftigen Netto-Zahlungsstroms von den Erwartungen des Marktes abweichen und somit auch einen gegebenenfalls vom Marktpreis abweichenden Wert annehmen. Nur wenn die Summe der eigenen zukünftigen Erwartungen den heutigen Buchwert nicht übertrifft, besteht Anlass zu einer außerplanmäßigen Abschreibung. Auch hier besteht ein bilanzpolitischer Spielraum durch die subjektiven Erwartungen.

Diese Vorgehensweise wurde bereits nach SFAS 121 gefordert. Das FASB rechtfertigt die Beibehaltung durch Praktikabilitätsüberlegungen.[381] Bei den Diskussionen um den anzuwendenden Indikator zur Feststellung einer außerplanmäßigen Abschreibung wurden vier Varianten betrachtet. Als mögliche Indikatoren standen ein stichtagsbezogener Marktwertvergleich (Economic-Kriterium)[382], die Voraussetzung einer dauerhaften

---

2. Die zum Austausch des Primary Asset benötigte Investitionshöhe. 3. Die verbleibende wirtschaftliche Nutzungsdauer des Primary Asset im Vergleich zu den übrigen Vermögenswerten.

378 Unabhängig davon, wie diese Aufwendungen im Jahresabschluss behandelt werden. Vgl. SFAS 144, Appendix B, B.29. Zinsen, die als Aufwand verrechnet werden, dürfen nicht in die Berechnung des Netto-Zahlungsstroms einfließen. Vgl. SFAS 144.16.

379 Vorausgesetzt, der entsprechende Vermögenswert befindet sich in einem betriebsbereiten Zustand und nicht im Entstehungsprozess. Für nicht fertig gestellte Vermögenswerte sieht SFAS 144.21 die Berücksichtigung dieser Aufwendungen bei der Berechnung des zukünftigen Zahlungsstroms vor. Nur bei der noch komplett in der Entstehung befindlichen Gruppe ist nach SFAS 144.20 als Kalkulationsbasis das zukünftige und nicht das existierende Service Potential heranzuziehen.

380 Vgl. SFAS 144.17.

381 Vgl. SFAS 144, Appendix B, B.15.

382 Analog zum strengen Niederstwertprinzip nach HGB wird hierbei ein Vergleich des Buchwerts mit dem am Stichtag vorhandenen Marktwert vorgenommen und gegebenenfalls auf diesen abgeschrieben. Hauptkritikpunkte waren bei diesem Indikator, dass für immaterielle Vermögenswerte meist kein Marktwert vorhanden ist und daher die Marktbewertung durch theoretische Ansätze zu ermitteln ist sowie das Problem der Abwertung durch kurzfristige Marktwertschwankungen auf der Grundlage des Stichtagskurses. Vgl. SFAS 144, Appendix B, B.15.

Wertminderung (Permanence-Kriterium)[383], ein Kriterium, welches auf die Wahrscheinlichkeit eines nicht wieder einbringbaren Buchwertes gerichtet war (Probability-Kriterium)[384] und das Kriterium des Buchwertvergleichs mit der Addition zukünftiger Einzahlungen, das letztendlich auch herangezogen wurde, zur Diskussion. Obwohl noch im Entwurf zu SFAS 144 bei der Bewertung der zukünftigen Zahlungsreihe die Anwendung eines Erwartungswertes gefordert wurde, lässt die verabschiedete Fassung sowohl den Traditional Approach[385] als auch den Expected Cashflow Approach[386] zur Bestimmung zukünftiger Zahlungsströme zu.[387]

Eine außerplanmäßige Abschreibung kann nur eintreten, wenn die künftigen undiskontierten Zahlungsströme den Buchwert unterschreiten und der Buchwert gleichzeitig niedriger als der Marktwert ist.[388] Die Höhe der Wertminderung wird auf der zweiten Stufe festgelegt und bestimmt sich aus der Differenz zwischen Buchwert und Marktwert des Vermögenswerts. Hier wird deutlich, dass der Recoverability Test als Abschreibungshürde anzusehen ist, da vor dem Vergleich von Buchwert und Marktwert der Vergleich des zukünftig erwarteten Netto-Zahlungsstroms mit dem Buchwert erfolgt.[389]

---

383 Hierbei wird die Wertminderung ebenfalls durch den Marktwert am Stichtag bestimmt. Eine außerplanmäßige Abschreibung soll aber nur vorgenommen werden, falls es sich um eine dauerhafte Wertminderung handelt. Die Vorgehensweise erinnert an das gemilderte Niederstwertprinzip nach HGB. Bei diesem Kriterium wird zwar die Kritik am Economic-Kriterium berücksichtigt, aber die dadurch geschaffenen Freiräume für den Bilanzierenden wurden kritisiert. Vgl. SFAS 144, Appendix B, B.15.

384 Das Probability-Kriterium ist dem SFAC 5 „Recognition and Measurement in Financial Statements of Business Enterprises" entnommen und wurde anfänglich vom FASB favorisiert. Ein Wertberichtigungsbedarf entsteht, wenn es wahrscheinlich ist, dass der Buchwert des Vermögenswertes durch künftige Netto-Zahlungsströme nicht wieder eingebracht werden kann. Dieser Ansatz wurde von den meisten Kommentatoren in der Entstehungsphase von SFAS 144 „Accounting for the Impairment or Disposal of Long-Lived Assets" unterstützt. Vgl. SFAS 144, Appendix B, B.15. Der Unterschied zur verabschiedeten Vorgehensweise besteht in der Verwendung eines undiskontierten Erwartungswertes anstelle der hier vorgesehenen Trennung beider Wahrscheinlichkeiten. Damit zeichnet sich der verabschiedete Ansatz durch eine vergleichsweise einfachere Handhabung aus.

385 Vgl. SFAC 7.40-54. Bei der Abbildung der Unsicherheit im Barwertkalkül ist neben der Diskontierung mit risikoangepassten Kapitalkosten auch eine Anpassung zukünftiger Einzahlungsüberschüsse zulässig. Die Beschreibung der Verfahren ist aber undurchsichtig, weil die Verwendung risikoangepasster Kapitalkosten dann als angemessen gilt, wenn ein einwertiger Zahlungsstrom diskontiert wird (Traditional Approach), hingegen bei der Diskontierung des Erwartungswerts der Zahlungen (Expected Cash Flow Approach) ein Zinsfuß ohne Risikozuschlag verwendet werden soll. Die Bildung des Erwartungswerts wird als ausreichend angesehen, das Risiko im Bewertungskalkül abzubilden. Diese Vorgehensweise unterstellt Risikoneutralität der Bewertung, die aber abgelehnt wird. Vgl. weiterführend Starbatty (Fair Value, 2001). Vgl. weiterführend zur zukunftsorientierten Bestimmung von Kapitalkosten für die Unternehmensbewertung Gebhardt/Daske (Kapitalkosten, 2004). Zu Kapitalkosten und Rechnungslegung vgl. Ewert (Kapitalkosten, 1999).

386 Vgl. SFAC 7.40-54. Zum Traditional Approach und zum Expected Cashflow Approach vgl. in Anlehung an SFAC 7 die Ausführungen in Anhang A des IAS 36, wo ausführlich die Anwendung von Barwertverfahren zur Bestimmung des Nutzungswertes eines Vermögenswertes erläutert werden. Vgl. zur Anwendung der Verfahren im Rahmen des IFRS 3 „Business Combinations" Lopatta/Wiechen (Bilanzierungsvorschriften, 2004), S. 539.

387 Vgl. SFAS 144, Appendix B, B.21-22.

388 Vgl. SFAS 144.7.

389 Zusätzlich wird der Zeitwert des Geldes durch die fehlende Diskontierung zukünftiger Netto-Zahlungsströme beim Recoverability Test nicht berücksichtigt.

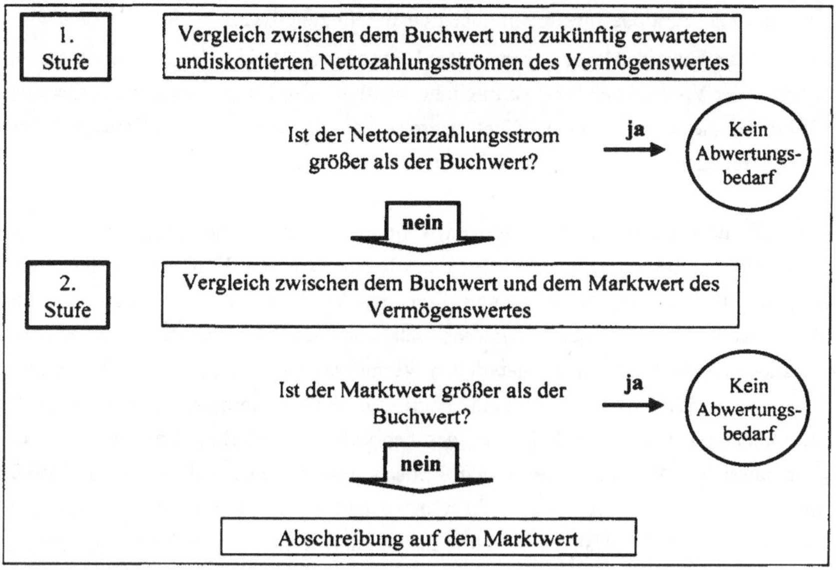

Abbildung 10: Abbildung Impairment Test gemäß SFAS 144

Sollte ein Wertberichtigungsbedarf bei einer Gruppe von Vermögenswerten identifiziert werden, dann ist dieser gemäß SFAS 144.7 nur den Long-Lived Assets auf einer pro rata Basis entsprechend der Buchwerte zuzuweisen. Der Marktwert des jeweiligen Vermögenswerts bildet die jeweilige Abschreibungshöchstgrenze[390], die auch bei Unterschreitung des Buchwerts durch die Summe der zukünftigen Netto-Zahlungen nicht unterschritten werden darf.[391]

SFAS 142.14 verpflichtet die Unternehmen dazu, eine Beurteilung der verbleibenden wirtschaftlichen Nutzungsdauer in jeder Berichtsperiode vorzunehmen. Wird eine Veränderung der erwarteten Restnutzungsdauer festgestellt, dann muss die Abschreibung entsprechend angepasst werden. Sollte sich bei der Beurteilung herausstellen, dass dem Vermögenswert eine unbestimmte Nutzungsdauer zugrunde zu legen ist, dann hat zuerst ein Impairment Test gemäß SFAS 142.17 zu erfolgen. Anschließend gelten für den Vermögenswert die Bilanzierungsvorschriften immaterieller Werte mit unbegrenzter Nutzungsdauer nach SFAS 142.

[390] Aber nur, wenn die Marktwertermittlung ohne unangemessen hohe Kosten und Bemühungen erfolgen kann. Vgl. SFAS 144.14.

[391] In diesem Fall wäre wahrscheinlich der Verkauf der Gruppe die sinnvollere Lösung, wenn man weitere Unternehmensziele wie beispielsweise das Halten von Marktanteilen, die strategische Positionierung am Markt oder Verbundeffekte unberücksichtigt lässt.

1.3.3 Immaterielle Vermögenswerte mit unbegrenzter Nutzungsdauer

Die wirtschaftliche Nutzungsdauer immaterieller Vermögenswerte gilt als unbegrenzt, sofern keine Gesetze oder Vorschriften bzw. vertragliche, wettbewerbsbedingte, wirtschaftliche oder andere Faktoren diese aus heutiger Sicht begrenzen.[392] In diesem Fall entstehen keine planmäßigen Abnutzungen und somit auch keine planmäßigen Abschreibungen.

Der Vorschlag, dass immaterielle Vermögenswerte mit einer unbegrenzten Lebensdauer keiner planmäßigen Abschreibung unterliegen, wurde bereits in den Kommentierungen zum Exposure Draft (Revised) „Business Combinations and Intangible Assets – Accounting for Goodwill" positiv aufgenommen.[393] Dieser sah für den Beweis der unbegrenzten Nutzungsdauer vor, dass für den immateriellen Vermögenswert sowohl ein beobachtbarer Marktpreis vorliegen sollte als auch ein auf unbegrenzte Zeit generierbarer Zahlungsstrom.[394] In den Kommentaren wurde das Kriterium des beobachtbaren Marktpreises aufgrund des Wesens immaterieller Vermögenswerte sehr kritisch gesehen. Dennoch blieb das FASB vorerst bei den gestellten Anforderungen.[395] Da im Verlauf des Standardsetting Process durch die Entstehung von SFAC 7 „Using Cash Flow Information and Present Value in Accounting Measurements" die Möglichkeit einer theoretischen Marktwertbestimmung gegeben war, sah das FASB von dem Kriterium des existierenden Markts für immaterielle Vermögenswerte mit unbegrenzter Nutzungsdauer ab.[396]

1.3.4 Berücksichtigung weiterer Bilanzpositionen

Im Rahmen der Kaufpreisverteilung können noch weitere Bilanzpositionen, wie beispielsweise Contingencies, Restrukturierungsrückstellungen und In-Process Research and Development Projects zum Ansatz kommen. Die Analyse dieser Positionen erfolgt in Verbindung mit den IFRS-Regelungen im Kapitel III, 2.6.

1.4 Zwischenergebnis

Das FASB nimmt in SFAS 141 eine Konkretisierung der Aktivierungsnormen für immaterielle Vermögenswerte vor, „[d]amit der Goodwill nicht mehr aus einer undurchsichtigen Gemengelage von identifizierbaren und nicht identifizierbaren Vermögensbestandteilen besteht".[397] Zukünftig soll somit ein verstärkter Ausweis immaterieller

392 Vgl. SFAS 142.11.

393 Nur wenige Kommentare enthielten die Forderung nach einer generellen Abschreibungspflicht. Vgl. SFAS 142, Appendix B, B.57.

394 Vgl. SFAS 142, Appendix B, B.57.

395 Im Zeitpunkt der Herausgabe des ersten Entwurfs war SFAC 7 „Using Cash Flow Information and Present Value in Accounting Measurements" noch nicht veröffentlicht. Insofern konnte zu diesem Zeitpunkt nicht auf die Ermittlung des Marktwertes durch theoretische Ansätze im Conceptual Framework zurückgegriffen werden. Vgl. SFAS 142, Appendix B, B.58.

396 Vgl. SFAS 142, Appendix B, B.58.

397 Hommel (Goodwillbilanzierung, 2001), S. 1944.

Vermögenswerte - losgelöst vom Goodwill - erfolgen. Ob das FASB mit den gewählten Abgrenzungskriterien für immaterielle Vermögenswerte das angestrebte Ziel, den Umfang der vom Goodwill abspaltbaren immateriellen Vermögenswerte auszuweiten und somit die Entscheidungsnützlichkeit der Informationen zu erhöhen, erreicht hat, soll durch eine kritische Betrachtung der Ansatzkriterien Contractual Legal und Separability erfolgen.

Die Relevanz der Informationen, die aus einem umfangreichen Ansatz immaterieller Vermögenswerte resultiert, wird ebenfalls durch die Kriterien Contractual Legal und Separability unterstützt. Je kleiner die Residualgröße Goodwill ist, desto besser lassen sich künftige Prognosen ableiten. Auch im Rahmen der Vergleichbarkeit zwischen Unternehmen ist ein getrennter Ansatz immaterieller Vermögenswerte neben dem Goodwill zu begrüßen.

Hinsichtlich des Contractual Legal-Kriteriums ist eine hinreichende Präzisierung gegeben. Durch dieses Kriterium können immaterielle Vermögenswerte, die auf rechtliche Ansprüche zurückzuführen sind, hinreichend identifiziert werden. Der geforderte rechtliche Anspruch begründet die Existenz des immateriellen Vermögenswerts und kann im Einzelfall durch Dritte, wie beispielsweise den Abschlussprüfer, geprüft werden.[398] Insofern ist die Zuverlässigkeit beim Ansatz des immateriellen Vermögenswerts gegeben.

Das Separability-Kriterium, welches auf die Möglichkeit abstellt, einen immateriellen Vermögenswert vom Goodwill zu separieren, ist kritisch zu beurteilen. Erschwert wird die Separierbarkeit dadurch, dass immaterielle Vermögenswerte meist so einzigartig sind, dass keine vergleichbaren Markttransaktionen beobachtet werden können. Beim Separability-Kriterium verzichtet der US-amerikanische Standardsetter ausdrücklich auf das Objektivierungskriterium der selbständigen Bewertbarkeit unter der Vermutung, dass ungewisse Wertschätzungen von vermögenswerten Vorteilen die Informationsfunktion des Jahresabschlusses weniger gefährden als die Alternative, nicht zuverlässig bewertbare, greifbare wirtschaftliche Vorteile unter dem Goodwill auszuweisen.[399] Aber ohne objektive Bewertungskriterien dieser wirtschaftlichen Vorteile ist auch das Isolierbarkeitskriterium wenig hilfreich, da keine Aussage über die Aufteilung des im Widerstreit der Interessen stehenden Kaufpreises auf schwer erfassbare Vermögenskomponenten getroffen wird. Somit ist die Bewertung bestehender Geschäftsbeziehungen ohne Vorgabe eines Aufteilungsmaßstabs subjektiv, und fehlerhafte Bewertungen bzw. unterlassene Bewertungen können den Unternehmen meistens nicht nachgewiesen werden. Die Unternehmen können durch die Regelungen des SFAS 142 künftig einen willkürbehafteten Aufteilungsmaßstab zugrunde legen oder - wie bereits in der Vergangenheit - die Kaufpreisdifferenz im Goodwill

---

[398] Vgl. zur Prüfung der rechtlichen Verhältnisse durch den Abschlussprüfer IDW PS 230, S. 842-846, Tz. 5-14 und IDW PS 300, S. 898-903, Tz. 1-4 sowie ISA 310, S. 238-240, Par. 1-12, ISA 500, S. 273-276, Par. 1-25.

[399] Vgl. SFAS 142, Appendix B, B.37; Hommel (Goodwillbilanzierung, 2001), S. 1946.

untergehen lassen. Diese weitreichenden Ermessensspielräume führen dazu, dass ohne den „Goodwill“ der Unternehmen aus den Bilanzierungsvorschriften keine Verringerung der Bilanzgröße Goodwill resultieren wird.[400] Es ist daher zu vermuten, dass aus der künftigen Kaufpreisallokation auch weiterhin ein hoher Goodwill und/oder immaterielle Vermögenswerte mit unbegrenzter Nutzungsdauer hervorgehen werden, die zu Ergebnisentlastungen führen.[401] Hierdurch würde weder die Relevanz noch die Zuverlässigkeit im Vergleich zu den vorherigen Regelungen verbessert werden.

Die vom FASB in SFAS 141, Appendix A, A.14, aufgelisteten immateriellen Vermögenswerte sind als Mindestumfang anzusehen, deren Existenz und Ansatz jeweils im Rahmen des Unternehmenserwerbs zu prüfen ist.[402] Das FASB unterstellt, dass bei den neu entwickelten Ansatzkriterien der Fair Value für immaterielle Vermögenswerte, die im Rahmen von Unternehmenserwerben übernommen wurden, zuverlässig meßbar ist. Dabei wird in der Regel der Grad der Zuverlässigkeit durchaus niedriger sein, als bei anderen Vermögenswerten.[403] Fraglich ist, ob diese zuverlässige Meßbarkeit des Fair Value als generelles Ansatzkriterium für die Bilanzierung von immateriellen Vermögenswerten gemäß SFAC 6.63 hinreichend erfüllt ist. Werden immaterielle Vermögenswerte einzeln oder in Gruppen erworben, ist der Kaufpreis der maßgebliche Wert. Bei einem Erwerb immaterieller Vermögenswerte innerhalb einer Gruppe wird in den Kaufpreisabsprachen eine Aufteilung des Kaufpreises auf die jeweiligen Komponenten vorgenommen. Ist das Volumen der erworbenen Gruppe entsprechend groß, wie beispielsweise bei einem Unternehmenserwerb, kann nicht mehr von einem am Markt objektivierten Wert ausgegangen werden. Der Wert der Gruppe von Vermögenswerten ergibt sich dann nicht mehr zwingend aus der Summe der Werte einzelner Vermögenswerte, sondern als Summe der diskontierten Zahlungsströme der gesamten Gruppe. Ein Rückschluss auf den Wert der einzelnen Vermögenswerte ist dabei nicht mehr willkürfrei möglich, da der Wert der gesamten Gruppe in der Regel das Ergebnis bilateraler Verhandlungen ist, wobei Verhandlungsgeschick, Kompromisse oder andere Aspekte eine Rolle spielen.[404] Das Ergebnis ist insofern nur schwer auf einzelne Werte zu verteilen.

---

400 Vgl. Hommel (Goodwillbilanzierung, 2001), S. 1946.

401 Vgl. Teitler-Feinberg (Bewertung, 2001), S. 336. Vgl. allgemein Teitler-Feinberg (Immaterielle, 2002).

402 In einer Stellungnahme der SEC heißt es, dass alle von FASB in Appendix A zu SFAS 141 „Business Combinations“ genannten immateriellen Vermögenswerte in einem Unternehmenserwerb identifiziert werden können. Nach Auffassung der SEC werden die in der Auflistung enthaltenen immateriellen Vermögenswerte im Zuge der Kaufpreisvereinbarung gesondert bewertet, wenn sie im Rahmen eines Unternehmenserwerbs übernommen werden. Vgl. SEC (Schreiben des Chief Accountant der SEC, 2001), Par. 9.

403 Vgl. SFAS 141, Appendix B, B.152 i. V. m. SFAS 141, Appendix B, B.37, Fn. 30.

404 Vgl. hierzu beispielsweise die Auffassung des BFH, der den Ansatz eines Kundenstamms nur zulässt, wenn dafür ein eindeutiger Wert in der Kaufpreisvereinbarung vorgesehen ist. Vgl. BFH, Urteil vom 16.9.1970 – I R 196/67, S. 176; BFH, Urteil vom 25.11.1981 – I R 54/77, S. 190; BFH, Urteil vom 7.11.1985 – IV R 7/83, S. 177.

Die Ausführungen zeigen, dass das Separability-Kriterium weniger objektivierte Ergebnisse liefert als das Contractual Legal-Kriterium. Während sich beim Contractual Legal-Kriterium der immaterielle Vermögenswert durch rechtliche oder vertragliche Ansprüche begründet, liefert das Separability-Kriterium durch mangelnde Objektivierung Ermessensspielräume, die es ermöglichen, einen immateriellen Vermögenswert entweder unter dem Goodwill oder gesondert auszuweisen. Aber gerade diese Möglichkeit sollte durch die Neuregelung vermieden werden.

Weiterhin ist zu beachten, dass der geforderte separate Ausweis von immateriellen Vermögenswerten, die bisher in der Sammelposition Goodwill enthalten waren, unternehmensseitig, insbesondere bei der komplexen Bewertung nicht marktgängiger Werte, zu erheblichen Mehraufwendungen führt.[405]

Der Impairment Test gemäß SFAS 144 ist vor dem Hintergrund der Zielsetzung, entscheidungsnützliche Informationen zu vermitteln, ebenfalls äußerst kritisch zu sehen. Bei diesem Test findet auf der ersten Stufe ein Vergleich zwischen dem Buchwert und den zukünftig zu erwartenden undiskontierten Zahlungsströmen des Vermögenswerts statt. Ein Abwertungsbedarf und somit die Anwendung der zweiten Stufe tritt ein, wenn die undiskontierten Zahlungsströme des Vermögenswertes kleiner sind als sein Buchwert. Auf der zweiten Stufe erfolgt dann für die Ermittlung der tatsächlichen Abwertungshöhe ein Vergleich des Buchwerts des Vermögenswerts mit seinem Marktwert, also den diskontierten Zahlungsströmen. In der Praxis wird die erste Abwertungshürde wahrscheinlich leicht zu überwinden sein, denn insbesondere bei langen Nutzungsdauern sind die undiskontierten Zahlungsströme relativ hoch. Insofern ist der fehlende Barwerttest auf der ersten Stufe in Verbindung mit den häufig nur schwer ermittelbaren Fair Values immaterieller Vermögenswerte auf der zweiten Stufe eine bedenkliche Kombination.

2 Ansatz- und Folgebewertung eines Goodwill nach SFAS 141 „Business Combinations“ und SFAS 142 „Goodwill and Other Intangible Assets“

2.1 Interpretation des Goodwill

2.1.1 Derivativer und originärer Goodwill

Der Goodwill ist Bestandteil des Ertragswertes eines Unternehmens, der über das zum Fair Value bewertete bilanzierungsfähige Reinvermögen hinaus geht. Er kann vereinfachend als Ergebnis der Differenz zwischen einer Gesamtbewertung des übernommenen Unternehmens und der Summe der Bilanzpositionen nach der Einzelbewertung der Vermögenswerte und

[405] Vgl. Pellens/Sellhorn (Goodwill-Bilanzierung, 2001), S. 1682.

Schulden interpretiert werden.[406] Determiniert wird der Goodwill im Wesentlichen durch die Gewinnaussichten, die, losgelöst von der Person des Unternehmers, auf Grund besonderer, dem Unternehmen eigener Vorteile (z. B. Ruf des Unternehmens, Kundenkreis) bestehen und durch den Betrieb des neuen und fortlebenden Unternehmens im Ganzen gesichert erscheinen. Der Geschäfts- oder Firmenwert besteht somit aus den Vermögenswerten eines Unternehmens, die nach den Aktivierungsgrundsätzen nicht bilanzierungsfähig sind.[407] In der Rechnungslegung wird der Geschäfts- oder Firmenwert als „verfahrensbedingter, also technischer Differenzbetrag"[408] gesehen.

Grundsätzlich wird zwischen einem selbstgeschaffenen, dem so genannten originären Goodwill, und dem erworbenen, dem so genannten derivativen Goodwill, unterschieden.[409] Der originäre Goodwill verkörpert alle nicht greifbaren und deshalb objektivierungsbedingt nicht separat bilanzierbaren ungewissen Vorteile, die einen Mehrertragswert repräsentieren.[410] Er entsteht durch ökonomische Aktivitäten eines Unternehmens und spiegelt zukünftige Erwartungen wider, die so unsicher sind, dass allenfalls ein Hoffnungswert ermittelt werden kann. Aufgrund der mit dem Wesen des originären Goodwill verbundenen Mess- und Objektivierungsprobleme existiert für ihn ein Aktivierungsverbot.[411] IAS 38.48 verbietet mit einem Verweis auf seine fehlende Nachweisbarkeit und unzuverlässige Bewertbarkeit explizit die Aktivierung eines originären Goodwill. Nach SFAS 141.10 sind Ausgaben für den originären Goodwill sofort als Aufwand zu verrechnen. Auf dieses Aktivierungsverbot deutet bereits die Definition des Goodwill unter Bezugnahme auf den Unternehmenserwerb hin; denn notwendiges Definitionsmerkmal für den Goodwill ist der gezahlte Kaufpreis. Nach SFAS 141.43 ist der Goodwill "[t]he excess of the cost of an acquired entity over the net of the amounts assigned to assets acquired and liabilities assumed". Inhaltlich übereinstimmend mit den US-GAAP definiert IFRS 3.51(b) Goodwill als „being the excess of the cost of the business combination over the acquirer's interest in the net fair value of the identifiable

406 Vgl. Busse von Colbe (Rechnungswesen, 1994), S. 244; Moxter (Geschäftswertbilanzierung, 1979), S. 743. Im Gegensatz zur Gesamtbewertung, bei der sämtliche Vermögenswerte und vorhandene Kombinationsvorteile zwischen den einzelnen Vermögenswerten berücksichtigt werden, ergibt sich aus der Einzelbewertung ein Teilreproduktionswert, in dessen Bewertungskalkül nur selbständig verkehrsfähige materielle und immaterielle Vermögenswerte berücksichtigt werden. Vgl. Sieben/Maltry (Substanzwert, 2001), S. 378, Tz. 806; Mandl/Rabel (Unternehmensbewertung, 1997), S. 278.

407 Zu diesen immateriellen Werten zählen beispielsweise Organisationsvorteile, Vertriebswege, Standortqualität, Image, Kundenstamm, Management- sowie Mitarbeiterqualität.

408 Moxter (Geschäftswertbilanzierung, 1979), S. 743.

409 Vgl. hierzu stellvertretend für viele Küting/Koch (Bilanzierungspraxis, 2003), S. 49; Küting (Bilanzanalyse, 2001), S. 175.

410 Vgl. Moxter (Bilanzlehre I, 1984), S. 73; Davis (Overhaul, 1992), S. 77; Kahle (Goodwill, 2002), S. 849; Moxter (Grundsätze, 1983), S. 42; Moxter (Bilanzlehre II, 1986), S. 22; Schön (Aktivierung, 1997), S. 67; Mard/Hitcher/Hyden/Zyla (Valuation, 2002), S. 72.

411 Vgl. SFAS 142.10; IAS 38.48; F.34. Ein originärer Geschäfts- oder Firmenwert fällt ebenfalls unter das im § 248 Abs. 2 HGB verankerte explizite Aktivierungsverbot für selbsterstellte immaterielle Vermögenswerte des Anlagevermögens. Zur Aktivierung originärer immaterieller Anlagewerte vgl. auch Vogel (Aktivierung, 1982).

assets, liabilities and contingent liabilities". Insofern wird auch nach den internationalen Regelungen der Ansatz eines originären Goodwill bereits indirekt durch die „in Abhängigkeit vom Erwerbsakt vorgenommene Definition“[412] ausgeschlossen.

Die Transaktion über den Markt bildet die für den bilanziellen Ansatz notwendige Wertkonkretisierung. Daher kann ausschließlich der derivative Goodwill zum Ansatz kommen.[413] Im Einzel- und im Konzernabschluss kann ein Geschäfts- oder Firmenwert bei einem Asset Deal oder auch bei einer Verschmelzung entstehen. Liegt der Transaktion ein Share Deal zugrunde, dann ist ein Ausweis des Geschäfts- oder Firmenwertes nur in der Konzernbilanz möglich.

2.1.2 Goodwill als Vermögenswert

Für die Qualifizierung des Goodwill als Vermögenswert spricht die Tatsache, dass ihm durch die Transaktion über den Markt, also den Unternehmenskauf, Anschaffungskosten gegenüber stehen, die im Vergleich zur Aktivierung anderer erworbener Vermögenswerte ebenfalls einen Ansatz in der Bilanz erfordern.[414] Sowohl nach US-GAAP als auch nach IFRS wird der Goodwill als ein Vermögenswert definiert.[415] Die Einordnung des Goodwill unter die immateriellen Vermögenswerte ist vordergründig eindeutig. Fraglich ist aber, ob ein Goodwill überhaupt die allgemeinen Aktivierungsvoraussetzungen erfüllt. Sowohl nach US-GAAP als auch nach IFRS wird für die Aktivierung die Existenz eines finanziellen Vorteils[416], der als Einzelheit greifbar[417] ist, gefordert. Aber es bestehen bereits hinsichtlich der allgemeinen Werthaltigkeit des Goodwill Zweifel. In der Vermögenswertdefinition des SFAC 6, Par. 25 heißt es: „Assets are probable future economic benefits obtained or controlled by a particular entity as a result of past transactions or events." Nach allgemeiner Auffassung sind die beiden wesentlichen Kriterien „Control“ und „Past Transaction or Event“ beim derivativen Goodwill erfüllt.[418] Das Kriterium "Future Economic Benefits" wird mit Rückgriff auf die Fähigkeit des Goodwill, in Kombination mit anderen Vermögenswerten indirekt zukünftige Einzahlungsüberschüsse zu generieren, ebenfalls als erfüllt angesehen.[419] Gegen eine

---

412 Hommel (Goodwill und Badwill, 2001), S. 802.

413 Im Einzelabschluss nach § 255 Abs. 4 HGB darf beispielsweise als Geschäfts- oder Firmenwert „der Unterschiedsbetrag angesetzt werden, um den die für die Übernahme eines Unternehmens bewirkte Gegenleistung den Wert der einzelnen Vermögenswerte des Unternehmens abzüglich der Schulden im Zeitpunkt der Übernahme übersteigt“.

414 Vgl. Davies/Paterson/Wilson (UK-GAAP, 1994), S. 288.

415 Im Framework des IASB wird der Goodwill als Bestandteil der Vermögenswerte gesehen, denn dort heißt es „assets such as ... goodwill...“ F.96. Das FASB nennt seinen SFAS 142 prägnant „Goodwill and Other Intangible Assets“. Eine Klarstellung erfolgt auch in ED IFRS 3 im Rahmen des Projekts Business Combinations Phase II.

416 Vgl SFAC 6.25-6.34; F.53-.59; RFH-Urteil vom 21.9.1927 – VI A 383/27, StuW 1927 II, S. 803.

417 Vgl. SFAS 141.39; IAS 38.18-38.35; BFH-Urteil vom 18.6.1975 – I R 24/73, BStBl. II 1975, S. 811.

418 Vgl. Johnson/Petrone (Asset, 1998), S. 298.

419 Diese Sichtweise ist zweifelhaft. Der so genannte Core Goodwill, der sich aus den Synergieeffekten sowohl beim erworbenen Unternehmen auf Stand Alone Basis als auch durch den Unternehmenszusammenschluss

Erfüllung dieses Kriteriums spricht aber eine umgekehrte Kausalität: Der Goodwill steht zwar in Beziehung zu künftigen Nutzenzuflüssen, jedoch sollte er den Teil des Kaufpreises abbilden, der gerade nicht aus selbständig ansatzfähigen Vermögenswerten (und Schulden) besteht. Darüber hinaus ist zu berücksichtigen, dass nicht der Geschäftswert (verstanden als Vermögenswert) an sich die zukünftigen Nutzenzuflüsse für das Unternehmen erwirtschaftet, wie es andere Vermögenswerte tun, sondern dass die künftigen Nutzenzuflüsse aus den hinter dem Goodwill stehenden nicht bilanzierungsfähigen Vermögenswerten (und Schulden) resultieren.[420]

2.1.3 Goodwillkomponenten

Suggerierte die planmäßige Abschreibung des Goodwill in APB 17.28 noch, dass es sich um einen werthaltigen Vermögenswert handelt, dessen Nutzenpotenzial sich über einen bestimmten Zeitraum aufbraucht, hat sich das FASB mit dem SFAS 142 einer radikaleren Sichtweise zugewendet. Der Goodwill wird künftig als „Non-Wasting Asset" klassifiziert. Er ist in der Bilanz zu aktivieren, unterliegt aber keiner planmäßigen Abschreibung, so dass unterstellt wird, der Goodwill generiere über einen künftigen unbegrenzten (indefiniten) Zeitraum Nutzenzuflüsse für das Unternehmen.[421] Nach Auffassung des FASB ist eine a priori festgelegte Nutzungsdauer insoweit abzulehnen, als dass diese vor dem Hintergrund einer unbegrenzten Nutzungsdauer nicht den tatsächlichen Werteverzehr widerspiegelt und insofern zu Informationsverlusten führen kann.[422] Konzeptionell ist die Nichtabschreibung positiv zu werten, wenn der Goodwill als Barwert zukünftiger Übergewinne aus unendlich anfallenden Synergien interpretiert wird, die sich im bisherigen Nettovermögen nicht niedergeschlagen haben.[423] Außerplanmäßige Wertberichtigungen sind folglich erst vorzunehmen, wenn der Barwert der Synergien unter dem Buchwert des Goodwill liegt. Wird der Goodwill hingegen als ein Konglomerat aller nicht separierbaren immateriellen Vermögenswerte aufgefasst, dann stellt sich die Frage, warum deren Nutzungsdauer unbegrenzt sein soll.[424]

Die außerplanmäßigen Wertberichtigungen beim Vorliegen einer Wertminderung erfordern eine detaillierte Werthaltigkeitsanalyse der Goodwillkomponenten, die dafür nicht nur

---

ergibt, kann nicht gegen eine andere werthaltige Größe eingetauscht werden. Ebenso kann er nicht dazu dienen, die Verbindlichkeiten des Unternehmens zu tilgen. Weitere Zweifel bestehen hinsichtlich der Kontrolle über diesen Vermögenswert. Vgl. Johnson/Petrone (Asset, 1998), S. 299.

420 Vgl. Mujkanovic (Geschäftswert, 2001), S. 814-815.

421 Das FASB räumt aber ein, dass der Goodwill, verstanden als bilanzielle Restgröße, teilweise materielle und immaterielle Vermögenswerte umfassen kann, deren Nutzenpotenzial sich im Laufe der Zeit verflüchtigen kann und eine Trennung in abnutzbare und nicht abnutzbare Bestandteile nicht möglich ist. Vgl. Johnson/Petrone (Goodwill, 2000), S. 9.

422 „Straight-line amortization of Goodwill over an arbitrary period does not reflect economic reality and thus does not provide useful information". SFAS 141, Appendix B, B79.

423 Vgl. Pellens/Sellhorn (Goodwill-Bilanzierung, 2001), S. 1685.

424 Pellens/Sellhorn (Goodwill-Bilanzierung, 2001), S. 1685.

isoliert, sondern auch quantifiziert werden müssen.[425] Während die Quantifizierung des Goodwill im Zuge der Erstkonsolidierung durch die Transaktion über den Markt gewährleistet ist, kann eine zuverlässige Folgebewertung ohne Kenntnis der ökonomischen Substanz des Goodwill nicht gewährleistet werden. Es ist deshalb notwendig, die einzelnen Goodwillkomponenten im Rahmen einer Bottom-up-Perspektive zu isolieren, um eine sorgfältige Analyse der Werthaltigkeit der Komponenten zu sichern. Hierzu können die vom FASB in SFAS 141 angeführten zentralen Werttreiber des bilanziellen Goodwill[426] als Komponenten herangezogen werden[427]:

1. Stille Bewertungsreserven, die aus dem Überschuss der Zeitwerte über die Buchwerte des Nettovermögens zum Zeitpunkt der Akquisition resultieren,
2. stille Ansatzreserven, die aus den Zeitwerten anderer Vermögensobjekte, die das erwerbende Unternehmen im Akquisitionszeitpunkt nicht bilanziert, resultieren[428],
3. Synergieeffekte, die im zu erwerbenden Unternehmen bereits vorhanden sind, wie beispielsweise die Zeitwerte von Verbundvorteilen[429],
4. unternehmensübergreifende Synergieeffekte, die aus dem spezifischen Unternehmenszusammenschluss und dem daraus entstehenden Synergiepotenzial entstehen[430],
5. Überbewertung der durch den Erwerber als Kaufpreisäquivalent hingegebenen Güter[431],
6. Überzahlungen durch den Erwerber, die sich durch die spezielle Verhandlungssituation ergeben können[432].

Von den aufgelisteten Bestandteilen stimmen nur die Komponenten 3 und 4 mit der betriebswirtschaftlichen Definition des Goodwill überein.[433] Sie erfüllen die konzeptionellen Anforderungen, um einen Teil des Vermögenswerts Goodwill darzustellen und bilden deshalb

---

425 Vgl. Sellhorn (Ansätze, 2000), S. 888.

426 Bilanziell ist der Goodwill eine Residualgröße, die sich aus der Differenz zwischen dem Kaufpreis und dem erworbenen bilanziellen Eigenkapital nach Auflösung stiller Reserven und Lasten ergibt.

427 Vgl. SFAS 141, Appendix B, B102; Johnson/Petrone (Asset, 1998), S. 295.

428 Hierunter fallen größtenteils selbsterstellte immaterielle Vermögenswerte, die nach den Ansatzkriterien nicht aktivierungsfähig sind oder aus Kosten-Nutzen-Überlegungen heraus nicht bilanziert werden sollen. Sie sind jedoch im Rahmen der Kapitalkonsolidierung aufzudecken, bevor ein Goodwill entsteht.

429 Es handelt sich hier um die Differenz zwischen dem Gesamtwert des erworbenen Unternehmens auf Going Concern-Basis und dem Wert seines zum Fair Value bewerteten Nettovermögens (Going Concern Goodwill). Diese Differenzen resultieren zum einen aus den Synergien des Akquisitionsobjektes als Stand Alone, zum anderen fallen hierunter auch Vorteile aus Marktunvollkommenheiten wie Monopolrenten oder Markteintrittsbarrieren für Wettbewerber.

430 Auch verstanden als Synergie Goodwill.

431 Verwiesen sei hier auf eine Überbewertung der Anteile des erwerbenden Unternehmens im Rahmen eines Share Deals.

432 Als Ursache einer Überzahlung kann hier beispielsweise auf Bietgefechte im Vorfeld der Akquisition verwiesen werden.

433 Es ist in diesem Zusammenhang zu berücksichtigen, dass der bilanzielle Goodwill nicht zwingend mit dem betriebswirtschaftlichen Goodwill übereinstimmen muss. Vgl. Hommel (Goodwill und Badwill, 2001), S. 803.

den Core Goodwill.[434] Der Going Concern Goodwill stellt die Fähigkeit eines Unternehmens dar, auf Stand Alone-Basis einen höheren Ertrag durch die Kombination von Vermögenswerten zu erzielen, der die Summe der Buchwerte der einzelnen Vermögenswerte wertmäßig übersteigt. Dieser Goodwill kann sich aus einem selbsterstellten und aus einem im Rahmen früherer Unternehmenszusammenschlüsse erworbenen Goodwill zusammensetzen. Einen Anhaltspunkt für den Wert des Going Concern Goodwill kann die Marktkapitalisierung des zu erwerbenden Unternehmens liefern. Denn die Marktkapitalisierung stellt den Betrag dar, den ein fiktiver Käufer für das Unternehmen bezahlen würde, wenn er keine Verbundvorteile aus dem Unternehmenskauf realisieren könnte. Demgegenüber entsteht ein Synergie-Goodwill erst durch den Unternehmenszusammenschluss. Er repräsentiert die positive Differenz zwischen dem Kaufpreis und der Marktkapitalisierung des erworbenen Unternehmens auf Stand Alone-Basis.[435]

Mit den Komponenten 1 und 2 werden auch Ansatz- und Bewertungsfehler ebenso einbezogen wie eventuelle Nachlässigkeiten bei der Bewertung einzelner Bilanzpositionen.[436] Es kann ebenfalls nicht ausgeschlossen werden, dass eine Überbewertung oder Überzahlung in den Unterschiedsbetrag von Kaufpreis und Net Assets einfließen, obwohl diese Bestandteile nicht zum Goodwill des Unternehmens gehören.[437] Die Aufteilung des Goodwill auf die jeweiligen Komponenten stößt von daher auf erhebliche praktische Umsetzungsprobleme und ist in der Realität nur schwer möglich. Aufgrund dessen kann auch nicht ausgeschlossen werden, dass der bilanzielle Goodwill, verstanden als Saldogröße zwischen Kaufpreis und bilanziellem Eigenkapital des zu erwerbenden Unternehmens, keine materielle Bedeutung hat.

Weiterhin wird die Beurteilung der Werthaltigkeit des Goodwill „dadurch erschwert, dass die aus dem Goodwill erhofften Nettoeinnahmen dem Unternehmen nicht isoliert zufließen“[438], sondern immer indirekt und im Verbund mit anderen Vermögensobjekten. Sie sind deshalb

---

434 Vgl. Johnson/Petrone (Asset, 1998), S. 298. Für eine systematische Quantifizierung und Wertfortführung schlägt Sellhorn eine tiefere Disaggregation des Core Goodwill durch eine Zerlegung in die Bestandteile Going Concern Goodwill, Synergie-, Strategie- und Restrukturierungsgoodwill sowie einen Wertbeitrag der Flexibilität vor. Vgl. Sellhorn (Ansätze, 2000), S. 889-890.

435 Der Zusammenhang zwischen Synergie- und Going Concern-Goodwill kann wie folgt verdeutlicht werden. Die A-AG möchte die B-GmbH für 50 Geldeinheiten erwerben. Das Ziel der A-AG ist es, Produktions- und Vertriebsstätten zu bündeln, um Kosten einzusparen. Die Vermögenswerte der B-GmbH betragen 20 Geldeinheiten und ihre Marktkapitalisierung liegt bei 30 Geldeinheiten. Auf Stand Alone-Basis beträgt der Going Concern Goodwill 10 Geldeinheiten. Durch den Zusammenschluss entsteht zudem ein Synergie-Goodwill in Höhe von 20 Geldeinheiten.

436 So besteht ein generelles Risiko bei den zu Zeitwerten anzusetzenden Vermögenswerten des übernommenen Unternehmens, da der Fair Value nicht immer ermittelbar und teilweise auch nicht zuverlässig messbar ist, um einen Bilanzansatz zu rechtfertigen. Vgl. Johnson/Petrone, (Asset, 1998), S. 296.

437 Vgl. Hommel (Goodwill und Badwill, 2001), S. 803. Die Komponenten 5 und 6 werden noch nicht einmal durch einen realen Wert unterlegt. Vgl. SFAS 141, Appendix B, B.104.

438 Hommel (Goodwill und Badwill), S. 803.

grundsätzlich „nebulöser und weit weniger sicher“[439] als die wirtschaftlichen Vorteile, die dem Unternehmen aus anderen Vermögenswerten zufließen.[440] Darüber hinaus ist ihre Existenz schwer nachweisbar, da sich „im Unternehmenskaufpreis Gewinnchancen in einem sehr subjektiven Sinne verbergen“[441]. Denn diese Gewinnchancen resultieren aus dem bei der Kaufpreisbestimmung vorgenommenen Vergleich von zukünftigen Unternehmensgewinnen aus subjektiven Erwartungen und der subjektiv als am besten erachteten Mittelanlage. Die Aussage des FASB „[a]nything that is commonly bought and sold has future economic benefit”[442], kann nicht zur Lösung des Nachweisproblems bei der Bewertung beitragen, sondern reflektiert die fehlende Bewertungsmöglichkeit.[443]

Nach US-GAAP wird für den Bilanzansatz von Vermögenswerten die selbständige Bewertbarkeit grundsätzlich in SFAC 5.65 gefordert, jedoch wird in SFAS 142 einschränkend angemerkt, dass „the financial information that will be provided by recognizing intangible assets at their estimated Fair Values is more representationally faithful than that which would be provided if those intangible assets were not recognized as intangible assets on the basis of measurement difficulties”[444]. Zugunsten der Investorinformation wird die selbständige Bewertbarkeit nicht als Ansatzkriterium für den Goodwill gesehen. Das FASB hat hier vorausschauend auf ein Kriterium verzichtet, dass der Goodwill an sich auch gar nicht erfüllen kann. Er enthält per Definition als Unterschiedsbetrag zwischen Kaufpreis und bilanziellem Eigenkapital alle vermögenswerten Vorteile, die an einer hinreichenden Nachweisbarkeit scheitern. Sind diese Goodwillelemente, wie bereits die vorherigen Ausführungen zeigen, nicht separat bewertbar, dann ist auch die Summe dieser Elemente keiner Bewertung zugänglich. Der Geschäftswert ist nur insoweit quantifizierbar, als ihm im Zeitpunkt der Akquisition die Anschaffungskosten zugerechnet werden, die nicht auf aktivierungs- und passivierungsfähige Bilanzpositionen entfallen. Somit sind zwar die Anschaffungskosten des Goodwill durch die Aufnahme in den Unternehmenskaufpreis im Anschaffungszeitpunkt formal werthaltig, aber aktiviert wird nicht das Hingegebene sondern das Erlangte[445] und das entbindet nicht davon, den Kaufpreis hinreichend nachzuweisen.

---

439 Hommel (Goodwill und Badwill), S. 803.

440 Vgl. SFAS 141, Appendix B, B.111.

441 Moxter (Geschäfts- oder Firmenwert, 1998), S. 478.

442 SFAC 6.173. SFAS 141, Appendix B, B.113 verweist ebenfalls auf SFAC 6.173.

443 Ebensowenig kann die Feststellung des BFH, dass sich die erwerbende Gesellschaft als Kaufmann gewisse Vorteile von dem Kauf versprochen hat, zur Problemlösung beitragen. Vgl. BFH-Urtei vom 29.4.1965 – IV 403/62 U, BStBl. II 1965, S. 414 (415). Dieses Urteil bezieht sich aber ganz speziell auf die Aktivierung eines Wegebeitrags.

444 SFAS 142, Appendix B, B.37.

445 Vgl. RFH-Urteil vom 21.9.1927 – VI A 383/27, StuW 1927 II, 803 (804).

2.2 Erstmaliger Ansatz des Goodwill

2.2.1 Segmentierung des Unternehmens in Reporting Units

Der Goodwill enthält bestimmte ökonomische Mehrwerte, die nicht separat als Vermögenswert angesetzt werden dürfen. Diese Mehrwerte können aber den für die Steuerung des Unternehmens vorhandenen Untereinheiten zugeordnet werden.[446] Beispielsweise können die aus dem Unternehmensverbund resultierenden Synergien durch das Management den Teilen des Unternehmensverbunds zugeteilt werden, in denen sie realisiert werden sollen. Synergieeffekte, die das Gesamtunternehmen betreffen sind dabei dem Unternehmen als Ganzes zuzurechnen.[447] Im Ergebnis würde das zu einer hierarchischen Aufgliederung des Goodwill führen.[448]

Der SFAS 142 trägt der Integration des erworbenen Unternehmens in die Organisationsstruktur des akquirierenden Unternehmens Rechnung.[449] Der Goodwill wird nicht mehr als Einzelposition betrachtet, der aus einem spezifischen Erwerbsvorgang resultiert, sondern wird auf operative Untereinheiten, so genannte Reporting Units, verteilt. Dabei ist die Definition der Reporting Units an die Vorschriften zur Segmentberichterstattung nach SFAS 131 „Disclosures about Segments of an Enterprise and Related Information" angelehnt, wonach die zu bildenden operativen Segmente grundsätzlich als Berichtseinheit qualifiziert werden[450]; sie sind von den berichtspflichtigen Reportable Segments zu unterscheiden.[451] Nach SFAS 142.30 ist eine Reporting Unit wie folgt definiert: „A reporting unit is an operating segment or one level below an operating segment (referred to as a component)."

Die Reporting Units sind gegebenenfalls auch auf der nächst tiefer liegenden Organisationsebene anzusiedeln, wenn die Components eines operativen Segments ein so genanntes „Business" bilden[452], für die gesonderte Daten durch das interne Rechnungswesen ermittelt

446 Diese Untereinheiten können beispielsweise Geschäftsbereiche, Geschäftsfelder oder Segmente sein.

447 Hierunter könnte beispielsweise die Zusammenlegung von Zentralaufgaben fallen.

448 Umgesetzt ist diese Aufgliederung in DRS 4.30. Vgl. zu einer Aufgliederung des Goodwill weiterhin Pellens/Crasselt/Schremper (Geschäftsbereichs-Goodwill, 2002), S. 123-125. Die Aufgliederungsmöglichkeiten des Goodwill aus einem Unternehmenserwerb sind von den Ebenen der Unternehmensstruktur abhängig. Eine differenzierte Planung ist grundsätzliche Voraussetzung für die Zuordnung der im Goodwill verbleibenden ökonomischen Sachverhalte.

449 Vgl. SFAS 142, Appendix B, B.86. Vgl. zur Goodwillbilanzierung auch Hütten/Ohlgart (Goodwillbilanzierung, 2005).

450 Vgl. SFAS 131.10. Der Begriff Reporting Unit wurde durch SFAS 142 „Goodwill and Other Intangible Assets" neu in die US-GAAP Rechnungslegung eingeführt.

451 Zu einer ausführlichen Darstellung der Segmentberichterstattung vgl. Benecke (International, 2000), S. 165-225 sowie Böcking/Benecke (Segmentberichterstattung, 1998), S. 92-107.

452 Als Business ist eine Teilbetriebseinheit zu verstehen, die für sich genommen lebensfähig ist. Vgl. hinsichtlich der konkreten Merkmale für das Vorliegen eines Business die Emerging Issues Task Force (EITF), Issue 98-03. Dort heißt es: „A business is a self-sustaining integrated set of activities and assets conducted and managed for the purpose of providing a return to investors. A business consists of (a) inputs, (b) processes applied to those inputs, and (c) resulting outputs that are used to generate revenues. For a

werden können und die einer kontinuierlichen Ergebniskontrolle durch das Segmentmanagement unterliegen.[453] Weisen aber die Bereiche ähnliche wirtschaftliche Charakteristika auf, ist eine Zusammenfassung der Components eines Segments zu einer Reporting Unit trotz Erfüllung der erläuterten Bedingungen geboten.[454] Damit ist die Zahl der zu bildenden Reporting Units sowohl vom Grad der Diversifikation und der Heterogenität der betrieblichen Aktivitäten des berichterstattungspflichtigen Unternehmens abhängig als auch von der Unternehmensorganisation sowie den zugrundegelegten Berichts- und Steuerungsinstrumenten.[455]

Zweck der Aufteilung des Goodwill auf die Untereinheiten ist die Möglichkeit der differenzierten Bewertung des Goodwill. Die jeweiligen Untereinheiten sind in unterschiedlichen Märkten aktiv, woraus unterschiedliche operative Risiken und Werttreiber für die Untereinheiten resultieren. Hieraus ergeben sich auch unterschiedliche Werteinflüsse auf den Goodwill, der den Untereinheiten zugeordnet wird. Einer differenzierten Bewertung des Goodwill auf der Ebene von Untereinheiten des Unternehmens ist dabei grundsätzlich eine höhere Aussagekraft zuzuordnen als einer undifferenzierten Bewertung des Goodwill auf der Ebene des Gesamtunternehmens. Denn auf der Gesamtunternehmensebene kommt es dazu, dass sich Wertminderungen einer Untereinheit des Unternehmens durch Werterhöhungen anderer Untereinheiten ausgleichen. Dieser Portfolioeffekt kann zu einer umfangreichen Substitution des derivativen durch den originärem Goodwill führen und somit indirekt zu einem unerlaubten Ansatz des originären Goodwill.

Das erworbene Unternehmen kann vollständig oder teilweise in bestehende Reporting Units integriert werden. Es besteht aber auch die Möglichkeit, dass das akquirierte Unternehmen selbst oder einzelne Teileinheiten neue Reporting Units begründen.[456] Die Integration des erworbenen Unternehmens in den Konzernverbund bewirkt eine Verwässerung der Trennlinie zwischen originärem und derivativem Goodwill. Im Erwerbszeitpunkt ist das erworbene Unternehmen das mittelbare Bewertungsobjekt für den Goodwill. Bei der Folgebewertung wird aber der Goodwill aus unterschiedlichen Transaktionen zusammen oder getrennt auf eine

---

transferred set of activities and assets to be a business, it must contain all of the inputs and processes necessary for it to continue to conduct normal operations after the transferred set is separated from the transferor, which includes the ability to sustain a revenue stream by providing its outputs to customers." EITF, Issue 98-3, Par. 6.

453 Vgl. SFAS 142.30.

454 Vgl. SFAS 142.30. Zur Festlegung der maßgeblichen Berichtseinheiten unterhalb der Segmentebene ist die Veröffentlichung von zwei Proposed Staff Announcements durch die EITF geplant, die verdeutlichen sollen, unter welchen Voraussetzungen diese Untereinheiten ein Business begründen und wann sie gegebenenfalls aufgrund wirtschaftlicher Gemeinsamkeiten zu einer größeren Berichtseinheit aggregiert werden können.

455 Vgl. SFAS 141, Appendix B, B.112. Die Unternehmensorganisation und die internen Berichts- und Steuerungsinstrumente sind vor dem Hintergrund des Management Approach zu betrachten. Zu den Begriffen Reporting Unit und Reportable Segments vgl. die Ausführungen im folgenden Kapitel II, 2.2.2.

456 Vgl. Küting/Weber/Wirth (Goodwillbilanzierung, 2001), S. 186.

mögliche Wertminderung getestet, je nachdem wie die Abgrenzung der Reporting Units vorgenommen wurde.[457] Da die Unternehmenserwerbe, aus denen die einzelnen Teile des Goodwill resultieren, annahmegemäß zu unterschiedlichen Zeitpunkten stattgefunden haben, kann daraus folgen, dass ein in früheren Jahren entstandener derivativer Goodwill bereits vollständig abgeschrieben ist und nicht mehr ausgewiesen wird. Wenn dieser derivative Goodwill mittlerweile durch originär geschaffenen Goodwill ersetzt wurde, wird nur der zwischenzeitlich entstandene originäre Goodwill in die Ermittlung des beizulegenden Zeitwerts der Reporting Unit einfließen, obwohl er nicht Bestandteil des Buchwerts der Reporting Unit ist. Durch diese Vermischung von originärem und derivativem Goodwill auf der Ebene der Reporting Units kommt es somit zu einem so genannten Goodwill Shield[458]; durch die Zusammenfassung von Goodwill aus mehreren Transaktionen auf der Ebene der Reporting Units kann der originäre Goodwill aus zurückliegenden Unternehmenserwerben den derivativen Goodwill aus jüngeren Unternehmenserwerben überlagern und eine Wertminderung verhindern. Es wird der erworbene Goodwill mit dem intern bereits vorhandenen auf Ebene der Reporting Units zusammengeführt. Somit wird eine separate Bewertung und Abbildung des derivativen Goodwill als Folge des Unternehmenszusammenschlusses verhindert. Auch wenn das erworbene Unternehmen weiterhin unabhängig als Separate Income Generating Unit im Konzernverbund bestehen bleibt, gehen Änderungen des derivativen Goodwill untrennbar mit Änderungen des nach der Akquisition selbst generierten Goodwill einher, so dass eine Einzelbewertung und ein separater Impairment-Test für beide Teile des Goodwill ausgeschlossen wird.[459] Die dadurch entstehende Bewertungseinheit von derivativem und originärem Goodwill verstößt gegen das generelle Bilanzierungsverbot eines originären Goodwill.[460] Das FASB hat diesen Bruch in den US-GAAP mit bisherigen Bilanzierungskonventionen bewusst in Kauf genommen.[461]

Die Ausführungen zur Bewertung des Goodwill zeigen, dass die Bestandteile eines Goodwill aus unterschiedlichen Erwerbsvorgängen mit einem in der jeweiligen Reporting Unit zum Bewertungsstichtag existenten originären Goodwill vermengt werden und diese gemeinsam dem Impairment Test unterliegen. Im Rahmen der Folgebilanzierung wird dann der Goodwill, unbeachtet seiner Entstehungsursachen, nicht mehr transaktionsorientiert, sondern als Gesamtphänomen betrachtet.[462]

---

457 Vgl. Küting/Weber/Wirth (Goodwillbilanzierung, 2001), S. 192.

458 Im folgenden Verlauf der Arbeit werden unter dem Goodwill Shield solche Sachverhalte und Umstände verstanden, die eine Wertminderung des derivativen Goodwill kompensieren, so dass eine Wertminderung des derivativen Goodwill zwar stattgefunden hat, aber nicht ausgewiesen wird.

459 Vgl. Ryan (Goodwill, 2000), S. 4.

460 Vgl. Busse von Colbe (Bilanzierung, 2001), S. 877.

461 Vgl. Johnson/Petrone (Goodwill, 2000), S. 8.

462 Vgl. Küting/Weber/Wirth (Goodwillbilanzierung, 2001), S. 187.

2.2.2 Abgrenzungskriterien der Reporting Units

In der US-amerikanischen Rechnungslegung enthält SFAS 131 als Unternehmensebene das Operating Segment und SFAS 121 die Cash Generating Unit. Eine Abgrenzung der Reporting Unit vom Operating Segment und von der Cash Generating Unit ist notwendig, weil die Änderung der für die Goodwill-Bilanzierung relevanten Unternehmensebene dem Abschlussersteller Ermessensspielräume ermöglichen.

Wie oben bereits hergeleitet wurde, kann eine Reporting Unit einem Operating Segment entsprechen oder eine Ebene unterhalb des Operating Segment des Unternehmens - auf Component Ebene - angeordnet sein.[463] In Zusammenhang mit den Abgrenzungskriterien der Reporting Unit ist daher auch zu diskutieren, welche Abgrenzungskriterien für Components gelten. Ein Component wird als Reporting Unit angesehen, wenn 1. sie ein eigenständiges Geschäftsfeld darstellt, 2. für sie gesonderte Finanzdaten vorliegen, 3. das Management des Operating Segment das Component regelmäßig überwacht und 4. sich das Component in seinen ökonomischen Merkmalen von den anderen Teilen des Operating Segment unterscheidet. Weisen Components vergleichbare ökonomische Merkmale auf, dann sind sie zu einer Reporting Unit zusammen zu fassen. Bei der Einteilung des Unternehmens in Reporting Units bildet die Abgrenzung von Operating Segments des Unternehmens für die Segmentberichterstattung gemäß SFAS 131 den Ausgangspunkt. Hiernach ist ein Operating Segment ein Teilbereich des Unternehmens, der aus der internen Organisationsstruktur des Unternehmens hervorgeht. Ein Operating Segment ist ein Teil des Unternehmens, 1. welches am allgemeinen Geschäftsbetrieb beteiligt ist und dadurch Erträge erwirtschaftet und Aufwendungen verursacht, 2. dessen operative Ergebnisse durch die Entscheidungsträger des Unternehmens kontrolliert werden, um Investitionsentscheidungen zu treffen und die Leistungen des Teilbereichs beurteilen zu können und 3. für das separate Finanzdaten zur Verfügung stehen.[464]

Zur Identifikation der Reporting Units sind die Operating Segments des Unternehmens zu bestimmen. Durch Prüfung der Kriterien einer Reporting Unit wird dann analysiert, ob das Operating Segment selbst eine Reporting Unit darstellt oder ob die Reporting Unit aus den Components des Operating Segment zu bilden ist. Eine Reporting Unit kann demzufolge höchstens auf der Ebene eines Operating Segment gebildet werden. Gemäß SFAS 142, B.101 wird sie aber in der Regel darunter einzuordnen sein. Die folgende Abbildung 10 soll die Aufteilung des Unternehmens in Reporting Units verdeutlichen.

---

[463] Vgl. SFAS 142.30.

[464] Vgl. SFAS 131.10. Ein Operating Segment ist von einem Reportable Segment zu unterscheiden, da Operating Segments unter bestimmten Umständen zu einem Reportable Segment zusammengefasst werden dürfen. Vgl. SFAS 131.16 und 131.71-131.78. Ein Reportable Segment ist ein in der Segmentberichterstattung tatsächlich ausgewiesenes Segment.

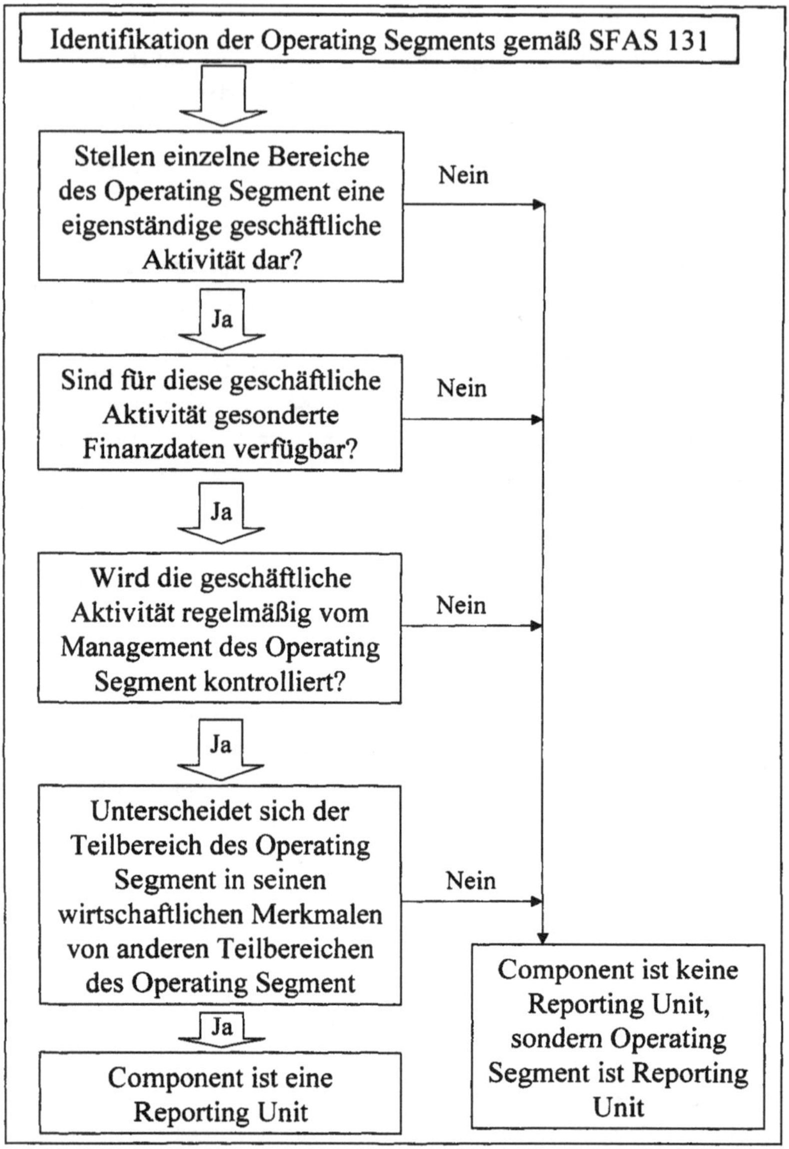

Abbildung 11: Schematische Darstellung der Aufteilung des Unternehmens in Reporting Units
Quelle: Richter (Goodwill, 2004), S. 113.

2.2.3 Allokation der erworbenen Vermögenswerte und Schulden auf die Reporting Units

Im Anschluss an eine erfolgte Unternehmenstransaktion oder nach einer die Zusammensetzung der Reporting Units berührenden Umstrukturierung des Berichtswesens ist eine Allokation der erworbenen Vermögenswerte und Schulden auf bereits bestehende oder neu zu bildende Reporting Units vorzunehmen.[465] Eine Dokumentation der Zuordnung ist dabei besonders wichtig, da bei der Folgebilanzierung innerhalb des Impairment Test auf die Buchwerte der den Reporting Units zugeordneten Vermögenswerte und Schulden zurückgegriffen wird.[466]

Bei der Zuordnung der Vermögenswerte und Schulden sollte auf deren betrieblichen Einsatz entsprechend der Einschätzung des Managements abgestellt werden.[467] Die Allokation sollte anhand der beiden kumulativ zu erfüllenden Kriterien erfolgen[468]:

1. Die Vermögenswerte werden in der Reporting Unit eingesetzt und die Verbindlichkeiten stehen mit der Tätigkeit der Reporting Unit in Beziehung.
2. Die Vermögenswerte und Schulden werden bei der Ermittlung des Fair Value der Reporting Unit berücksichtigt, das heißt sie werden als wertbildend angesehen[469].

Existieren Vermögenswerte und Schulden, die nach den oben genannten Kriterien mehreren Reporting Units zugerechnet werden können[470], ist eine anteilige Zuordnung vorzunehmen. Eine vollständige Zuordnung wird nicht verlangt.[471] Die Verteilung muss anhand einer Methodik erfolgen, die sowohl vernünftig und nachvollziehbar ist als auch in konsistenter Weise angewendet wird.[472] Den gesamten Konzern betreffende Vermögenswerte und Schulden[473], so genannte Corporate Items, sind, sofern sie die Zuordnungskriterien erfüllen, ebenfalls bei der Allokation zu berücksichtigen.[474] Die Berücksichtigung von Corporate Items erfordert einen zusätzlichen Arbeitsaufwand in Form einer Nebenbuchhaltung, da innerhalb des Segmentvermögens nach SFAS 131 nur solche Vermögenswerte und Schulden berücksichtigt werden, die bei den Geschäftsabläufen des jeweiligen Segments verwendet

---

[465] Vgl. SFAS 142.32-34.

[466] Vgl. Küting/Weber/Wirth (Goodwillbilanzierung, 2001), S. 187.

[467] Vgl. Küting/Weber/Wirth (Goodwillbilanzierung, 2001), S. 187.

[468] Vgl. SFAS 142.32.

[469] Vgl. Hitz/Kuhner (Prüfstand, 2002), S. 276.

[470] Denkbar ist dies beispielsweise bei Positionen, die die Leitungsebene der Unternehmung betreffen.

[471] Vgl. SFAS 142, Appendix B, B.116-118.

[472] SFAS 142.33 führt hierzu aus: „The methodology used to determine the amount of those assets or liabilities to assign to a Reporting Unit shall be reasonable and supportable and shall be applied in a consistent manner." Detaillierte Verteilungsverfahren werden in SFAS 142 „Goodwill and Other Intangible Assets" nicht genannt. Es wird lediglich auf eine Verteilung anhand der relativen Fair Values der Reporting Units verwiesen. Vgl. SFAS 142.33.

[473] Beispielsweise Pensionsrückstellungen für Arbeitnehmer.

[474] Vgl. SFAS 142, Appendix B, B.116.

werden.[475] Im Ergebnis sind somit nicht alle Vermögenswerte und Schulden des erworbenen Unternehmens auf die Reporting Units zu verteilen, sondern nur diejenigen, die unmittelbar der Geschäftstätigkeit dienen und bei der Ermittlung des Fair Value der Reporting Unit Berücksichtigung finden.[476]

2.2.4 Allokation des erworbenen Goodwill auf die Reporting Units

Parallel zur Allokation der Vermögenswerte und Schulden ist auch der erworbene Goodwill vollständig auf die erworbenen bzw. durch die Akquisition neu strukturierten Reporting Units zu verteilen.[477] Dafür sind bereits im Akquisitionszeitpunkt die Ermittlungsmethodik des Kaufpreises sowie die zugrunde gelegten Annahmen zu dokumentieren, um die mit dem Unternehmenserwerb verbundenen erwarteten Erfolgspotenziale transparent zu machen.[478] Ursächlich dafür, dass der Goodwill nicht als Ganzes dem Konzern zugerechnet werden darf, ist, dass die Synergievorteile als der eigentliche Wert des Goodwill gelten und diese nach ihrem Erwerb verschiedene Bereiche des Konzerns positiv beeinflussen sollen.[479] Darüber hinaus sind auch bereits bestehenden Berichtseinheiten des akquirierenden Unternehmens Goodwillbeträge zuzuordnen, wenn diese von den Synergieeffekten profitieren werden. Unerheblich ist dabei, ob diesen Berichtseinheiten Vermögenswerte und Schulden des erworbenen Unternehmens zugeordnet werden können. Die Zuordnung soll wiederum auf nachvollziehbare und konsistente Art und Weise erfolgen. Darüber hinaus soll sie der Fiktion des Erwerbs im Akquisitionszeitpunkt Rechnung tragen.[480] „Die Erwerbsfiktion stellt dabei lediglich das Leitbild der Goodwill-Zuordnung dar; konkrete Methoden zur Berechnung des Goodwill auf Reporting Unit-Ebene werden nicht vorgegeben."[481]

Grundsätzlich wird bei der Allokation der Fair Value einer Reporting Unit als ein fiktiver Erwerbspreis bestimmt. Dieser wird den Vermögenswerten und Schulden der Reporting Unit gegenüber gestellt.[482] Ein dabei entstehender positiver Unterschiedsbetrag stellt den Goodwill

---

475 Vgl. Küting/Weber/Wirth (Goodwillbilanzierung, 2001), S. 187.

476 Vgl. SFAS 142, Appendix B, B.117.

477 Vgl. SFAS 142.34-35. „[A]ll goodwill acquired in a business combination shall be assigned to one or more reporting units". SFAS 142.34. Ebenso SFAS 142, Appendix B, B.120: "[A]ll goodwill should be allocated to Reporting Units". Die Verteilung des Goodwill ist Voraussetzung für den Impairment Test im Rahmen der Folgebilanzierung. Aber auch bezüglich einer vollständigen oder teilweisen Veräußerung sowie im Hinblick auf innerkonzernliche Restrukturierungen ist die Verteilung notwendig. Vgl. Küting/Weber/Wirth (Goodwillbilanzierung, 2001), S. 187.

478 Vgl. SFAS 141.50.

479 Vgl. Johson/Petrone (Report, 2000), S. 8.

480 Vgl. Küting/Weber/Wirth (Goodwillbilanzierung, 2001), S. 187-188.

481 Hitz/Kuhner (Prüfstand, 2002), S. 276.

482 Vgl. SFAS 142.35. Dem Wortlaut des Standards ist nicht zu entnehmen, ob es sich um den Gesamtwert, einschließlich der bereits in der Berichtsstruktur vorhandenen Komponenten der Reporting Unit oder nur um den aus dem Erwerbsvorgang zugehenden Teil handelt. Unter Zugrundelegung einer betriebswirtschaftlichen Sichtweise und aus Praktikabilitätsüberlegungen heraus wird hier unterstellt, dass zum Akquisitionszeitpunkt nur das erworbene Unternehmen in Reporting Units zu untergliedern ist und für diese die Fair Values zu ermitteln sind. Vgl. Küting/Weber/Wirth (Goodwillbilanzierung, 2001), S. 188.

der Reporting Unit dar.[483] Wird wie oben bereits erläutert ein Goodwill einer Reporting Unit zugeordnet, ohne das dieser Vermögenswerte und Schulden aus der Akquisition zugehen, dann ist eine „With and Without“[484] Computation durchzuführen, wobei die Fair Values der Reporting Units vor und nach der Akquisition betrachtet werden. Der Goodwill der Berichtseinheit ergibt sich dann als positive Differenz der ermittelten Unternehmenswerte.[485] Dabei kann es zu Unterschieden zwischen dem gesamten aktivierungsfähigen und dem aus dem Erwerbsvorgang resultierenden Goodwill kommen. Entsteht aus der Bewertung der Reporting Unit ein höherer Goodwill, dann darf dieser nicht berücksichtigt werden. Entsteht ein geringerer Goodwill, dann wird dieser durch eine nachvollziehbare und plausible Methode bis zur Höhe des Goodwill aus dem Erwerbsvorgang auf die Reporting Units verteilt.[486] Die Teile des Goodwill, die sich auf das gesamte Unternehmen beziehen oder Synergien im erwerbenden Unternehmen begründen, sind teilweise oder ganz auf die Reporting Units des Erwerbsunternehmens zu verteilen.[487]

Im ersten Schritt wird der Anteil des Fair Value der einzelnen Reporting Units am Gesamtunternehmenswert des erworbenen Unternehmens bestimmt. Dazu werden die Unternehmenswerte der Reporting Units in Relation zum gesamten Unternehmenswert gesetzt und die jeweiligen Anteilsquoten ermittelt.[488] Bei der Ermittlung des gesamten Fair Value sowie der berichtseinheitsspezifischen Werte kann auf unterschiedliche Gesamtbewertungsverfahren zurückgegriffen werden. In einem zweiten Schritt werden die ermittelten Anteilsquoten mit dem Kaufpreis multipliziert, um den fiktiven Kaufpreis der einzelnen Reporting Units zu bestimmen. Die Ermittlung der Anteilsquoten sollte unabhängig davon erfolgen, ob der tatsächlich gezahlte Kaufpreis über oder unter dem ermittelten Gesamtunternehmenswert liegt.[489] Im dritten Schritt wird dann das Eigenkapital der Reporting Units durch Aufdeckung der stillen Reserven und Lasten in den Vermögenswerten und Schulden neu ermittelt. Ein im erworbenen Unternehmen bereits ausgewiesener Goodwill wird nicht berücksichtigt.[490] In einem letzten Schritt wird der Goodwill durch Subtraktion des neu bewerteten Eigenkapitals vom fiktiven Kaufpreis der entsprechenden Einheiten ermittelt.

---

483 Das Vorgehen gleicht einer Kapitalkonsolidierung. Durch die Verrechnung des fiktiven Kaufpreises der Reporting Unit mit dem anteiligen Eigenkapital der Reporting Unit wird der Goodwill bestimmt. Man kann hier auch von einer „kleinen Kapitalkonsolidierung“ auf Ebene der Reporting Units sprechen, ebenso wie *Pfeil/Vater* von einer „kleinen Unternehmensbewertung“ auf Basis der Reporting Units sprechen. Vgl. Pfeil/Vater (Unternehmensbewertung, 2002).

484 SFAS 142.35.

485 Vgl. SFAS 142.35.

486 Die Verteilung kann sowohl auf die betroffenen, als auch auf alle vorhandenen Reporting Units erfolgen. Vgl. Küting/Weber/Wirth (Goodwillbilanzierung, 2001), S. 188.

487 Vgl. SFAS 142, Appendix B, B.120.

488 Vgl. Pellens (Internationale Rechnungslegung, 2001), S. 317.

489 Vgl. Pellens/Crasselt/Schremper (Ermittlung, 2001), S. 5.

490 Vgl. Pellens (Internationale Rechnungslegung, 2001), S. 317.

Für die Unternehmen führt die Bildung von Reporting Units sowie die Zuordnung des Goodwill und anderer Vermögenswerte und Schulden auf diese Reporting Units zu Mehraufwendungen. Damit einher gehen hohe Anforderungen an die interne Unternehmensrechnung, da für sämtliche Berichtseinheiten separate Bilanzen zu erstellen sind, denen auch teilweise anteilig die einzelnen Aktiva und Passiva zugeordnet werden müssen.[491] „Auf die Unternehmen kommt mit der erstmaligen Anwendung der Regelungen eine Sisyphos-Arbeit zu, die Heerscharen von Buchhaltern und Controllern über Monate hinweg mit der Abgrenzung der einzelnen Berichtseinheiten und der Erstellung der entsprechenden benchmark assessments auslasten wird."[492] Darüber hinaus ist die Bildung der Reporting Units wie auch die Zuordnung des Goodwill und anderer Vermögenswerte und Schulden mit erheblichen Ermessensspielräumen behaftet und bietet vielfältige Möglichkeiten der Bilanzpolitik.

2.3 Folgebewertung des Goodwill

2.3.1 Impairment Only Approach

„Goodwill shall not be amortized."[493] Dies ist der Grundsatz für die Folgebewertung des Goodwill nach SFAS 142. Es ist lediglich eine außerplanmäßige Abschreibung des Goodwill vorgesehen, wenn dieser eine Wertminderung erfährt. Der Sinneswandel des FASB, in Abkehr von der planmäßigen Goodwillabschreibung nunmehr einen „fair-value-based impairment test"[494] vorzuschreiben, wird durch mehrere Argumente gestützt.[495] Einerseits geht das FASB davon aus, dass durch die erfolgte Operationalisierung der Ansatzkriterien bei erworbenen immateriellen Vermögenswerten der Goodwill an sich überwiegend aus nicht abnutzbaren Wertkomponenten besteht.[496] Eine Identifizierung und getrennte Bewertung der abnutzbaren Komponenten sei aus Praktikabilitätsüberlegungen heraus nicht sinnvoll.[497] Darüber hinaus ist der Impairment Test nach SFAS 142.19-22 insoweit modifiziert, dass die Goodwillermittlung auf der Ebene der Reporting Units eine bessere Schätzung der zugehörigen Cashflows ermöglicht und somit auch eine exaktere Bewertung des Goodwill.[498] Des Weiteren ist der auf Marktwert- bzw. Barwertmethoden basierende Impairment Test in

---

491 Vgl. Pellens/Sellhorn (Goodwill-Bilanzierung, 2001), S. 1683.

492 Pejic/Buschhüter (Abschreibung, 2001), S. 111. Im Original teilweise Kursivdruck.

493 SFAS 142.18.

494 SFAS 142, Appendix B, B.92. Vgl. zum Abschreibungsverbot auch Scholze (Informationsgehaltsperspektive, 2004).

495 Vgl. SFAS 142, Appendix B, B.79-94; Johnson/Petrone (Goodwill, 2000), S. 8-10. Vgl. zum europäischen Bilanzrecht und der Bilanzierung eines Goodwill nach US-GAAP Kleindiek (E-DRS 1a, 2001); Siegel (Bilanzierung, 2002). Vgl. auch zur Vereinbarkeit der fehlenden planmäßigen Goodwillabschreibung mit der Bilanzrichtlinie Altenburger (Bilanzrichtlinie, 2002). Vgl. auch zur Behandlung eines Goodwill nach HGB Zielke (Goodwill, 1995).

496 Zur Kritik an dieser Sichtweise vgl. IDW FN 2001, S. 165.

497 Vgl. SFAS 142, Appendix B, B.82-83; FASB (FASB, 2001), Par. 66-67.

498 Vgl. SFAS 142, Appendix B, B.152.

SFAS 142 der ursprünglichen Methodik des SFAS 121 überlegen.[499] „Zuletzt stelle der impairment only approach die aus Adressatensicht entscheidungsnützlichere Vorgehensweise dar, da sowohl Anleger für Zwecke der Bilanzanalyse als auch die Unternehmen selbst zu internen Steuerungszwecken häufig mit Ergebnisgrößen arbeiten, in denen planmäßige Goodwill-Abschreibungen eliminiert würden."[500]

2.3.2 Durchführung des Impairment Test

Die Bewertung der Reporting Units erweist sich – wie bereits bei der Zuordnung des Goodwill im Rahmen der erstmaligen Bilanzierung – auch bei der Folgebilanzierung als integrale Größe.[501] So ist beim Vorliegen einer Wertminderung eine außerplanmäßige Abschreibung des Goodwill vorzunehmen. Eine solche Wertminderung liegt vor, wenn der Buchwert des Goodwill einer Reporting Unit seinen impliziten Fair Value übersteigt.[502] Für die Prüfung einer Wertminderung sieht SFAS 142 einen zweistufigen Impairment Test vor.[503] Auf der ersten Stufe ist festzustellen, ob ein Wertberichtigungsbedarf dem Gunde nach besteht. Hierzu ist der Fair Value der Reporting Unit zu ermitteln und dem Buchwert ihres Eigenkapitals gegenüber zu stellen. Eine Wertminderung wird unterstellt, wenn der Fair Value der Reporting Unit niedriger ist als der Buchwert des Eigenkapitals:

$$\text{Fair Value}_{\textit{Reporting Unit}} < (\text{Assets (Including Goodwill)-Liabilities})_{\textit{Buchwert}}$$
$$\text{Fair Value}_{\textit{Reporting Unit}} < \text{Eigenkapital}_{\textit{Buchwert}}$$

Liegt der Fair Value der Reporting Unit unter dem Buchwert des Eigenkapitals, dann ist auf der zweiten Stufe die Höhe des Abwertungsbedarfs des Goodwill zu ermitteln:[504]

$$\text{Impairment Loss} = \text{Goodwill}_{\textit{Buchwert}} - \text{Goodwill}_{\textit{Fair Value (implizit)}}$$

Um den Betrag des Impairment Loss zu quantifizieren, ist der Fair Value des Goodwill zu ermitteln und dessen Buchwert gegenüber zu stellen. Da aber der Fair Value des Goodwill nicht direkt gemessen werden kann, wird auf einen als Residualgröße definierten impliziten Fair Value zurückgegriffen. Der Buchwert des Goodwill ist in Höhe des errechneten Impairment Loss herabzusetzen. Eine Wertaufholung bei einem Wegfall des Abschreibungsgrundes ist in den Folgeperioden verboten[505]; der um den Impairment Loss verminderte Buchwert bildet die Wertobergrenze für künftige Perioden.[506] Das

---

[499] Vgl. SFAS 142, Appendix B, B.86-89; Hitz/Kuhner (Prüfstand, 2002), S. 277.
[500] Hitz/Kuhner (Prüfstand, 2002), S. 277. Im Original teilweise Kursivdruck.
[501] Vgl. Küting/Weber/Wirth (Goodwillbilanzierung, 2001), S. 189.
[502] Vgl. SFAS 142.18.
[503] Vgl. 142.19-22. Zum Impairment Test vgl. auch Esser (Goodwillbilanzierung, 2005), S. 113-119.
[504] Vgl. SFAS 142.19.
[505] Vgl. Böcking/Klein/Lopatta (Purchase Accounting, 2000), S. 15.
[506] Vgl. SFAS 142.20.

Wertaufholungsverbot[507] dient der entscheidungsrelevanten Informationsvermittlung, da die Gewinn- und Verlustrechnung nicht von außerordentlichen und periodenfremden Aspekten beeinflusst werden soll. Zudem beugt es einer Aktivierung originärer Goodwillbestandteile vor. Im Rahmen des Impairment Only Approach aber bewahrt das Zuschreibungsverbot nicht vor der Bilanzierung originärer Goodwillbestandteile, denn diese werden bereits bei einer Wertminderung des derivativen Goodwill und Wertfortführung des gesamten Goodwill aktiviert.

Die Prüfung der Werthaltigkeit des Goodwill aller Reporting Units ist nach SFAS 142 mindestens einmal jährlich durchzuführen, wobei der unterjährige Durchführungszeitpunkt von sekundärer Bedeutung ist; es sollte nur für die jeweilige Reporting Unit im Sinne des Stetigkeitsprinzips immer derselbe Zeitpunkt gewählt werden.[508] Treten nach Durchführung eines Impairment Test aber vor Ablauf eines Geschäftsjahres Tatsachen oder Umstände ein, die mit einer Wahrscheinlichkeit von mehr als 50 Prozent[509] eine Wertminderung des Fair Value der Reporting Unit vermuten lassen, dann sollte ein neuer Impairment Test durchgeführt werden. Dafür werden in SFAS 142.28 beispielhaft die folgenden testauslösenden Ereignisse in einer nicht abschließenden Liste aufgeführt:

1. Signifikante Veränderungen im rechtlichen Umfeld oder Veränderung des Geschäftsklimas.
2. Negative Entscheidungen einer Regulierungsbehörde.
3. Unvorhergesehener Wettbewerb.
4. Verlust wichtiger Mitarbeiter mit Schlüsselqualifikationen.
5. Die Wahrscheinlichkeit von mehr als 50 Prozent, dass eine Reporting Unit oder ein wesentlicher Teil einer Reporting Unit verkauft wird oder anderweitig aus dem Unternehmen ausscheidet.
6. Die Durchführung eines Impairment Test nach SFAS 144 für eine Gruppe wesentlicher Vermögenswerte innerhalb der Reporting Unit.
7. Die Wahrnehmung eines außerplanmäßigen Wertberichtigungsbedarfs in der Bilanz eines Tochterunternehmens, welches einen Teil einer Reporting Unit bildet.

Eine Erleichterung dahingehend, dass der Fair Value aus dem Vorjahr übernommen werden darf, ist nur möglich, wenn sich die Vermögens- und Schuldpositionen seit der letzten Ermittlung des Fair Value der Reporting Unit nicht signifikant verändert haben[510] und der

---

507 Vgl. grundlegend zum Wertaufholungsverbot nach internationalen Rechnungslegungsgrundsätzen Fischer/Wenzel (Wertaufholung, 2001).

508 Vgl. SFAS 142.26.

509 Nach SFAS 142.28 muss die Wahrscheinlichkeit mit „More Likely Than Not" beschrieben werden.

510 Als Ereignisse, die eine signifikante Veränderung der Zusammensetzung einer Reporting Unit nach sich ziehen, werden im Standard wesentliche Akquisitionen oder konzerninterne Umstrukturierungen beispielhaft genannt. Vgl. SFAS 142.27a.

zuletzt ermittelte Fair Value der Reporting Unit den Buchwert des Eigenkapitals erheblich[511] überschritten hat und eine Untersuchung der zwischenzeitlich veränderten Rahmenbedingungen, dass die Wahrscheinlichkeit, mit der der Fair Value der Reporting Unit unter den Buchwert des Eigenkapitals gesunken ist, sehr gering ist.[512] Die Abbildung 12 fasst die Struktur des Impairment Test nach SFAS 142 im Rahmen der Folgebilanzierung zusammen.

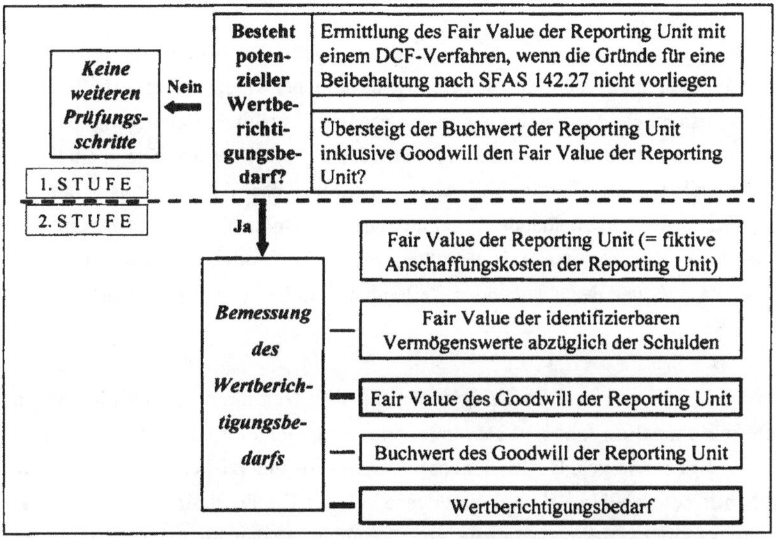

Abbildung 12: Impairment Test nach SFAS 142 „Goodwill and Other Intangible Assets"
Quelle: In Anlehnung an Küting/Weber/Wirth (Goodwillbilanzierung, 2001), S. 191.

2.3.3 Ermittlung des impliziten Fair Value des Goodwill

Bei der Ermittlung des impliziten Fair Value des Goodwill wird ein gedanklicher Neuerwerb der Reporting Unit unterstellt, wobei der in der ersten Stufe ermittelte Fair Value der Reporting Unit den fiktiven Kaufpreis darstellt.[513] Diesem werden in Analogie zum Purchase Accounting die zum Fair Value bewerteten Vermögenswerte und Schulden zugeordnet.[514] Dabei ist darauf zu achten, dass bisher nicht bilanzierte, aber aus Sicht eines fiktiven Erwerbers bilanzierbare materielle und immaterielle Vermögenswerte berücksichtigt

[511] In SFAS 142.27b heißt es: „by a substantial margin".

[512] Vgl. SFAS 142.27c.

[513] Vgl. Hommel (Goodwill und Badwill, 2001), S. 808.

[514] Grundlegendes Merkmal des Purchase Accounting ist die Kapitalkonsolidierung, die hier sinngemäß vorgenommen wird.

werden.[515] Der Überschuss des Fair Value der Reporting Unit über das neubewertete Eigenkapital ergibt den impliziten Fair Value des Goodwill. In SFAS 142.21 wird erläutert, dass dieses Verfahren ausschließlich zur Durchführung des Impairment Test genutzt werden soll. Es darf nicht dazu dienen, Wertkorrekturen an bereits bilanzierten Vermögenswerten und Schulden vorzunehmen oder bisher nicht bilanzierte immaterielle Vermögenswerte zu aktivieren. Die positive Differenz zwischen dem Buchwert des Goodwill und seinem impliziten Fair Value stellt den Abschreibungsbedarf für den Goodwill dar.

In SFAS 142 wird keine Aussage darüber getroffen, wie eine Aufteilung der außerplanmäßigen Abschreibung auf die einzelnen Goodwillkomponenten einer Reporting Unit zu erfolgen hat.[516] Hinsichtlich der Ermittlung des Abgangerfolgs einer Beteiligung bei der Endkonsolidierung wäre eine Untergliederung jedoch sinnvoll.[517] Wird eine Teileinheit veräußert, dann sind Goodwillbeträge bei der Ermittlung des Abgangerfolgs nur zu berücksichtigen, wenn der ausscheidende Teil innerhalb des Unternehmens ein Business[518] darstellt. Der bei dieser Transaktion mit zu veräußernde Teil des Goodwill sollte auf Basis des Verhältnisses der Fair Values der abgehenden Teileinheit und der gesamten Reporting Unit bestimmt werden.[519]

Die Ausführungen zum Impairment Test zeigen den mit dem Verfahren verbundenen hohen Aufwand. Nicht nur einmal im Jahr sind sämtliche Reporting Units für die Feststellung ihres Fair Values einer eigenständigen Unternehmensbewertung zu unterziehen, sondern für die Reporting Units mit potenziellem Wertminderungsbedarf des Goodwill sind darüber hinaus die Zeitwerte für sämtliche Vermögenswerte und Schulden – auch nicht bilanzierte – zu bestimmen.[520] Die Wirtschaftlichkeit des Verfahrens wird vom FASB mit dem zweistufigen Impairment Test begründet: Nur wenn im ersten Testschritt der Fair Value der Reporting Unit unter dem Buchwert des Eigenkapitals liegt, erfolgt im zweiten Schritt des Impairment Test die kostenintensive Neubewertung aller bilanzierungsfähigen Vermögenswerte und Schulden.[521]

Nach SFAS 142 ist der Fair Value eines Vermögenswertes bzw. einer Schuld der Betrag, zu dem der Vermögenswert bzw. die Schuld in einer aktuellen Transaktion zwischen

---

515 Vgl. SFAS 142.21.

516 Die Aufteilung betrifft die als Core Goodwill definierten Komponenten.

517 Vgl. Küting/Weber/Wirth (Goodwillbilanzierung, 2001), S. 192.

518 Zum Begriff des Business vgl. Kapitel II, 3.2.1.

519 Wird ein Business für 100 $ verkauft und beträgt der Fair Value der Reporting Unit 300 $ (ohne Berücksichtigung der zu veräußernden Teileinheit), dann werden 25% des Goodwill der Reporting Unit der abgehenden Teileinheit zugerechnet. Vgl. SFAS 142.39.

520 Vgl. SFAS 142, Appendix B, B.124.

521 Vgl. SFAS 142, Appendix B, B.133-135.

transaktionswilligen Geschäftspartnern freiwillig gekauft bzw. verkauft werden könnte.[522] Der Fair Value verkörpert somit einen hypothetischen Marktpreis, der unter idealisierten Bedingungen zustande kommt. In diesem Rahmen stellen Preisnotierungen an aktiven Märkten die beste Approximation des Fair Value dar und in Übereinstimmung mit SFAC 7 „Using Cash Flow Information and Present Value in Accounting Measurements" würde somit bei der Bestimmung des Fair Value einer Reporting Unit zuerst der Börsenwert herangezogen werden. Abweichend von diesen Vorschriften des Conceptual Framework sieht SFAS 142.23 vor, nicht die Marktkapitalisierung einer börsennotierten Berichtseinheit zur Approximation des Fair Value in erster Linie heranzuziehen, sondern diese nur als Ausgangsbasis zur Ermittlung des hypothetischen Transaktionspreises zu nutzen.[523] Grund hierfür sind die im Rahmen von Unternehmenserwerben üblicherweise gezahlten und somit im Börsenwert enthaltenen Kursaufschläge, „mit denen die mit einer Übernahme von Kontrollmehrheiten erworbenen Gestaltungsrechte abgegolten werden".[524]

Da aber in den meisten Fällen keine börsenkursgestützten Preisinformationen vorliegen werden, „ist subsidiär der Fair Value mittels Barwertmethoden zu generieren".[525] Diese Preisbildungsmodelle anhand von Barwertkalkülen müssen nach SFAS 142.24 die folgenden zwei Voraussetzungen erfüllen: Erstens muss aufgrund der Fair Value-Fiktion eine Bewertung der Reporting Unit aus Marktsicht vorgenommen werden, das heißt es müssen Umweltzustände in Form von Annahmen und Erwartungen in die Bewertung einfließen, die bei idealtypischen Marktakteuren unter der Veräußerungs- bzw. Erwerbsabsicht einer Reporting Unit existent wären. Wenn solche Informationen nicht bzw. nicht ohne unverhältnismäßig hohen Aufwand zu beschaffen sind, darf auf eigene Cashflow-Schätzungen zurückgegriffen werden, denen vernünftige, nachvollziehbare und alle Faktoren berücksichtigende Annahmen zugrunde liegen müssen. Zweitens muss das angewendete Verfahren die fünf in SFAC 7.23 genannten Elemente beachten. Das sind im Einzelnen:

1. Die Schätzung der zukünftigen Cashflows;
2. die Erwartungen hinsichtlich möglicher Variationen in Höhe und/oder zeitlichem Anfall der Cashflows;
3. der Zeitwert des Geldes in Form des risikolosen Zinssatzes;
4. die Prämie für das Tragen des Risikos von Variationen in Höhe und zeitlichem Anfall der Cashflows;
5. andere, mitunter nicht identifizierbare Faktoren wie Illiquidität oder Marktunvollkommenheiten.

---

[522] „[T]he Fair Value of a Reporting Unit refers to the amount at which the unit as a whole could be bought or sold in a current transaction between willing parties". SFAS 142.23.

[523] Vgl. auch SFAS 142, Appendix B, B.154.

[524] Hitz/Kuhner (Prüfstand, 2002), S. 278.

[525] Hitz/Kuhner (Prüfstand, 2002), S. 278. Im Original teilweise Kursivdruck. Vgl. weiterhin SFAC 7.1; Hitz/Kuhner, (Conceptual Framework, 2000), S. 892.

Multiplikatorverfahren, die an Ergebnis- oder Umsatzgrößen anknüpfen, können ebenfalls zur Ermittlung des Fair Value einer Reporting Unit verwendet werden. Sie müssen aber ebenfalls der Fair Value-Fiktion entsprechend Rechnung tragen und die zum Vergleich dienenden Unternehmen müssen hinsichtlich ihrer betrieblichen Tätigkeit und den ökonomischen Merkmalen mit der zu bewertenden Reporting Unit vergleichbar sein.[526] „Die erste Voraussetzung wird als erfüllt angesehen, wenn das Verfahren die oben genannten fünf Elemente inkorporiert und zu einem ähnlichen Ergebnis führt wie eine DCF-Bewertung; welcher Gestalt ein die besagten Elemente erfüllendes Multiplikatorverfahren sein muss, bleibt indes offen.“[527]

Die gängigen Gesamtbewertungsverfahren erfüllen grundsätzlich die Anforderungen, die nach SFAC 7 „Using Cash Flow Information and Present Value in Accounting Measurements“ und SFAS 142 an die Verfahren zur Ermittlung des Fair Value einer Reporting Unit gestellt werden.[528] „So entspricht die Diskontierung künftiger erwarteter (free) Cashflows mit einem auf Basis des CAPM angepassten Zinsfuß, wie sie SFAC 7 „Using Cash Flow Information and Present Value in Accounting Measurements“ als zulässige Vorgehensweise vorsieht, der Methodik der DCF-Verfahren, ist aber ebenfalls mit dem Ertragswertverfahren vereinbar.“[529]

2.3.4 Impairment Only Approach: Vom Historical Cost Accounting zum Fair Value Accounting?

Die Neuregelungen zur Goodwill-Bilanzierung sind im Kontext der umfassenden Neuausrichtung des Financial Accounting in der US-amerikanischen Rechnungslegung zu sehen.[530] Der Impairment Only Approach ist ein weiterer Schritt weg vom Historical Cost Accounting hin zur Eigenkapitaldarstellung auf Fair Value-Basis[531], wonach das bilanzielle Eigenkapital den Unternehmenswert widerspiegeln soll.[532]

---

526 Vgl. SFAS 142.25.

527 Hitz/Kuhner (Prüfstand, 2002), S. 278. Vgl. SFAS 142, Appendix B, B155.

528 Vgl. Hitz/Kuhner (Prüfstand, 2002), S. 278.

529 Hitz/Kuhner (Prüfstand, 2002), S. 278.

530 Die Tendenz vom Historical Cost Accounting zum Fair Value Accounting ist nicht nur in der US-amerikanischen Rechnungslegung zu beobachten sondern auch auf internationaler Ebene. Vgl. Siegel (Revolution, 1997), S. 81-90; Wiedmann (Fair Value, 1995), S. 780-811.

531 Vgl. American Accounting Association´s Financial Accounting Standards Committee (Measuring, 2001), S. 170; Böcking/Lopatta/Rausch (Fair Value, 2005), S. 83-102. Vgl. weiterhin zum Fair Value in der aktuellen Diskussion Lorson (Wertbegriffe, 2005); Freidank/Winkler (Konzeptionelle Fragen, 2005); Kessler (Fair Value, 2005); Kirsch/Dohrn (Umsetzung, 2005); Hossfeld (Ausschüttung, 2005); Kussmaul (Maßgeblichkeit, 2005); Hommel (Neubewertungsmethode, 2005); Ruhnke/Schmidt (Wirtschaftsprüfung, 2005); Hitz (Fair Value, 2005); Hitz (Rechnungslegung, 2005); Blaufus (Fair Value Accounting, 2005); Ballwieser/Küting/Schildbach (Wertansatz, 2005); Beyer (Fair Value, 2005); Willis (Financial Assets, 1998); Vater, Hendrik (Fair Value, 2002); Siegel, Theodor (Zeitwertbilanzierung, 1998).

532 Vgl. Herz (Equity Valuation, 2001), S. 170.

Vor Inkrafttreten des SFAS 141 und 142 bezog sich die Bewertung zum Fair Value in erster Linie auf die Bilanzierung bestimmter Finanzinstrumente.[533] Während durch diese Regelungen das Ertragsrealisationsprinzip und das Anschaffungskostenprinzip - verstanden als „Grundpfeiler der US-amerikanischen Rechnungslegung“[534] - nicht ins Wanken geraten konnten, ist nunmehr eine Ausweitung der Fair Value Bilanzierung auf den Goodwill im Rahmen des Impairment Test zu verzeichnen. Damit einher geht auch die in den letzten Jahren vom FASB vertretene Ansicht, dass der Fair Value aus Investorensicht der entscheidungsnützlichste Wert ist.[535] Eine Tendenz hin zu einer zunehmenden Fair Value-Bilanzierung in der US-amerikanischen Rechnungslegung zeichnet sich ebenfalls im SFAC 7 „Using Cash Flow Information and Present Value in Accounting Measurements“ ab, welcher das Conceptual Framework um die Fair Value-Bilanzierung ergänzt, denn dort heißt es: „[F]air value provides the most complete and representationally faithful measure of the economic characteristics of an asset or a liability.”[536]

„Bei einer konsequent durchgeführten Fair Value-Bilanzierung würde die bilanzielle Eigenkapitalposition den Nettoveräußerungserlös aller einzelnen Vermögenswerte und Schulden eines Unternehmens widerspiegeln, unter der Bewertungsprämisse, dass die hypothetischen Veräußerungen zwischen informierten, transaktionswilligen Partnern gleicher Verhandlungsmacht stattfinden.“[537] Wird vor dem Hintergrund der Fair Value-Bilanzierung, die eine Bewertung von Vermögenswerten und Schulden zu Zeitwerten fokussiert, die Bilanz neben der Gewinn- und Verlustrechnung als Informationsinstrument betrachtet, so ist die Bilanz klar von Vorteil, weil hier der Zweck der Vermögensmessung im Vordergrund steht.[538] Im Rahmen der Bilanztheorie ist daher eine verstärkte Ausrichtung der Rechnungslegung an der Fortführungsstatik[539] zu verzeichnen. In der US-amerikanischen Accounting Theory wird von einer zunehmenden Orientierung am Asset and Liability Approach gesprochen.[540]

---

533 Vgl. hierzu SFAS 115 „Accounting for Certain Investments in Debt and Equity Securities“ und 133 „Accounting for Derivative Instruments and Hedging Activities“. Zum Stand einer umfassenden Fair Value Bilanzierung bei Finanzinstrumenten vgl. Joint Working Group of Standardsetters (Financial Instruments, 2000). Zur Fair Value Bilanzierung von Finanzinstrumenten nach IAS vgl. IAS 32 „Financial Instruments: Disclosure and Presentation“, IAS 39 „Financial Instruments: Recognition and Measurement“ sowie IFRS 7 „Financial Instruments: Disclosures“.

534 Hitz/Kuhner (Prüfstand, 2002), S. 279.

535 Vgl. auch zum Paradigmenwechsel in der Rechnungslegung und zur Fair Value-Diskussion nach IFRS und HGB Böcking/Lopatta/Rausch (Fair Value, 2005); Hitz (Fair Value, 2005).

536 SFAC 7.36.

537 Hitz/Kuhner (Prüfstand, 2002), S. 280. Im Original teilweise Kursivdruck.

538 Vgl. Sullivan (Apocalypse, 1992), S. 185; Miller (Realities, 1985), S. 67.

539 Die „Fortführungsstatik“ geht auf Simon zurück und ist eine bestimmte Ausprägung der statischen Bilanztheorie. Vgl. hierzu Moxter (Bilanzlehre I, 1984), S. 6.

540 In den USA existieren, entsprechend den deutschen betriebswirtschaftlichen Ansätzen zur Ermittlung eines zweckorientierten Bilanzgewinns, unterschiedliche theoretische Konzepte. Zu einem Überblick über theoretische Ansätze der Rechnungslegung in den USA vgl. Ballwieser (Entwicklung, 1993), S. 110-138. Insbesondere die Konzepte Asset and Liability Approach sowie Revenue and Expense Approach weisen starke Parallelen zur Statik und Dynamik auf. Nach dem Asset and Liability Approach ist von einer

Abschreibungen dienen somit künftig der Marktbewertung von Vermögenswerten und nicht mehr der zeitlichen Zuordnung von Ausgaben zu den alimentierten Erträgen.[541] Und genau hier setzt der Impairment Only Approach an: Kommt es zu einer Minderung des Effektivvermögens, dann liegt ein tatsächlicher Wertverzehr vor, der erfolgsmindernd zu erfassen ist. Dabei werden aber nur negative Effekte bei der Vermögensmessung berücksichtigt, denn eine Wertaufholung für den Goodwill infolge einer einmal vorgenommenen Wertminderung ist verboten, auch wenn nachweislich die Abschreibungsgründe entfallen sind und der Marktwert der Berichtseinheit über ihrem Buchwert liegt.[542] Mit dieser asymmetrischen Behandlung des Goodwill wird die Fair Value-Bilanzierung im Rahmen des Impairment Test nicht in letzter Konsequenz verfolgt; das oberste Ziel der US-amerikanischen Rechnungslegung, dem Investor durch die Bilanzierung zum Fair Value Informationen bereitzustellen, wird letztendlich nicht erfüllt.[543]

Die Orientierung am Asset and Liability Approach widerspricht der dynamischen Ausrichtung des Financial Accounting. In SFAC 1 „Objectives of Financial Reporting by Business Enterprises" heißt es: „[F]inancial accounting is not designed to measure directly the value of an enterprise"[544]. Die Ermittlung des Unternehmenswertes durch die Bilanz wird hier explizit abgelehnt und somit natürlich auch die Vermögensermittlung als Bilanzierungszweck. Wesentlicher Informationsträger ist nach Auffassung des FASB die Financial Performance, die durch den Periodenerfolg gemessen wird.[545] Vermögens- und Erfolgsermittlung können aber nur theoretisch im Gleichklang stehen: Das Reinvermögen wird zum Ertragswert ausgewiesen, wenn vollkommene und vollständige Güter- und Kapitalmärkte unterstellt werden. Unter dieser Prämisse entspricht auch „der ermittelte Gewinn dem Ideal des ökonomischen Gewinns und ist insofern ‚informativ'"[546]. Bei einer Abkehr von diesem theoretischen Modell und der Unterstellung unvollkommener und unvollständiger Güter- und Kapitalmärkte[547] kann eine „richtige" Vermögensermittlung nur zu Lasten einer „richtigen"

Abbildung des Vermögens am Bilanzstichtag auszugehen während beim Revenue and Expense Approach das bilanzielle Vermögen ein Residuum der Gewinnermittlung ist. Vgl. Hendriksen/Breda (Accounting Theory, 1991), S. 450-451; Roese (Verbindlichkeiten, 1999), S. 38; Gerbaulet (Reporting, 1999), S. 6-34. Paton/Littleton gelten als typische Vertreter des Revenue and Expense Approach. Ihrer Meinung nach ist die Aktivseite nur die Zusammenstellung von noch nicht ergebniswirksam verrechneten Kosten. Diese Potenziale sind nach ihrer Ertragskraft und nicht nach ihrem Substanzwert zu messen. Daher kommt der Ertrags- und Aufwandsperiodisierung die entscheidende Rolle bei der Bestimmung des periodischen Unternehmenserfolgs zu. Vgl. Paton/Littleton (Introduction, 1940).

541 Vgl. Moxter (Gewinnermittlung, 1982), S. 167-168.

542 Vgl. SFAS 142.20.

543 Vgl. Hommel (Goodwillbilanzierung, 2001), S. 1948.

544 SFAC 1.41.

545 Vgl. SFAC 1.42-48.

546 Hitz/Kuhner (Prüfstand, 2002), S. 280. Im Original teilweise Kursivdruck. Vgl. weiterhin Beaver (Reporting, 1998), S. 67. Kritisch hierzu Schildbach (Zeitbewertung, 1999), S. 179-180.

547 Zu den folgenden Überlegungen vgl. Schildbach (Zeitbewertung, 1999), S. 177-188.

Gewinnermittlung erfolgen.[548] Die Informationsqualität des Periodenergebnisses als Ausschüttungsindikator ist insbesondere dann begrenzt, wenn aus kurzfristigen Marktschwankungen der Kapitalisierungszinssätze Ergebniswirkungen resultieren, die ohne eine Änderung des Umfangs, der zeitlichen Struktur oder der Risikostruktur erwarteter Cashflows einher gehen.[549]

Bei einer umfassenden Fair Value Bilanzierung könnte das Eigenkapital nur den Unternehmenswert repräsentieren, wenn alle immateriellen Werte, das heißt auch selbsterstellte, Berücksichtigung finden würden. Positiv wäre dabei, dass der schleichende Ersatz eines originären Goodwill durch einen derivativen Goodwill nicht von Interesse wäre, da sowohl der originäre als auch der derivative Goodwill zum Fair Value anzusetzen wären.

Ein weiteres Problem der Fair Value-Bilanzierung im Rahmen des Impairment Only Approach ist, dass bei der Ermittlung des impliziten Fair Value der Reporting Unit auf einen hypothetischen Veräußerungserlös abgestellt wird, der die Zahlungsbereitschaft von einem außenstehenden Dritten verkörpert. Synergieeffekte, die aus einer bestimmten Portfoliokombination einzelner Reporting Units resultieren, können dabei nicht berücksichtigt werden.[550]

Nicht nur im Bereich der Wertaufholung erfolgt keine konsistente Fair Value-Bilanzierung, sondern auch im Rahmen der Kapitalkonsolidierung. Hier werden nicht entgeltlich erworbene stille Reserven nicht aufgedeckt, da ein solcher Ansatz zum Ausweis eines passivischen Unterschiedsbetrags führen würde, der proportional von den Wertansätzen der Non Current Assets (Except Long Term Investments in Marketable Securities) abzusetzen wäre.[551] Die Fair Value-Bewertung würde auf den Zeitpunkt des Unternehmenszusammenschlusses begrenzt bleiben und nur für die Vermögenswerte und Schulden des erworbenen Unternehmens durchgeführt werden.[552] Die Aufdeckung der stillen Reserven und Lasten in

---

548 Vgl. Hitz/Kuhner (Prüfstand, 2002), S. 280. Hitz/Kuhner sprechen hier auch von einem negativen Trade Off von Vermögens- und Gewinnermittlung. Zur Vermögens- und Gewinnermittlung vgl. Schmalenbach (Dynamische Bilanz, 1926), S. 44-45; Moxter (Gewinnermittlung, 1982), S. 6 und S. 30-31.

549 Vgl. hierzu auch das Beispiel bei Schildbach (Zeitbewertung, 1999), S. 178-188.

550 Vgl. Hitz/Kuhner (Prüfstand, 2002), S. 280-281. Vgl. zum Impairment Test auch Hachmeister (Impairment, 2005); Kümpel (Goodwill, 2002); Nestler/Thuy (Bewertung, 2002).

551 Vgl. Peffekoven (Reform, 2001), S. 199.

552 Materiell würde das der Anschaffungskostenrestriktion, wie das HGB sie vorsieht, entsprechen. So ist auch die Fresh Start-Methode, die im Rahmen von Unternehmenszusammenschlüssen als mögliche Bilanzierungsalternative diskutiert wurde, ein Schritt in Richtung einer Fair Value-Bilanzierung. Nach dieser Methode gehen die ursprünglichen Unternehmen wirtschaftlich unter, so dass die Going Concern-Vermutung des Erwerbers nicht gegeben ist und es auch nicht zu einer Fortführung der Buchwerte kommt. Es soll vielmehr ein vollständiges Bild von den im neuen Unternehmen vorhandenen Werten gegeben werden. Darüber hinaus sollen bei der Bewertung der Vermögenswerte und Schulden mit dem Fair Value die künftigen Cashflows abgebildet werden. Aber auch hier erfolgt die Fair Value Bewertung nur im Erstkonsolidierungszeitpunkt und auch nur für die sich zusammenschließenden Unternehmen. Alle andern Unternehmen im Konzernverbund unterliegen nicht einer Fair Value-Bewertung. Zu einer ausführlichen

den Vermögenswerten und Schulden der an dem Konzernverbund beteiligten Unternehmen wird aber nicht vorgenommen, so dass eine Bilanzposition im Konzernabschluss zusammengefasste Sachverhalte, die unterschiedlichen Bewertungsprinzipien unterliegen, enthalten kann.[553] Insoweit wäre die Fair Value-Bilanzierung nicht informativ. Es ist also wenig sachgerecht, Problembereiche der Bewertung auf die Kapitalkonsolidierung zu übertragen, deren grundlegendes Ziel es ist, bestehende Kapitalverflechtungen im Konzernverbund zu eliminieren.

2.4 Zwischenergebnis

Da der Jahresüberschuss eines Unternehmens am Kapitalmarkt als ein wesentliches Beurteilungskriterium der Unternehmensleitung gilt, hat diese ein Interesse daran, einen möglichst hohen Jahresüberschuss auszuweisen. Dieses Ziel kann insbesondere über die Steuerung von (wertmäßig hohen oder niedrigen) Abschreibungen erreicht werden. Dafür eignen sich bei den Reporting Units solche Bewertungsverfahren, die der Unternehmensleitung über diverse Parameter eine Steuerung des Bewertungsergebnisses ermöglichen. Dabei können im Idealfall die Parameter so gewählt werden, dass Abschreibungen im Extremfall vermieden oder zumindest auf ertragreichere Perioden verschoben werden können. Während bei einem Verfahren der planmäßigen Abschreibung eine Vermeidung unmöglich ist und eine nachträgliche Änderung der Parameter zu einer Verschiebung des Abschreibungsaufwands führt, kann beim Impairment Only-Ansatz durch die Kompensation der Wertminderung des bilanzierten Goodwill durch originären Goodwill eine Abschreibung ganz verhindert werden.

Die Kritik beim Impairment Only-Ansatz bezieht sich größtenteils auf die Manipulierbarkeit bzw. Steuerbarkeit der Ergebnisse des Wertminderungstests. Zu fragen ist, ob auch die Abgrenzung der Reporting Units die Ergebnisse des Wertminderungstests beeinflussen kann. Unter der Annahme, dass die Abgrenzung der Reporting Units dem Stetigkeitsgrundsatz folgt, lässt sich folgendes feststellen: Bei der Abgrenzung der Reporting Units bildet die Einteilung des Unternehmens in Operating Segments den Ausgangspunkt für Zwecke der Segmentberichterstattung. Sind die oben erläuterten Bedingungen erfüllt, dann liegen Reporting Units auf einer Ebene unterhalb der Operating Segments vor, auf die der Goodwill aufgeteilt werden muss. Eine wesentliche Bedingung für die Identifikation einer Reporting Unit unterhalb des Operating Segment ist, dass die Components unterschiedliche ökonomische Merkmale aufweisen. Werden zwei oder mehr Components zusammengefasst,

---

Darstellung der Fresh Start-Methode vgl. Muff (Kapitalkonsolidierung, 2002); G4+1 (Position Paper, 1998); Pellens/Sellhorn (Fresh Start-Methode, 1999), S. 2125-2132; Telkamp/Bruns (Vergleich, 2000). In einer weiteren Phase des Business Combinations-Projekts soll diskutiert werden, ob die Fresh Start-Methode bei der Bildung von Joint Ventures oder bei Unternehmenszusammenschlüssen von mehreren Unternehmen, von denen nach dem Zusammenschluss keines eine herausgreifende Stellung hat, zur Anwendung kommen soll.

[553] Vgl. Peffekoven (Reform, 2001), S. 202.

stellen sie ein Portfolio dar, in dem es durch die unterschiedlichen ökonomischen Merkmale zu einem Ausgleich kommen kann. Haben beispielsweise zwei Components unterschiedliche Risiken, sind die Risiken für die Werthaltigkeit des Goodwill auch unterschiedlich. Durch die unterschiedlichen Risiken im Gesamtportfolio kann es somit zu einem Risikoausgleich kommen. Im Rahmen der Folgebewertung des Goodwill kommt es daher bereits im ersten Schritt des Wertminderungstests zu einem Ausgleich der Wertminderung eines Component durch ein anderes. Bildet hingegen ein Component eine Reporting Unit, dann könnte die Wertminderung nicht kompensiert werden. Daher ist eine weite im Sinne von ungenaue Abgrenzung der Reporting Units für den Bilanzersteller vorteilhaft, da auf diese Weise die Auswirkungen auf das Jahresergebnis durch Abschreibungen auf den Goodwill vermieden werden können.

Die Konsequenz des beschriebenen Ausgleichs ist der Ansatz eines originären Goodwill. Da die Aktivierung eines originären Goodwill nach SFAS 142.10 nicht erwünscht ist, soll eine weite Abgrenzung der Reporting Units vermieden und somit die Kompensation von Wertminderungen durch andere Components umgangen werden. Denn die Aktivierung von originärem Goodwill läuft der Vergleichbarkeit der Abschlüsse entgegen. Insofern sind die Reporting Units möglichst klein abzugrenzen, da somit die Vergleichbarkeit, die Relevanz und die Zuverlässigkeit der Abschlüsse verbessert wird.

SFAS 142 sieht keine expliziten Vorschriften zur Erläuterung der Abgrenzung von Reporting Units vor. Aus Vergleichbarkeitsgründen ist auch hier zumindest eine Angabe der Grundsätze zur Abgrenzung der Reporting Units zu fordern. Noch besser wären detaillierte Angaben zur Abgrenzung von Reporting Units in Anlehnung an die Angaben gemäß SFAS 131.25 und 131.26 zur Abgrenzung der Segmente in der Segmentberichterstattung. Das heißt, dass für die Segmente die Components angegeben und erläutert werden müssen. Weiterhin ist anzugeben, ob Components zu Reporting Units zusammengefasst wurden. Die größtmögliche Reporting Unit ist das Operating Segment.

Eine weitere Frage ist, ob sich durch Restrukturierungen der Ausweis einer Wertminderung des Goodwill verhindern oder verschieben lässt. Grundsätzlich dürfte eine Umgliederung der Reporting Units nur möglich sein, wenn zuvor die Organisationsstruktur des Unternehmens- bzw. die Steuerungsstruktur für das Unternehmen geändert wurde. Ob ein Unternehmen die Organisations- und Steuerungsstruktur aus rein bilanzpolitisch motivierten Gründen ändert, richtet sich hierbei wohl nach dem Nutzen. Denn der Nutzen der ersparten Abschreibung steht den Kosten der Restrukturierung der Organisations- und Steuerungsstruktur gegenüber und ist in der Regel schwer zu quantifizieren. Darüber hinaus kann der bilanzpolitische Erfolg der Restrukturierung nur von temporärer Natur sein. Sollte die Restrukturierung dennoch ein Anreiz zur Vermeidung von Goodwillabschreibungen sein, dann ist es erforderlich, dass alle

Teile einer Reporting Unit, die im Rahmen einer Restrukturierung einer anderen Reporting Unit zugewiesen werden sollen, vor der Restrukturierung auf eine mögliche Wertminderung zu testen sind.

Die oben erläuterte Verfahrensweise zeigt, dass eine Wertminderung des Goodwill immer vorliegt, wenn der Fair Value unter dem Buchwert der Reporting Unit liegt. Eine konzeptionelle Schwäche würde der Standard aufweisen, wenn es Situationen gibt, in denen der Goodwill zwar im Wert gemindert ist, der Fair Value der Reporting Unit aber nicht unter den Buchwert der Reporting Unit sinkt. Damit würde der Impairment Only Ansatz die Vergleichbarkeit beeinträchtigen und die Entscheidungsrelevanz der Information einschränken.

Nach Moxter wird die Bestimmung des Unternehmenswertes durch den Bewertungsanlass determiniert.[554] Der Bewertungsanlass bestimmt die Ausprägung der Bewertungsparameter. Der Bewertungsanlass bei der Bewertung der Reporting Units ist zum einen die Vorschrift zur Bilanzierung der Reporting Units im allgemeinen und der Wertminderungstest für den Goodwill im besonderen. Gemäß den Vorschriften zum Wertminderungstest nach SFAS 142 dient hier die Unternehmensbewertung den Bilanzierungszwecken. Damit ist der Bewertungsanlass eine durch die Rechnungslegung standardisierte und regelmäßige Informationsvermittlung. Da die Unternehmensbewertung sonst der Findung von Entscheidungswerten dient, sind die Besonderheiten bei der Unternehmensbewertung zu Bilanzierungszwecken zu berücksichtigen.[555]

Auch bei der Ermittlung von Informationen durch die Unternehmensbewertung zu Bilanzierungszwecken, sollen diese Informationen zuverlässig und vergleichbar sein. Eine Vergleichbarkeit zwischen den Unternehmen und im Zeitablauf kann aber nur durch eine regelmäßige und standardisierte Informationsvermittlung gewährleistet werden.[556] Dabei ist die Zuverlässigkeit der Informationsvermittlung bei der Unternehmensbewertung zu Bilanzierungszwecken davon abhängig, in wie weit Ermessensspielräume für den Bilanzierenden bestehen.

Das Ziel der Unternehmensbewertung für Bilanzierungszwecke muss aus dem Ziel der Rechnungslegung abgeleitet werden. Wie im zweiten Kapitel erläutert, sollen durch die Rechnungslegung entscheidungsnützliche Informationen vermittelt werden. Die Verfahren der Unternehmensbewertung müssen sich somit an den allgemeinen Anforderungen für die

---

[554] Vgl. Moxter (Grundsätze, 1976), S. 6.
[555] Vgl. Beys (Impairment, 2002), S. 201.
[556] Der zwischenbetriebliche Vergleich und der Vergleich im Zeitablauf ist bei der Unternehmensbewertung zur Findung von Entscheidungswerten von untergeordneter Bedeutung.

Informationsvermittlung nach US-GAAP orientieren. Dabei schränken Ermessensspielräume des Bewerters die Entscheidungsnützlichkeit der vermittelten Informationen ein und sind zu erläutern, zu eliminieren oder zu begrenzen.

Unter rein finanziellen Zielsetzungen ergibt sich der Wert eines Unternehmens aus den Zahlungen, die dem Eigenkapitalgeber aus den Anteilen am Unternehmen in Zukunft zufließen. Diese variieren in Abhängigkeit von der Verwendung des Kapitals durch die Manager. Da jeder Anleger individuelle Zielvorstellungen hat, ist der Grenzpreis, den der Einzelne für das Unternehmen maximal zu zahlen bereit ist, unterschiedlich. Ein einheitlicher Preis für ein Unternehmen und somit auch für eine Reporting Unit besteht nicht. Im Rahmen der Bewertung von Reporting Units stellt sich nun die Frage, welche Annahmen für die Bewertung zu treffen sind, wenn sowohl Käufer als auch Verkäufer der Reporting Unit einen anderen Grenzpreis haben. Gemäß SFAS 142.23 ist der Fair Value der im Wertminderungstest für den Goodwill relevante Wert: „Thus, the fair value of a reporting unit refers to the amount at which the unit as a whole could be bought and sold in a current transaction between willing parties."[557] Der Fair Value der Reporting Unit ist hier also als Marktpreis zu interpretieren. Bei der Wertermittlung ist auf den Preis abzustellen, zu dem die Reporting Unit auf einem funktionsfähigen Markt veräußert werden könnte und nicht auf den individuellen Nutzwert.[558] Insofern kann der Fair Value nicht der auf individuellen und nicht allgemein prüfbaren Erwartungen des Bilanzierenden beruhende subjektive Unternehmenswert sein, denn der Marktpreis eines Objekts ist am Markt beobachtbar und deshalb objektiviert.[559] Da aber an Märkten fast ausschließlich Unternehmensanteile gehandelt werden, existiert weder für ganze Unternehmen noch für Reporting Units ein Marktpreis. Ein tatsächlicher Marktpreis existiert aber nur für die gesamte Unternehmung im Erwerbszeitpunkt. Der Marktwert der Reporting Unit ist also rein hypothetisch.

Die Ausführungen zur bilanziellen Abbildung eines erworbenen Goodwill aus einer Business Combination nach US-GAAP zeigen, dass die Standards weniger an der Generierung entscheidungsnützlicher Informationen ausgerichtet sind, sondern tendenziell den Partikularinteressen derjenigen dienen, die eine bessere Lobbyarbeit organisieren können, wie beispielsweise das Management. Insofern sind SFAS 141 und SFAS 142 als „politisch motivierte Standards" zu klassifizieren.[560]

Konvergenz oder Adaption von SFAS 141 „Business Combinations" und SFAS 142 „Goodwill and Other Intangible Assets" durch das IASB?

---

557 SFAS 142.23.

558 Vgl. Pfitzer/Dutzi (Fair Value, 2002), Sp. 750-751; Barth/Landsman (Fundamental Issues, 1995), S. 101.

559 Vgl. Moxter (Grundsätze, 1976), S. 33.

2.5 Verbesserung der Vergleichbarkeit von IFRS und US-GAAP

2.5.1 Notwendigkeit einer Harmonisierung

Harmonisierung ist im Allgemeinen ein dynamischer Prozess, der im Ergebnis etwas in Einklang bringt.[561] Bezogen auf die Rechnungslegung bedeutet Harmonisierung das Erreichen eines Zustands der internationalen Vergleichbarkeit zwischen zwei oder mehreren Rechnungslegungssystemen durch die Reduktion unterschiedlicher Ansatz-, Bewertungs- und Ausweisnormen sowie Rechnungslegungspraktiken.[562] Dabei kann das Ausmaß der Harmonisierung von der Angleichung bis zur Vereinheitlichung der Rechnungslegungsnormen reichen. Eine Vereinheitlichung würde zu einer kompletten Eliminierung der Unterschiede führen (Harmonisierungsgrad = 100%).[563] Bei der Angleichung wird in Abhängigkeit vom Harmonisierungsgrad zwischen Vergleichbarkeit und Gleichwertigkeit unterschieden.[564] Inwieweit die Harmonisierung zwischen IFRS und US-GAAP in den nächsten Jahren voranschreiten wird, ist derzeit noch nicht abzusehen. Jedoch weisen die derzeitigen gemeinsamen Projekte, wie beispielsweise Business Combinations Phase II oder auch die Erarbeitung eines gemeinsamen Framework auf eine zunehmende Zusammenarbeit der Standardsetter hin.

2.5.2 Konvergenz oder Adaption als Lösungsweg

Im Rahmen der Harmonisierung von IFRS und US-GAAP kann zum einen der Wettbewerb unter den Standards dazu führen, dass diese konvergieren. Zum anderen kann es auch dazu kommen, dass sich der effizientere der beiden Standards durchsetzt.[565] Das IASB strebt eine Konvergenz an, bei der sich die unterschiedlichen Standards auf einer qualitativ hochwertigen Ebene annähern.[566] Es handelt sich dabei um eine gegenseitige Annäherung, so dass der Prozess auf beiden Seiten zu Veränderungen führt und keine einseitige Anpassung erfolgt.[567]

---

560 Angemerkt sei, dass bei jedem Regulierungsverfahren Lobbyismus (in Grenzen) legitim und erkennbar ist. Vgl. Zeff (Lobbying, 2002).

561 Vgl. Pellens (Internationale Rechnungslegung, 2001), S. 386; Rost (Harmonisierungsprozess, 1991), S. 20.

562 Vgl. Wagenhofer (Internationale Rechnungslegungsstandards, 2005), S. 10-12; Pellens (Internationale Rechnungslegung, 2001), S. 386; Belkaoui (Accounting, 1992), S. 480; sinngemäß auch Rost (Harmonisierungsprozess, 1991), S. 20-21, 36; Männel (Harmonisierung, 1999), S. 15; Küpper (Zweckmäßigkeit, 1999), S. 5-8.

563 Vgl. Pellens (Internationale Rechnungslegung, 2001), S. 386.

564 Vgl. Wagenhofer (Internationale Rechnungslegungsstandards, 2005), S. 11-12. Nach Rost sind Standardisierung und Harmonisierung zu unterscheiden. Seiner Meinung nach werden bei der Harmonisierung nicht alle Unterschiede eliminiert. Vgl. Rost (Harmonisierungsprozess, 1991), S. 22-23. Zu den Begriffen Standardisierung und Harmonisierung vgl. auch Belkaoui (Accounting, 1992), S. 479. Während die Notwendigkeit einer internationalen Harmonisierung der Rechnungslegung weitgehend anerkannt wird, bestehen hinsichtlich des Harmonisierungsgrads unterschiedliche Auffassungen. Vgl. Wagenhofer (Internationalisierung, 2002), S. 230, 238, 243.

565 Vgl. Wagenhofer (Internationalisierung, 2002), S. 243.

566 Vgl. IASC Foundation Satzung, Par. 2c. Zur Wichtigkeit von qualitativ hochwertigen Rechnungslegungsstandards vgl. Levitt (Importance, 1998).

567 Vgl. Herz (Partnership, 2003), S. 19-20.

Von einer Adaption, welche die Übernahme fremder Normen in das eigene System bedingt und in der Regel zur Aufgabe der eigenen Norm zwingt, sieht das IASB ab.[568] Nicht zuletzt will sich das IASB mit der Konvergenzlösung als Standardsetter in der EU positionieren.

In der Literatur herrschen Zweifel darüber, dass eine gleichgewichtige Konvergenz in der Praxis möglich ist.[569] Aufgrund der ungleichen Machtverhältnisse und Interessenlagen zwischen dem IASB und dem FASB erscheint eine Konvergenz zwischen IFRS und US-GAAP im Sinne einer Entwicklung neuer Standards durch gleichgewichtige Veränderungen der ursprünglichen Standards eher unwahrscheinlich.[570] Wahrscheinlicher ist hingegen, dass sich das IASB bei der Entwicklung neuer Standards immer mehr an die US-GAAP anlehnen wird.[571]

Im Rahmen der Entwicklung des IFRS 3 waren Parallelitäten zu den SFAS 141 und SFAS 142 zu erkennen. Beispielsweise war im vorgelagerten ED 3 „Business Combinations" noch ein zweistufiger Impairment Test vorgesehen, welcher dann im IFRS 3 nur noch eine Stufe umfasste. Der in ED 3 „Business Combinations" vorgesehene Impairment Test sah die folgende Prüfungsreihenfolge vor:

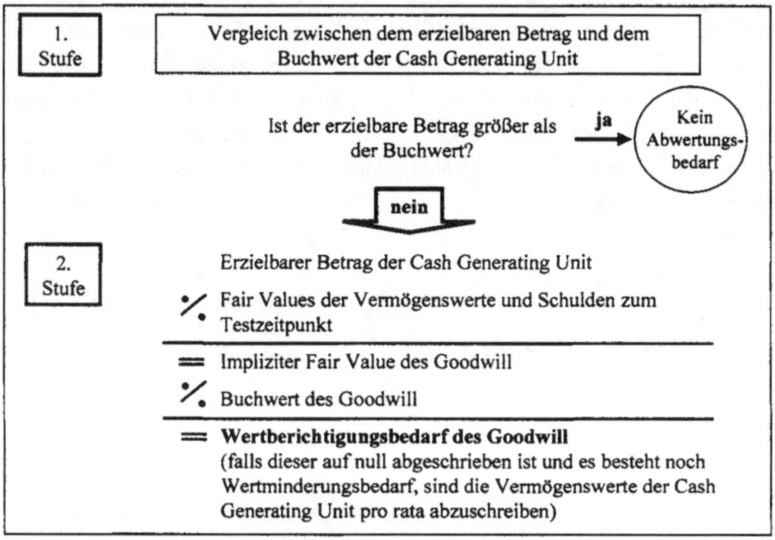

Abbildung 13: Integrierter Impairment Test gemäß ED 3 „Business Combinations"

[568] Das zeigt sich auch darin, dass die unter Kapitel II, 2.5.1 aufgeführten Sachverhalte als Konvergenzprojekte bezeichnet werden.

[569] Vgl. Ballwieser (Rechnungslegung, 2002), S. 296-297.

[570] Vgl. Ballwieser (Rechnungslegung, 2002), S. 297.

[571] Vgl. Glaum (Internationalisierung, 2001), S. 134.

Konvergenz besteht aber beispielsweise hinsichtlich einer verbindlichen Anwendung der Purchase-Methode bei der bilanziellen Abbildung von Unternehmenszusammenschlüssen. Hier ist das IASB dem SFAS 141 gefolgt.

Die derzeit noch bestehenden wesentlichen Unterschiede zwischen den IFRS und den US-GAAP bezüglich der Bilanzierung von Business Combinations werden im Folgenden erläutert. Darüber hinaus sind die Abweichungen hinsichtlich der Erfüllung der Zielsetzung der Rechnungslegung zu analysieren.

2.6 Gemeinsamkeiten und Unterschiede im Bereich „Business Combinations" unter Berücksichtigung der Änderungen des IFRS 3 und des SFAS 141 durch das Business Combinations Project Phase II

2.6.1 Definition eines Business

Nach IFRS 3.4 ist eine Business Combination „the bringing together of separate entities or businesses into one reporting entity."[572] Hierbei ergibt sich eine von den US-GAAP abweichende Definition eines Business, denn gemäß EITF 98-3, Par. 6, ist ein Business ein „self-sustainning integrated set of activities and assets conducted and managed for the purpose of providing a return to investors"[573]. Das IASB verzichtet auf die Self-Sustaining-Formulierung[574] und ergänzt diese Definition um das Ziel der Kostensenkungen beziehungsweise der Schaffung eines ähnlichen Nutzens für andere Beteiligte.[575] Die nach IFRS inhaltlich weiter gefasste Definition eines Business ist laut IASB eher dazu geeignet, eine den tatsächlichen Verhältnissen entsprechende bilanzielle Abbildung bestimmter Erwerbsvorgänge vorzunehmen.[576] Ob es sich bei einem solchen Verbund um ein Business handelt, richtet sich danach, ob der Verbund einzeln identifizierbare zukünftige wirtschaftliche Vorteile und somit einen originären Goodwill enthält.[577] Wird der Erwerb des Verbunds nicht als Business Combination, sondern als Einzelerwerb von Vermögenswerten und als Übernahme von Schulden abgebildet, dann geht ein entstehender Goodwill in den beizulegenden Zeitwerten der Vermögenswerte unter.[578]

---

572 IFRS 3.4. Allerdings nimmt das IASB insofern eine Negativabgrenzung des Geltungsbereichs vor, als es Joint Ventures, Businesses oder Entities Under Common Control, Business Combinations mit zwei oder mehreren Mutual Entities und Business Combinations ohne Eigentümerübergang ausschließt. Vgl. IFRS 3.3.

573 EITF 98-3.6.

574 Vgl. IFRS 3, BC.12a.

575 „An integrated set of activities or assets conducted and managed for the purpose of providing: a) a return to investors; or b) lower costs or other economic benefits directly and proportionately to policyholders or participants." IFRS 3, Appppendix A, Defined terms.

576 Vgl. IFRS 3, BC.13-15.

577 Vgl. IFRS 3, BC.13-15.

578 Vgl. IFRS 3, BC.14.

Das Kriterium, dass der erworbene Verbund selbsttragend sein muss, ist insoweit eine unnötige Eingrenzung, als auch ein nicht selbsttragender Verbund einen Goodwill enthalten kann und dem wirtschaftlichen Gehalt nach ein Business darstellt.[579] Zudem schließt die IASB-Definition im Gegensatz zu EITF 98-3 einen Verbund in der Development-Phase, in der die reguläre Geschäftstätigkeit noch nicht begonnen hat, die sich aber häufig durch einen hohen originären Goodwill auszeichnet, nicht aus.[580] Daher stellt das IASB fest, dass es sich bei einem transferierten Verbund, der einen Goodwill enthält, um ein Business handelt.[581]

Das FASB hat bereits in der Project Summary angekündigt, die Forderung nach der Self-Sustainability des EITF 98-3 aufzugeben.[582] Die neue Definition soll einen Verbund in der Development-Phase, in der noch nicht die reguläre Geschäftstätigkeit aufgenommen wurde, grundsätzlich einschließen. Das Bestehen eines Goodwill ist nicht länger an das Vorliegen eines Business geknüpft.[583] Bestätigt wurde die Ankündigung durch ED-SFAS 141 „Business Combinations a replacement of FASB Statement 141". Das FASB hat eine Angleichung an IFRS 3 vorgenommen und die Forderung nach der Self-Sustainability aufgegeben. Die Definition eine Business lautet nunmehr: „A business is an integrated set of activities and assets that is capable of being conducted and managed for the purpose of providing either:

(1) A return to investors
(2) Dividends, lower costs, or other economic benefits directly and proportionately to owners, members, or participants."[584]

2.6.2 Bewertungsstichtag beim Erwerb mittels eigener Aktien

Erfolgt ein Unternehmenszusammenschluss mittels Ausgabe eigener Aktien des Erwerbers, dann ergeben sich Unterschiede hinsichtlich des Bewertungsstichtags, die sich auf die Höhe des auszuweisenden Goodwill auswirken können.[585] IFRS 3 stellt dabei auf den Übergang der Kontrolle als Bewertungsstichtag ab.[586] SFAS 141 nennt hingegen einen angemessenen Zeitraum von einigen Tagen[587] vor und nach dem Tag, an dem sich die Parteien auf die Konditionen des Erwerbs geeinigt und dies öffentlich bekannt gegeben haben.[588] Bei einem

---

579 Vgl. IFRS 3, BC.13. Als Beispiel nennt das IASB den Erwerb eines Verbunds, ohne dessen Management und Systeme zu übernehmen, was nach der EITF-Definition eines Business nicht als Business Combination abgebildet werden dürfte. Vgl. IFRS 3, BC.13.

580 Vgl. IFRS 3, BC.12b.

581 Vgl. IFRS 3, BC.12c, BC.14.

582 Vgl. FASB (2004), www.fasb.org/project/bcpm_tent_dec.pdf, S. 3.

583 Vgl. FASB (2004), www.fasb.org/project/bcpm_tent_dec.pdf, S. 4.

584 ED-SFAS 141.3d. Vgl. zu weiteren Erläuterungen ED-SFAS 141, Appendix B, B.32-B.41.

585 Vgl. Fladt/Feige (Business Combinations, 2003), S. 250, hier allerdings bezogen auf ED 3.

586 Vgl. IFRS 3.24a.

587 Vgl. EITF 99-12.4.

588 Vgl. SFAS 141.22 aufbauend auf EITF 99-12.4. Dies ist im Regelfall der Tag der Unterzeichnung des Kaufvertrags. Vgl. hierzu Fladt/Feige (Business Combinations, 2003), S. 250, hier allerdings bezogen auf ED 3.

Kontrollübergang mittels einer einzigen Transaktion fallen demnach gemäß IFRS 3 der Tauschzeitpunkt und der Erwerbszeitpunkt zusammen.[589] Nach SFAS 141 hingegen kann der maßgebliche Tag der Einigung und die Bekanntgabe erheblich von dem Acquisition Date abweichen.[590] Bei einer längeren Zeitspanne und einer hohen Volatilität der Aktien des Erwerbers kann es daher bei der Abbildung der Transaktion, in Abhängigkeit von dem zugrunde gelegten Rechnungslegungssystem, zu einem anderen Erwerbspreis kommen.[591] Da der Fair Value der identifizierbaren Vermögenswerte und Schulden nach IFRS und US-GAAP am Acquisition Date bestimmt wird, hat dieser Unterschied direkten Einfluss auf die Höhe des Goodwill.

Eine einheitliche Regelung wäre hier aus Vergleichsgründen zu begrüßen. Der derzeitigen Regelung des SFAS 141 liegt der Gedanke zugrunde, dass der Erwerbspreis dargestellt wird, der im Zeitpunkt der Einigung besteht. Somit kommt es zu einer Gleichbehandlung von Cash Offer und Stock Offer.[592] Allerdings ergeben sich nach US-GAAP insofern bilanzpolitische Gestaltungsspielräume, als durch eine bewusste Wahl des Einigungstages und der Bekanntgabe die Höhe des Goodwill steuerbar wird.

Meines Erachtens erscheint hier die Lösung des IASB sinnvoller. Da bei der Ermittlung des Goodwill der Stichtag für die Bewertung der Aktien mit dem Stichtag übereinstimmt, an dem eine Fair Value-Ermittlung der identifizierbaren Vermögenswerte erfolgt, werden Verzerrungen durch zeitliche Einflüsse vermieden. Insofern erfolgt eine den tatsächlichen Verhältnissen entsprechende Darstellung des Unternehmens am Tag des Kontrollübergangs.

2.6.3 Berücksichtigungszeitpunkt von Contingent Considerations

Bestehen bei einem Unternehmenszusammenschluss Vereinbarungen, die bei Eintritt bestimmter Ereignisse eine zusätzliche Leistung von dem Käufer an den Verkäufer vorsehen, wird von Contingent Considerations gesprochen.[593] Je nach bilanzieller Behandlung dieser Contingent Considerations kann es nach IFRS und US-GAAP zu einem unterschiedlichen Goodwillausweis kommen. Das leistungsauslösende Ereignis kann beispielsweise das Erreichen oder Halten eines bestimmten Profitabilitäts-Niveaus oder des Marktpreises von begebenen Finanzinstrumenten sein.[594] Nach IFRS 3 sind die zusätzlichen Leistungen ein Teil

---

[589] Vgl. IFRS 3.25.

[590] Vgl. Fladt/Feige (Business Combinations, 2003), S. 250, hier allerdings bezogen auf ED 3.

[591] Vgl. Fladt/Feige (Business Combinations, 2003), S. 250, hier allerdings bezogen auf ED 3.

[592] In beiden Fällen wird der Preis am Tag der Einigung über die Konditionen festgelegt. Beim Cash Offer wird der Preis in Geldeinheiten bemessen, beim Stock Offer bemisst sich der Wert nach der Anzahl der Aktien, die gehandelt werden.

[593] SFAS 141.25 nennt Geldbeträge, zusätzliche Aktien oder andere Considerations. IFRS 3.32-35 konkretisiert die Leistung nicht genauer. In IFRS 3 „Business Combinations" werden Contingent Considerations als „adjustment to the cost of a business combination contingent on future events" umschrieben. In dieser Arbeit wird der Begriff Contingent Consideration in Anlehnung an die US-GAAP verwendet.

[594] Vgl. IFRS 3.33.

der Gesamtkosten des Unternehmenszusammenschlusses und, wenn sie zuverlässig bestimmbar sind, im Rahmen der Kaufpreisallokation zu berücksichtigen.[595] Das IASB geht davon aus, dass die Schätzung des Betrags ohne Beeinträchtigung der Zuverlässigkeit der Information möglich ist.[596] Durch die Erhöhung der Gesamtkosten vergrößert sich auch der derivative Goodwill.[597]

Auch im Rahmen von Unternehmenszusammenschlüssen nach US-GAAP werden Contingent Considerations berücksichtigt.[598] Allerdings stellt SFAS 141 für die erstmalige Berücksichtigung auf den Zeitpunkt ab, an dem die Bedingungen erfüllt sind und die Leistung erfolgt bzw. erfolgen kann.[599] Dabei führt die bloße Wahrscheinlichkeit einer Zahlung in Verbindung mit ihrer zuverlässigen Schätzbarkeit noch nicht zu einer Kaufpreisanpassung. Im Vergleich zu den IFRS werden somit nach US-GAAP die Contingent Considerations später berücksichtigt und führen zu einem anfänglich niedrigeren Goodwill.[600] Dies ist insofern von Bedeutung, als die dadurch hervorgerufene Goodwillerhöhung erst ab diesem Zeitpunkt dem Impairment Test unterliegt. Im ED-SFAS 141 „Business Combinations a replacement of FASB Statement 141“ hat sich das FASB dem IFRS 3 angeglichen und schlägt nunmehr auch den Ansatz von Contingent Considerations im Erwerbszeitpunkt vor.[601]

Eine frühzeitige Berücksichtigung von Contingent Considerations ist sowohl unter Relevanzgesichtspunkten als auch für die Darstellung der tatsächlichen Lage des Unternehmens unabdingbar. In der Bilanz sollte der gesamte Erwerbspreis einer Akquisition gezeigt werden. Nur auf dieser Basis können Investoren eine Beurteilung der Wertentwicklung der Akquisition vornehmen. Um das Management eines Unternehmens hinsichtlich des Umgangs mit Unternehmensressourcen kontrollieren zu können, benötigen Investoren Informationen über die Übernahmeprämie. Jedoch eröffnet das Wahrscheinlichkeitskriterium für den Bilanzierenden erhebliche Ermessensspielräume, da die Prognose von Erlösen oder Aktienkursen immer nur auf Annahmen beruht. Die bereits vom FASB angedachte Bilanzierung von Contingent Considerations zum Fair Value könnte eine Lösung sein.[602] Der Fair Value beinhaltet zugleich die bereits jetzt vom IASB geforderten Kriterien der Wahrscheinlichkeit des Eintritts und der zuverlässigen Bewertbarkeit.

---

595 Vgl. IFRS 3.32. Sofern keine zuverlässige Bestimmung möglich ist, muss in den Folgeperioden eine mögliche Erfüllung der Kriterien geprüft und gegebenenfalls eine nachträgliche Kaufpreisanpassung vorgenommen werden. Vgl. IFRS 3.34. Nachträgliche Kaufpreisanpassungen werden beispielsweise auch bei so genannten Spruchstellenverfahren vorgenommen. Vgl. hierzu ausführlicher die Diskussionen in dieser Arbeit zur Phase II des Business Combinations Project, insbesondere zur Full Goodwill-Methode.

596 Vgl. IFRS 3.33.

597 Vgl. Fladt/Feige (Business Combinations, 2003), S. 252.

598 Vgl. SFAS 141.28-29.

599 Vgl. SFAS 141.27.

600 Vgl. Fladt/Feige (Business Combinations, 2003), S. 252, hier allerdings bezogen auf ED 3.

601 Vgl. ED-SFAS 141.25.

602 Vgl. FASB (2004), www.fasb.org/project/bcpm_tent_dec.pdf, S. 8.

2.6.4 Immaterielle Vermögenswerte

Zur Bestimmung des Goodwill bei einem Unternehmenserwerb ist insbesondere eine Abgrenzung zu anderen immateriellen Vermögenswerten notwendig.[603] Beim Ansatz immaterieller Vermögenswerte ergeben sich insbesondere zwei Probleme. Zum einen ist oft unklar, ob überhaupt ein Vermögenswert im Sinne eines vom Unternehmen kontrollierbaren künftigen Nutzenzuflusses zugegangen ist. Zum anderen ergeben sich Bewertungsunsicherheiten. Bereits mit SFAS 142 hat das FASB durch transparente und operationale Ansatzkriterien versucht, aktivierungsfähige immaterielle Vermögenswerte vom Sammelposten Goodwill zu separieren. Mit IAS 38 folgt nun auch das IASB diesem Beispiel.

Nach den Regelungen des IAS 38.8 ist ein immaterieller Vermögenswert ein identifizierbarer, nicht monetärer Vermögenswert ohne physische Substanz. An diese Definition werden nach IAS 38 drei Kriterien geknüpft:

1. Identifizierbarkeit (vgl. IAS 38.11-12).
2. Beherrschung (vgl. IAS 38.13-16).
3. Künftiger wirtschaftlicher Nutzen (vgl. IAS 38.17).

Identifizierbarkeit, verstanden als Abgrenzbarkeit vom Goodwill, übernimmt die Funktion der Zugangskontrolle und der Bewertungsvoraussetzung. Das bereits im IAS 38 (rev. 98) genannte Kriterium ist im jetzt gültigen IAS 38 dahingehend verfeinert worden, dass eine Identifizierbarkeit vorliegt, wenn ein Vermögenswert separierbar ist (Separability-Kriterium) oder alternativ auf vertraglichen bzw. anderen gesetzlichen Rechten beruht (Contractual Legal-Kriterium).[604] Damit entsprechen die Identifizierbarkeitskriterien fast wörtlich dem Separability-Kriterium und dem Contractual Legal-Kriterium des SFAS 141.39.

Darüber hinaus wird gefordert, dass ein Unternehmen die Beherrschung über die Ressource inne haben muss, d. h. einen wirtschaftlichen Nutzen aus dieser Ressource ziehen und Dritte von der Nutzung ausschließen kann.[605] Die notwendige Erfüllung des Kriteriums der Beherrschung schließt eine Aktivierung von Mitarbeiterschulungen aus, da das Unternehmen keine Verfügungsmacht über den durch die Mitarbeiterschulung generierten künftigen wirtschaftlichen Nutzen hat.[606]

---

603 Vgl. auch zum Ansatz immaterieller Vermögenswerte Hommel/Benkel/Wich (Unwägbarkeiten, 2004), S. 1268-1271; Bruns/Thuy/Zeimes (Goodwill, 2003), S. 138-139.

604 Vgl. IAS 38.12. Hierbei ist unerheblich, ob diese übertragbar oder von dem Unternehmen oder anderen Rechten und Verpflichtungen separierbar sind.

605 Ein Ausschluss kann beispielsweise durch gerichtlich durchsetzbare Rechte erfolgen.

606 Vgl. IAS 38.15-16.

Das dritte zu erfüllende Definitionsmerkmal ist der Zufluss von künftigem wirtschaftlichem Nutzen, wobei dieser sowohl in einer Steigerung der Erlöse als auch in Kosteneinsparungen verkörpert sein kann.[607] Für immaterielle Vermögenswerte, die dem Unternehmen im Rahmen eines Unternehmenszusammenschlusses zugehen, ist laut IASB das Kriterium des wahrscheinlichen künftigen Nutzenzuflusses grundsätzlich erfüllt.[608]

Wenn alle drei Kriterien kumulativ erfüllt sind, ist ein immaterieller Vermögenswert in der Bilanz anzusetzen. Außerdem müssen die Anschaffungs- oder Herstellungskosten des Vermögenswertes verlässlich bewertet werden können.[609] Um Beispiele für aktivierungsfähige immaterielle Vermögenswerte zu liefern, die gesondert vom Goodwill auszuweisen sind, übernimmt IFRS 3, Illustrative Examples, fast wörtlich die nicht abschließende Auflistung von immateriellen Vermögenswerten aus SFAS 141.

Während bei der Definition eines immateriellen Vermögenswerts gemäß IAS 38 das Kriterium der Verfügungsmacht als notwendiges Kriterium gilt, sieht das FASB bei Vorliegen des Separability-Kriteriums oder des Contractual Legal-Kriteriums die Aktivierung als zulässig an.[610] Das Kriterium der Verfügungsmacht tritt somit nach US-GAAP in den Hintergrund. Das kann dazu führen, dass immaterielle Vermögenswerte, die im Rahmen eines Unternehmenszusammenschlusses zugegangen sind, beispielsweise nicht vertraglich geschützte, aber separierbare Kundenbeziehungen, nach US-GAAP aktiviert werden. Theoretisch würde aber nach IFRS kein aktivierungspflichtiger Tatbestand vorliegen, wenn der Nachweis der Kontrolle nicht auf eine andere Art und Weise erbracht werden kann. Somit ist der Umfang an aktivierbaren immateriellen Vermögenswerten nach US-GAAP größer als nach IFRS.[611] Allerdings zeigt das Beispiel, dass auch das IASB eine weitere Auslegung des Begriffs der immateriellen Vermögenswerte präferiert. Die Frage der Kontrollierbarkeit von nicht vertraglichen Kundenbeziehungen, die in der Beispielliste des IFRS 3 genannt werden, führte bereits bei den Comment Letters zu ED IAS 38 „Intangible Assets" zu Verwirrungen. Das IASB vertritt die Ansicht, dass ihre Aktivierung grundsätzlich zu rechtfertigen ist, wenn Tauschvorgänge für diese oder ähnliche nicht vertragliche Kundenbeziehungen vorliegen.[612]

---

607 Vgl. IAS 38.11; F.49 i. V. m. F.53.

608 Vgl. IAS 38.33.

609 Diese Ansatzkriterien gemäß IAS 38.21 entsprechen den Anforderungen, die laut IFRS-Framework an eine Aktivierung gestellt werden. Wahrscheinlich ist hierbei im Sinne von „More Likely Than Not" zu interpretieren. Vgl. hierzu auch IAS 37.23. Bei der zuverlässigen Bewertbarkeit muss auf die Zugangsformen abgestellt werden. Es muss geprüft werden, ob die notwendigen Bedingungen erfüllt sind. Vgl. hierzu Küting/Dawo (Änderungen, 2003), S. 404-405.

610 Vgl. SFAS 141.39.

611 Vgl. Fladt/Feige (Business Combinations, 2003), S. 258.

612 Vgl. IAS 38.16.

Grundsätzlich ist eine umfangreiche Abspaltung immaterieller Vermögenswerte vom Goodwill zu begrüßen.[613] Hierdurch kann die Differenz zwischen den im Kaufpreis ausgedrückten Wertschöpfungserwartungen des Unternehmens und den Nettovermögenswerten erklärt werden. Denn durch die Bereitstellung von Informationen über bedeutende immaterielle Werttreiber werden prognoserelevante Informationen geliefert, die die Entscheidungssituation des Adressaten verbessern können.[614] Gleichzeitig entspricht die separate Aktivierung von immateriellen Vermögenswerten eher einer glaubwürdigen Darstellung als das Verschwinden dieser Größen in der Bilanzposition Goodwill. Ein separater Ausweis dürfte aber in der Praxis immer noch schwierig sein.[615] Problematisch erweist sich auch die Bewertung der immateriellen Vermögenswerte.[616] Die Vermutung des IASB[617], dass immaterielle Vermögenswerte, die im Rahmen eines Unternehmenszusammenschlusses zugehen, verlässlich bewertbar sind, ist zweifelhaft.[618] Daher wird häufig als Argument gegen eine Bilanzierung von immateriellen Vermögenswerten die Gefahr der Erfassung übertriebener, stark volatiler Werte und des sich daraus ergebenden Manipulationsspielraums für das Management angeführt. Weiterhin kann die umfangreiche Bilanzierung immaterieller Vermögenswerte separat vom Goodwill unter Vernachlässigung oder zumindest sehr weiter Auslegung des Beherrschungsbegriffs bei den Adressaten zu Fehleinschätzungen führen, da hinsichtlich der Sicherheit, mit der das Unternehmen aus diesen Ressourcen Nutzen ziehen kann, ein falsches Bild vermittelt wird. Damit wäre die Prognosetauglichkeit stark beeinträchtigt. Da die subjektiven Prognosemodelle, die die Rechnungslegungsadressaten zur Auswertung der gegebenenfalls modifizierten Daten aus der externen Rechnungslegung verwenden, nicht bekannt sind, kann diese Vermutung weder begründet noch widerlegt werden. Sofern dem Rechnungslegungsadressaten eine qualitativ hochwertige Datenbasis für Prognosen geliefert werden soll, ist ein Ausweis der mitunter wichtigsten Wertschöpfungsfaktoren eines Unternehmens unumgänglich, auch bei einem eventuell weiter gefassten Begriff der Beherrschung.

2.6.5 Aktivierung von In-Process Research and Development-Projekten

Erheblichen Einfluss auf die Höhe des Goodwill kann die bilanzielle Behandlung der im Rahmen einer Business Combination übernommenen In-Process Research and Development-Projekte haben. In IAS 38.52 wird grundsätzlich zwischen einer Forschungs- und einer

---

613 Vgl. Kapitel II, 1.2.

614 Vgl. Chauvin/Hirschey (Goodwill, 1994), S. 159-160; sinngemäß auch Labhart/Volkart (Reflektierung, 2001), S. 1155-1158.

615 Vgl. FAR (Comment Letter, 2003), S. 14.

616 Vgl. zu ausführlichen Erläuterungen hinsichtlich der Bewertungsproblematik von immateriellen Vermögenswerten Kapitel III, 1.2.

617 Vgl. IAS 38.35.

618 IAFEI (Comment Letter, 2003), S. 5; Cecilia/Javier (Comment Letter, 2002), S. 28-30; ABI (Comment Letter, 2003), S. 11. Einschränkend AcSEC (Comment Letter, 2003), S. 16-17.

Entwicklungsphase unterschieden. Während die Forschungsphase durch die Suche nach neuem Wissen gekennzeichnet ist, handelt es sich bei der zeitlich nachgelagerten Entwicklungsphase um Entwicklungstätigkeiten, die auf Erkenntnissen aus der Forschungsphase aufbauen.[619] Diese Unterscheidung ist von Bedeutung, weil die in der Forschungsphase anfallenden Aufwendungen im Zeitpunkt ihres Entstehens erfolgswirksam zu erfassen sind[620], während die der Entwicklungsphase eindeutig zurechenbaren Aufwendungen für den immateriellen Vermögenswert aktiviert werden müssen, wenn die folgenden Nachweise gemäß IAS 38.57 durch das Unternehmen kumulativ erbracht werden können:

1. Die technische Realisierbarkeit der Fertigstellung des immateriellen Vermögenswertes, damit er zur Nutzung oder zum Verkauf zur Verfügung stehen wird.
2. Die Absicht, den immateriellen Vermögenswert fertig zu stellen sowie ihn zu nutzen oder zu verkaufen.
3. Die Fähigkeit, den immateriellen Vermögenswert zu nutzen oder zu verkaufen.
4. Die voraussichtliche künftige wirtschaftliche Nutzenerzielung des immateriellen Vermögenswertes. Nachgewiesen werden kann von dem Unternehmen u. a. die Existenz eines Marktes für die Produkte des immateriellen Vermögenswertes oder den immateriellen Vermögenswert an sich oder, falls eine interne Nutzung vorgesehen ist, der Nutzen des immateriellen Vermögenswertes.
5. Die Verfügbarkeit adäquater technischer, finanzieller und sonstiger Ressourcen, um die Entwicklung abschließen und den immateriellen Vermögenswert nutzen oder verkaufen zu können.
6. Die Fähigkeit, die dem immateriellen Vermögenswert während seiner Entwicklung zurechenbaren Ausgaben verlässlich zu bewerten.[621]

Das IASB begründet die unterschiedliche bilanzielle Behandlung damit, dass die Fortschritte eines internen Projekts in der Entwicklungsphase eher einen künftigen wirtschaftlichen Nutzen vermuten lassen als in der Forschungsphase.[622] Damit stimmt das IASB teilweise der

---

619 Beispiele für Forschungsaktivitäten sind gemäß IAS 38.56 „(a) Aktivitäten, die auf die Erlangung neuer Erkenntnisse ausgerichtet sind, (b) die Suche nach sowie die Abschätzung und endgültige Auswahl von Anwendungen für Forschungsergebnisse und anderem Wissen, (c) die Suche nach Alternativen für Materialien, Vorrichtungen, Produkte, Verfahren, Systemen oder Dienstleistungen und (d) die Formulierung, der Entwurf sowie die Abschätzung und endgültige Auswahl von möglichen Alternativen für neue oder verbesserte Materialien, Vorrichtungen, Produkte, Verfahren, Systeme oder Dienstleistungen."

620 Vgl. IAS 38.54.

621 Gemäß IAS 38.63 besteht ein ausdrückliches Ansatzverbot für immaterielle Vermögenswerte, wenn es sich dabei um selbst geschaffene Markennamen, Drucktitel, Verlagsrechte, Kundenlisten sowie ihrem Wesen nach ähnliche Sachverhalte handelt.

622 Vgl. IAS 38.55 i. V. m. IAS 38.58.

Auffassung zu, dass eine signifikante Beziehung zwischen den Forschungs- und Entwicklungskosten und dem daraus resultierenden künftigen Nutzen besteht.[623]

Eine Besonderheit besteht für In-Process Research and Development-Projekte, die einem Unternehmen im Zuge einer Business Combination zugehen. IAS 38.34 sieht hier von den oben genannten Kriterien ab und fordert lediglich, dass es sich um immaterielle Vermögenswerte handeln muss, deren Fair Values zuverlässig messbar sind. Ein immaterieller Vermögenswert liegt dann vor, wenn die allgemeine Vermögenswertdefinition erfüllt ist und die Identifizierbarkeit durch das Separability-Kriterium oder Contractual Legal-Kriterium nachgewiesen werden kann. Sofern diese Voraussetzungen erfüllt sind, können auch Projekte der Forschungsphase aktiviert werden. Diejenigen aktiven Forschungs- und Entwicklungsprojekte, die die Aktivierungsvoraussetzungen nicht erfüllen, sind hingegen ein Teil des Goodwill.[624]

Nach US-GAAP wird ebenfalls in eine Forschungs- und Entwicklungsphase unterschieden[625], jedoch verneint das FASB die Werthaltigkeit von selbsterstellten immateriellen Vermögenswerten in der Forschungsphase und sieht für die im Zusammenhang mit solchen Projekten entstehenden Aufwendungen ein grundsätzliches Aktivierungsverbot vor[626], sofern kein alternativer zukünftiger Nutzen aus diesem immateriellen Vermögenswert resultiert. Begründet wird dies durch die hohe Ungewissheit von zukünftigen Vorteilen durch einzelne Forschungs- und Entwicklungsprojekte[627] und dem nach Auffassung des FASB nicht bestehenden Zusammenhang von Forschungs- und Entwicklungsausgaben und spezifischen künftigen Erlösen.[628] Die sofortige Aufwandsverrechnung wird durch das in SFAC 2.94-97 geforderte Vorsichtsprinzip gerechtfertigt.[629] Die sofortige Aufwandsverrechnung führt zu einer höheren Objektivierung.[630] Bei einem Zugang von aktiven Forschungs- und Entwicklungsprojekten im Rahmen eines Unternehmenszusammenschlusses gelten dieselben Aktivierungsvoraussetzungen. Die aus aktiven Forschungs- und Entwicklungsprojekten resultierenden immateriellen Vermögenswerte sind auf ihren alternativen künftigen Nutzen zu prüfen und, sofern dieser nicht existiert, am Tag des Unternehmenszusammenschlusses als

623 Vgl. Deng/Lev (Valuation, 1998), S. 2; Hirschey/Weygandt (Amortization,1985), S. 327, 333.

624 Vgl. IAS 38.68b.

625 Vgl. SFAS 2.8-10.

626 Vgl. SFAS 2.12.

627 Vgl. SFAS 2.39-40.

628 Vgl. SFAC 2.41.

629 Kritisch hierzu Lev/Sarath/Sougiannis (Reporting, 1999), S. 2-4, 10, 37. Eine Ausnahme besteht nach US-GAAP für Aufwendungen, die im Zusammenhang mit der Entwicklung von Software stehen. Diese dürfen aktiviert werden, wenn die so genannte Technical Feasibility des Produkts anhand einer Reihe von Kriterien sichergestellt ist. Vgl. hierzu SFAS 86.4 bei Software für den anonymen Markt und SOP 98-1 bei Software zur Eigennutzung.

630 Vgl. Healy/Myers/Howe (Tradeoff, 2002), S. 677-678.

Aufwand zu behandeln.[631] Im Gegensatz zu den IFRS gehen diese Aufwendungen somit nicht in den Goodwill ein.

Unter Relevanzaspekten ist die Vorgehensweise des IASB zu begrüßen. Die Forschungs- und Entwicklungstätigkeit eines Unternehmens hat einen großen Einfluss auf den Kaufpreis.[632] Eine Nichtaktivierung von In-Process Research and Development-Projekten bedingt einen höheren Goodwill und verzerrt diese Größe unnötig. Da das Ergebnis aus der Forschungs- und Entwicklungstätigkeit insbesondere bei Unternehmen aus den Branchen Pharma oder Biotechnologie eine wesentliche Determinante des künftigen Unternehmenserfolgs darstellt, ist ihre bilanzielle Nichtberücksichtigung weder unter Relevanzgesichtspunkten noch unter dem Aspekt der glaubwürdigen Darstellung zu rechtfertigen. Darüber hinaus ermöglicht ihre Aktivierung, dass der Erfolg von Forschungs- und Entwicklungstätigkeiten für die Adressaten ersichtlich wird und sich das Management für gegebenenfalls fehlgeschlagene Projekte rechtfertigen muss.

Für die Vermittlung von zuverlässigen Informationen erscheint eine überhöhte Aktivierung immaterieller Vermögenswerte nachteilig. Mit ihrem Ausweis geht ein falsches Signal an den Adressaten der Rechnungslegung. Diesem Nachteil steht der Vorteil gegenüber, dass bei einer Aktivierung von aktiven Forschungs- und Entwicklungsaufwendungen wichtige künftige immaterielle Werttreiber und somit künftige wirtschaftliche Nutzenpotenziale offengelegt werden. Hieraus resultiert insbesondere eine für Prognosezwecke relevante Größe. Die sofortige Aufwandswirksamkeit von Forschungs- und Entwicklungsausgaben führt zu einer Beeinträchtigung des Informationsgehalts des Jahresabschlusses, da das Periodisierungsprinzip relativiert wird. Die Aufwendungen werden hier gerade nicht den aus ihnen resultierenden Erträgen zugeordnet. Aufgrund der bei Forschungs- und Entwicklungstätigkeiten empirisch belegten starken Beziehung zwischen Aufwendungen und späteren Erträgen[633] scheint eine Durchbrechung dieses Prinzips nicht gerechtfertigt. Allerdings ist die Aktivierung von aktiven Forschungs- und Entwicklungsprojekten, die im Rahmen einer Business Combination erworben wurden, insofern inkonsequent, als eigene Forschungsausgaben des Erwerbers nicht aktiviert werden dürfen. Darüber hinaus kann in diesem Zusammenhang auch eine Manipulation der Goodwillhöhe erfolgen. Dennoch sind

[631] Vgl. SFAS 141.42, BC.170 i. V. m. FIN 4.5.

[632] Vgl. Deng/Lev (Valuation, 1998), S. 5, 24.

[633] Lev/Sougiannis kommen bei einer Untersuchung von Chemie- und Pharmaunternehmen zu dem Ergebnis, dass aus der Ausgabe eines US$ für Forschung und Entwicklung über einen Zeitraum von neun Jahren fast drei US$ operatives Ergebnis resultieren. Vgl. Lev/Sougiannis (R&D, 1996), S. 120-122; Lev/Sarath/Sougiannis (Reporting, 1999). Sougiannis kommt in einer früheren Studie zu dem Ergebnis, dass bei einem Zeithorizont von sieben Jahren ein zusätzlich in Forschung und Entwicklung investierter US$ zu einer durchschnittlichen Profitzunahme von zwei US$ und zu einer Steigerung des Marktwertes des Unternehmens um fünf US$ führt. Vgl. Sougiannis (Accounting, 1994), S. 44, 59, 65.

m. E. die IFRS-Vorschriften hier besser geeignet, den Rechnungslegungsadressaten mit relevanten Informationen zu versorgen.

Im Rahmen der Phase II des Business Combinations-Projekt passt sich das FASB den Regelungen des IASB an. In ED SFAS 141, Appendix B, B.142 heißt es: "The Board concluded that further improvements could be made by eliminating the requirement to measure and immediately write off in-process research and development assets acquired in a business combination. Board members believe that requirement results in information that is not representationally faithful. Accordingly, this Statement supersedes Interpretation 4. Board members also concluded that is a meaningful step toward fulfilling the Board's objective of promoting international convergence of accounting standards."

Weiterhin ist anzumerken, dass nach dem ED-IFRS 3 „Business Combinations" akquirierte immaterielle Vermögenswerte immer dann vom Goodwill zu separieren sind, wenn sie die durch ED-IFRS 3.D11 geänderte Definition des IAS 38 erfüllen.[634] Hiernach wird nicht mehr explizit – wie nach IFRS 3.45 – gefordert, dass eine zuverlässige Bestimmung des beizulegenden Zeitwertes vorliegen muss. Nach Meinung des IASB liegen die für die Fair Value-Bewertung notwendigen Informationen in der Regel vor.[635] Mit dieser Sichtweise hat sich das IASB mit IFRS 3 den US-GAAP angepasst, da diese ebenfalls keinen expliziten Hinweis auf eine zuverlässige Bewertbarkeit enthalten. Insofern liegt die Vermutung nahe, dass sowohl das IASB als auch das FASB im Hinblick auf die Abspaltung immaterieller Werte vom Goodwill die Decision Usefulness in den Vordergrund stellen: Beide Standardsetter akzeptieren einen Grad an Subjektivität bei der Bewertung immaterieller Vermögenswerte, um eine undifferenzierte Subsumtion unter der Bilanzgröße Goodwill zu vermeiden. Insoweit wird die Intention des FASB und des IASB, unterschiedliche Sachverhalte getrennt auszuweisen um den Goodwill auf seine eigentlichen Bestandteile zu begrenzen, konsequent umgesetzt.

2.6.6 Bilanzieller Ansatz von Contingencies

Eine Neuerung des IFRS 3 gegenüber dem IAS 22 ist die Passivierung von zuverlässig bestimmbaren Eventualschulden, so genannten Contingent Liabilities, die im Rahmen eines Unternehmenszusammenschlusses dem Unternehmen zugegangen sind. Gemäß IAS 37.10 liegt eine Contingent Liability vor, wenn

1. eine mögliche Verpflichtung (Possible Obligation) als Resultat von Ereignissen aus der Vergangenheit existiert, deren Existenz durch das Eintreten oder Nichteintreten

---

[634] Vgl. auch zu den geplanten Änderungen Kühne/Schwedler (Änderungen, 2005).

[635] Vgl. ED-IFRS 3.D11. Dieser bewirkt eine Einfügung des IAS 38.33A.

eines oder mehrerer unsicherer künftiger Ereignisse bedingt ist, die nicht vollständig dem Einfluss des Unternehmens unterliegen, oder

2. eine gegenwärtige Verpflichtung (Present Obligation) existiert, die auf Ereignissen der Vergangenheit beruht und diese Ereignisse nicht erfasst werden, weil ein Abfluss von Ressourcen mit künftigem wirtschaftlichen Nutzen nicht wahrscheinlich ist oder die Höhe der Verpflichtung nicht ausreichend zuverlässig geschätzt werden kann.[636]

Im Vergleich zu den in Höhe und Fälligkeit ungewissen Rückstellungen zeichnen sich Eventualschulden durch ein höheres Maß an Unsicherheit und gegebenenfalls durch Nichterfüllen der Ansatzkriterien einer Rückstellung aus.[637] Aufgrund der mangelnden Beeinflussbarkeit des den Ressourcenabfluss auslösenden Ereignisses, der geringen Eintrittswahrscheinlichkeit und der fehlenden zuverlässigen Bewertbarkeit qualifizieren sie sich nicht für eine Passivierung.[638] Ist aber die Wahrscheinlichkeit, dass das den Ressourcenabfluss auslösende Ereignis nicht eintritt, höher (aber nicht unwahrscheinlich) als die Wahrscheinlichkeit, dass es eintritt, erfolgt eine Offenlegung in den Notes.

Eventualschulden dürfen nur beim Erwerber passiviert werden. Sie gehen zum Fair Value in das Kalkül des Erwerbers ein und reduzieren den Kaufpreis insoweit, als aus ihnen ein Ressourcenabfluss resultiert.[639] Die Forderung des IFRS 3 zur Passivierung zuverlässig bestimmbarer Eventualschulden im Rahmen eines Unternehmenserwerbs führt dazu, dass diese aus dem bilanziellen Ansatzverbot des IAS 37.19 und 37.27 herausgelöst werden.[640] Zugleich werden Positionen in die Bilanz aufgenommen, deren Existenz auf den Eintritt eines Ereignisses zurückzuführen ist, welches weder das Kriterium der Wahrscheinlichkeit noch der Unwahrscheinlichkeit erfüllt.[641] Das IASB begründet den Ansatz mit dem Einfluss, den das Bestehen von Eventualschulden auf den Kaufpreis hat.[642] Gleichzeitig gestattet das IASB im Vorgriff auf die Überarbeitung des IFRS-Framework bereits bei der Liability-Definition eine großzügige Auslegung des Probability-Begriffs.[643] Entgegen der noch im ED 3 „Business Combinations" vorgesehenen Folgebewertung zum Fair Value und mit einer daran anknüpfenden erfolgswirksamen Erfassung jeglicher Wertänderungen[644] bestimmt sich die Höhe der Eventualschulden bei der Folgebewertung als der höhere der beiden Werte aus dem

---

636 Vgl. hierzu ebenfalls IFRS 3, Appendix A.

637 Vgl. IAS 37.12 i. V. m. IAS 37.23.

638 Vgl. IAS 37.10.

639 Vgl. IFRS 3, BC.111.

640 Vgl. IFRS 3.50 i. V. m. BC.112.

641 Vgl. Schmidbauer (Unternehmenszusammenschlüsse, 2005), S. 124.

642 Vgl. IFRS 3, BC.111.

643 Vgl. IFRS 3, BC.112. Das IASB verweist zudem auf die Parallelität zu selbst erstellten immateriellen Vermögenswerten, die im Rahmen eines Unternehmenszusammenschlusses aktiviert werden dürfen, die aber auch beim erworbenen Unternehmen einem Ansatzverbot unterlagen. Vgl. IFRS 3, BC.113.

644 Vgl. ED 3.46 i. V. m. 3.49 und BC.84.

gemäß IAS 37 anzusetzenden Betrag und dem ursprünglich angesetzten Betrag. Dieser wird gegebenenfalls vermindert um kumulative, nach IAS 18 erfasste Abschreibungen.[645] Die Anpassungen der Vorschriften zur Folgebewertung waren notwendig, weil das IASB vermeiden wollte, dass die Eventualschulden unmittelbar nach dem Erwerbszeitpunkt aufgrund der Nichterfüllung der Ansatzkriterien des IAS 37 aus der Bilanz hätten eliminiert werden müssen.[646]

Da die Annäherung der IFRS und US-GAAP-Vorschriften grundsätzlich zu begrüßen ist, stellt sich die Frage, ob die Neuregelungen auch dem Ziel der Rechnungslegung nachkommen und die vermittelten Informationen der Decision Usefulness genügen. Die Passivierung von Eventualverbindlichkeiten ist weder mit IAS 37 noch mit dem Framework vereinbar. Vereinzelte Eventualverbindlichkeiten werden somit dem Geltungsbereich des IAS 37 willkürlich entzogen. Dabei dürfte insbesondere die Abgrenzung zu künftigen Verlusten und anderen erwarteten Kosten als Ergebnis einer Business Combination, deren Berücksichtigung untersagt wird, in der Praxis ohne nähere Erläuterungen oder einen Beispiel-Katalog schwer fallen.[647] Insofern werden gleichartige Positionen bilanziell unterschiedlich behandelt, wobei allein das Kriterium des Zugangs (Erwerb im Rahmen eines Unternehmenszusammenschlusses bzw. Entstehung im Unternehmen) ausschlaggebend ist. Trotz des Einflusses der Eventualschulden auf den Kaufpreis und der Bedeutung im Rahmen der Goodwillermittlung ist fraglich, ob ihr bilanzieller Ansatz relevante und zuverlässige Informationen für die Adressaten liefert. Wenn Bilanzen Positionen beinhalten, deren Eintrittswahrscheinlichkeit sehr gering aber nicht unwahrscheinlich ist, sind diese nicht entscheidungsnützlich. Zu einer Passivierung sollte es nur dann kommen, wenn die Kriterien des IAS 37 erfüllt sind.

Die Frage nach der Berücksichtigung von im Rahmen eines Unternehmenszusammenschlusses erworbenen Eventualforderungen wurde bis zur Verabschiedung des IFRS 3 im Jahr 2004 nicht geklärt und ebenfalls auf die Agenda des Business Combinations Projects Phase II aufgenommen.[648] Der ED-IFRS 3 „Business Combinations" enthält definitorische Änderungen bezüglich der Eventualforderungen und Eventualverbindlichkeiten. Eine Eventualforderung ist gemäß ED-IFRS 3 als bedingtes Recht und nicht mehr als möglicher Vermögenswert definiert, wobei jede Eventualforderung sowohl ein bedingtes als auch ein unbedingtes Element beinhaltet. Dies hat zur Folge, dass eine Eventualforderung mittels des bedingenden Elements sowohl den Charakter einer Eventualforderung als auch durch das unbedingte Element den Charakter eines Vermögenswertes hat. Damit es künftig zu keiner

---

645 Vgl. IFRS 3.48, BC.115.

646 Vgl. IFRS 3, BC.115.

647 Auch IFRS 3, Appendix B, B.161 ist dabei wenig hilfreich.

648 Vgl. IFRS 3, BC. 117.

Abweichung zwischen IFRS 3 und IAS 37 kommt soll die Definition in IAS 37 von Possible Asset in Conditional Right geändert werden. Durch die neue Definition wird erreicht, dass auch die Eventualforderungen die Definition eines Asset im Sinne des IFRS-Framework erfüllen und somit im Rahmen der Abbildung von Unternehmenszusammenschlüssen zu bilanzieren sind.[649] Der Begriff Contingent Assets soll in den Begriff Contingency transformiert werden, um mehr auf die Unsicherheit des Betrags als auf die Unsicherheit des Entstehens einzugehen.[650]

Aufgrund der symmetrischen Definition von Eventualforderungen und Eventualschulden wird die Definition von Eventualschulden ebenfalls geändert. Der Begriff Contingent Liability soll durch den Begriff Contingency ersetzt werden, um eher auf Unsicherheiten bezüglich der Höhe des anzusetzenden Erfüllungsbetrags einzugehen als auf Unsicherheiten bezüglich des Bestehens einer Verbindlichkeit.[651] Denn nur eine Present Obligation erfüllt die Ansatzvoraussetzungen einer Verbindlichkeit und Verbindlichkeiten entstehen eher aus Verpflichtungen, die nicht an Bedingungen geknüpft sind, so genannten Unconditional Obligations, als aus möglichen Verpflichtungen, so genannten Possible Obligations.[652] Darüber hinaus soll festgelegt werden, dass eine Verbindlichkeit, deren Erfüllungsbetrag von einem oder mehreren unsicheren zukünftigen Ereignissen abhängt, unabhängig von der Eintrittswahrscheinlichkeit dieser zukünftigen Ereignisse berücksichtigt werden soll.[653] Stattdessen ist eine Berücksichtigung der Wahrscheinlichkeit im angesetzten Betrag vorzunehmen.[654]

Mit dem Ansatz von Eventualschulden, die im Rahmen eines Unternehmenszusammenschlusses zugegangen sind, nähert sich das IASB den Vorschriften der US-GAAP an. Nach SFAS 141.40 werden grundsätzlich Preacquisition Contingencies berücksichtigt.[655] Zu den Preacquisition Contingencies gehören sowohl Preacquisition Gain Contingencies als auch Preacquisition Loss Contingencies, die definitorisch mit den Eventualforderungen und Eventualverbindlichkeiten nach IFRS vergleichbar sind. Der hieraus auch nach US-GAAP resultierende Widerspruch zu dem grundsätzlichen Ansatzverbot von Eventualforderungen

649 Vgl. ED-IFRS 3.BC208.

650 Vgl. ED-IFRS 3.35.

651 Vgl. ED-IAS 37.BC23.

652 Durch die Änderung der Definition einer Contingent Liability, die eine Conditional und eine Unconditional Obligation beinhaltet, soll das Ansatzkriterium des wahrscheinlichen Ressourcenabflusses gestrichen werden, da dieses Kriterium bereits in der Voraussetzung der Unconditional Obligation enthalten ist. Vgl. ED-IAS 37.22, 37.BC47.

653 Vgl. ED-IAS 37.23.

654 Vgl. ED-IAS 37.33.

655 Vgl. SFAS 5.8.

und Eventualverbindlichkeiten nach SFAS 5.17 wird vom FASB, ähnlich dem IASB, mit deren Bedeutung im Rahmen der Kaufpreisallokation gerechtfertigt.[656]

2.6.7 Nachträgliche Anpassung der Kaufpreisallokation

Stellt sich nach der Kaufpreisallokation heraus, dass Vermögenswerte oder Schulden nicht oder in falscher Höhe erfasst wurden, ist eine erfolgswirksame Korrektur vorzunehmen und IAS 8 „Accounting Policies, Changes in Accounting Estimates and Errors" zu berücksichtigen. Werden diese Bilanzierungsfehler innerhalb von zwölf Monaten nach dem Acquisition Date erkannt, erfolgt die Korrektur gemäß SFAS 141, Appendix B, B.183, unter gleichzeitiger Anpassung des Goodwill. Mit dem Inkrafttreten des IFRS 3 ist eine Annäherung an die US-GAAP-Vorschriften zu erkennen. Allerdings wird der Unterschied zwischen dem bisher erfassten und korrigierten Ergebnis der Vorperiode nach IFRS 3.64 nur im Jahr der Anpassung erfolgswirksam, wohingegen nach SFAS 141, Appendix B, B.183, die Anpassung im Einzelfall tatsächlich unter rückwirkender Änderung des Vorperiodenabschlusses erfolgt. Damit ergibt sich ein weiterer Regelungsunterschied.

Die Erfassung der aus einer Fehlerkorrektur resultierenden Ergebniseffekte in der Periode, die den Fehler beinhaltet, liefert ein präziseres Ergebnis der betrieblichen Tätigkeit dieser Periode. Inwieweit sich die rückwirkende Anpassung des entsprechenden Jahresergebnisses positiv auf die Entscheidungssituation des Adressaten auswirkt, ist von der Größe des Fehlers abhängig. Ist das Ausmaß des Fehlers materiell gesehen gering, dann ist der Unterschied, der sich aus den Regelungsdifferenzen nach IFRS und US-GAAP ergibt, wahrscheinlich zu vernachlässigen.

2.6.8 Berücksichtigung von Restrukturierungsrückstellungen

Bei der Berücksichtigung von Rückstellungen für Restrukturierungsaufwendungen aus dem Verkauf, der Abspaltung, Stillegung oder Umstrukturierung eines Geschäftsbereichs mit wesentlichen Auswirkungen auf Art und Betätigungsfeld des Unternehmens[657] nach IFRS 5 ergibt sich ein weiterer Bilanzierungsunterschied zwischen IFRS und US-GAAP.[658] Rückstellungen für Restrukturierungsaufwendungen sind anzusetzen, wenn die allgemeinen Rückstellungskriterien kumulativ erfüllt sind, d. h. wenn ein Unternehmen aufgrund eines Ereignisses in der Vergangenheit eine gegenwärtige rechtliche oder faktische Verpflichtung hat, die einen Abfluss von Ressourcen mit künftigem wirtschaftlichen Nutzen aufgrund ihrer

---

656 Vgl. SFAS 141, Appendix B, B.181-B.182.

657 Die IFRS orientieren sich hierbei an einem Segment gemäß IAS 14 „Segment Reporting", wohingegen die vergleichbaren Regelungen der US-GAAP nicht notwendigerweise auf SFAS 131 „Disclosures about Segments of an Enterprise and Related Information" abstellen. Vgl. hierzu Böcking/Dietz/Kiefer (Discontinuing Operations, 2001), S. 374.

658 Die US-GAAP verwenden synonym den Begriff der Discontinued Operations, wobei der Vergangenheitsform keine Bedeutung beizumessen ist. Vgl. Pejic/Meiisel (Discontinuing Operations, 1998), S.

Erfüllung wahrscheinlich macht[659] und deren Höhe zuverlässig bestimmbar ist.[660] Als Voraussetzungen für die Entstehung einer faktischen Verpflichtung zur Restrukturierung nennt das IASB

1. einen detaillierten, formalen Restrukturierungsplan mit präzisen Angaben hinsichtlich des betroffenen Geschäftsbereichs, der betroffenen Standorte, der Arbeitnehmer, für die Abfindungszahlungen anfallen würden, die entstehenden Ausgaben sowie den Umsetzungszeitpunkt des Restrukturierungsplans und
2. das Vorliegen von gerechtfertigten Erwartungen bei den Betroffenen, dass die Restrukturierungsmaßnahmen umgesetzt werden.[661]

Die Regelung des IAS 22.31 sah bisher für die Berücksichtigung einer Restrukturierungsrückstellung im Rahmen einer Kaufpreisallokation das Vorliegen der Hauptbestandteile des Restrukturierungsplans vor. Damit bestand ein Widerspruch zu der in IAS 37.72b-37.77 geforderten faktischen Verpflichtung.[662] Um diesen Widerspruch zu umgehen, fordert das IASB nach IFRS 3.41 das Bestehen einer Restrukturierungsverpflichtung bei dem erworbenen Unternehmen vor dem Erwerbszeitpunkt.[663] Die bisherige Regelung wurde damit begründet, dass eine faktische Verpflichtung aus der Akquisition resultieren kann, wenn diese integraler Bestandteil des Akquisitionsplans des erwerbenden Unternehmens ist, diesem Plan aber im Vorfeld der Akquisition bestimmte Informationen fehlen, um einen formalen Plan aufzustellen.[664] Nach Meinung des IASB dürfen Restrukturierungsrückstellungen nicht durch einen Unternehmenszusammenschluss begründet sein;[665] deshalb dürfen sie im Rahmen der Erstkonsolidierung nur berücksichtigt werden, wenn die Restrukturierungsverpflichtung bereits vor dem Unternehmenszusammenschluss beim erworbenen Unternehmen bestand.

Meines Erachtens ist diese Sicht zu eng. Die Neustrukturierung eines Unternehmens nach einem Unternehmenszusammenschluss setzt ebenfalls die Forderung voraus, dass der Goodwill auf Reporting Units zu verteilen ist. Das mit einer Neustrukturierung darüber hinaus eine Restrukturierung einher geht, kann durchaus in Betracht kommen, da eine Zusammenlegung von Synergien auch zu einer Verminderung bspw. der Mitarbeiterzahlen führen kann

---

2229. Die Definition einer Discontinued Operation nach IFRS 5.32 entspricht dabei weitgehend der in IAS 35.7.

[659] Der Abfluss von Ressourcen gilt als wahrscheinlich, wenn der Eintritt „More Likely Than Not" ist. Vgl. IAS 37.23.

[660] Vgl. IAS 37.14.

[661] Vgl. IAS 37.72. Die bloße Absicht des Managements zur Restrukturierung reicht dabei nicht aus.

[662] Vgl. IFRS 3, BC. 107.

[663] Diese Regelung sah bereits der ED E61.27 und Appendix 4c zu der 1998 erfolgten Überarbeitung des IAS 22 vor. Aufgrund massiver Kritik von Seiten der Unternehmen wurde diese Vorschrift durch das Einfügen der Ausnahmeregelung in IAS 22.30 verwässert. Vgl. Rivat/Clark (Limited Revisions, 1998), S. 123.

[664] Vgl. Rivat/Clark (Limited Revisions, 1998), S. 123. Dies kann insbesondere bei feindlichen Unternehmensübernahmen der Fall sein.

[665] Vgl. IFRS 3.43 und IFRS 3, BC.109-110.

oder bestimmte Geschäftsbereiche überflüssig werden. Weiterhin hat das IASB mit dieser Regelung insoweit einen Widerspruch geschaffen, als es in IFRS 3.44 ausdrücklich darauf hinweist, dass im Rahmen der Erstkonsolidierung auch Vermögenswerte und Schulden berücksichtigt werden dürfen, die zuvor mangels Erfüllung der Ansatzkriterien im Jahresabschluss des erworbenen Unternehmens nicht enthalten waren.[666]

Die Vorschriften nach US-GAAP zur bilanziellen Behandlung von Restrukturierungsrückstellungen bei einem Unternehmenszusammenschluss sind mit denen nach IAS 22 vergleichbar.[667] Gemäß EITF 95-3 ist es sogar erlaubt, dass der Erwerber erst im Erwerbszeitpunkt damit beginnt, einen Restrukturierungsplan auszuarbeiten, den er spätestens ein Jahr nach dem Erwerbszeitpunkt vorzulegen hat. Mit der Veröffentlichung des ED-SFAS 141 signalisiert das FASB aber eine deutliche Richtungsänderung zu Gunsten einer Konvergenz mit den IFRS. ED-SFAS 141.37 legt fest, dass der Erwerber Schulden, die im Zusammenhang mit einer Restrukturierung im Rahmen des Unternehmenszusammenschlusses erworben werden, getrennt vom Goodwill mit ihrem Fair Value anzusetzen hat, wenn sie die Ansatzkriterien nach SFAS 146 „Accounting for Costs Associated with Exit or Disposal Activities" erfüllen. Erklärend wird ergänzt, dass „costs the acquirer expects to incur in the future pursuant to its plan to exit an activity of an acquiree, involuntarily terminate the employment of an acquiree's employees, or relocate employees of an acquiree are not assumed liabilities of the acquiree and, therefore, are not accounted for as part of the business combination."[668] Da es sich bei dieser Aufzählung um typische Restrukturierungsaufwendungen handelt und darüber hinaus ED-SFAS 141, Appendix B, B.110 klarstellt, dass ED-SFAS 141.37 die oben geschilderte Regelung des EITF 95-3 außer Kraft setzt, ist künftig auch nach SFAS 141 der Ansatz von Restrukturierungsrückstellungen im Rahmen eines Unternehmenszusammenschlusses nur möglich, wenn diese bereits auf der Ebene des erworbenen Unternehmen bestanden haben.[669]

Das diese Angleichung nicht als Fortschritt zu sehen ist, geht bereits aus den vorhergehenden Erläuterungen hervor. Weiterhin ist zu bedenken, dass Restrukturierungsprogramme des erwerbenden Unternehmens für das erworbene Unternehmen ein Teil des Kaufplans sind und daher ihren Niederschlag im Kaufpreis finden. Aufgrund dieses wertbestimmenden Einflusses sollten sie auch dann berücksichtigt werden, wenn sie vor der Übernahme des Unternehmens

---

[666] Vgl. Brücks/Wiederhold (Business Combinations, 2003), S. 26-27.

[667] Vgl. EITF 95-3 „Recognition of Liabilities in Connection with a Purchase Business Combination". In APB Opinion 30 werden hauptsächlich die Bilanzierung und Bewertung von Discontinued Operations und in EITF 94-3 die Bestimmungen über die Bildung von Restrukturierungsrückstellungen geregelt. Vgl. Böcking/Dietz/Kiefer (Discontinuing Operations, 2001), S. 373.

[668] ED-SFAS 141.37.

[669] Ergänzend hierzu erläutert ED-SFAS 141, Appendix B, B.111: „To recognize an asset or a liability as part of the acquirer's accounting for the business combination, the asset or liability must be part of the exchange for the acquiree."

noch nicht bestanden haben. Da das IASB den Eventualschulden einen Einfluss auf den Kaufpreis zuspricht, ist nicht nachvollziehbar, warum Restrukturierungsrückstellungen nur unter restriktiven Bedingungen berücksichtigt werden dürfen. Die Intention des IASB, das erworbene Unternehmen im Rahmen der Erstkonsolidierung so darzustellen, wie es sich in diesem Augenblick darstellt, lässt die im Bewertungskalkül des Erwerbers berücksichtigten Restrukturierungsmaßnahmen außer Acht. Darüber hinaus besteht bei einer freundlichen Übernahme die Möglichkeit, die Vorschriften zu unterlaufen. Das führt zu einer Ungleichbehandlung von freundlichen und feindlichen Übernahmen und somit kann es zu einer Beeinträchtigung der Jahresabschlussinformationen kommen.

Wahrscheinlich ist diese Regelung des IASB aus der Besorgnis heraus entstanden, dass die bisherigen Vorschriften zu einer willkürlichen Übertreibung der Restrukturierungsrückstellungen führen könnten, weil das Management als Teil der Investitionsstrategie eines Unternehmens auf Höhe, Zeitpunkt und eventuell Rückgängigmachung von Restrukturierungsrückstellungen direkten Einfluss nehmen kann.[670] Dabei ist zu vermuten, dass diese Möglichkeit bei einem drohenden Nichterreichen von Analystenerwartungen zur Ergebnisgestaltung genutzt wird.[671] Restrukturierungsrückstellungen haben nämlich nicht nur eine wertmäßig hohe Bedeutung im Konzernabschluss, sie haben darüber hinaus Einfluss auf die Managementvergütung.[672]

Vor diesem Hintergrund wird der Gestaltungsspielraum durch die Vorschriften des IFRS 3 eingeschränkt und eine Steuerung der Höhe des Goodwill zumindest erschwert. Allerdings erkauft sich das IASB diesen Vorteil mit dem Verzicht auf Informationen, die meines Erachtens für den Adressaten der Rechnungslegung relevant sind, weil sie künftige Entwicklungen antizipieren. Eine Steigerung der Entscheidungsnützlichkeit wird hierbei nicht erreicht.

Der IASB begründet seine Bilanzierungsentscheidung bei den Rückstellungen damit, dass Aufwendungen für Restrukturierungen des Unternehmens genau wie andere Aufwendungen, die direkt dem Erwerb zurechenbar sind, behandelt werden sollen. Da im Rahmen des Business Combinations Phase II-Projekts auch die direkten Kosten im Rahmen eines Unternehmenszusammenschlusses als Aufwand behandelt werden müssen, erscheint die Vorgehensweise bei den Restrukturierungsrückstellungen insoweit stringent.

---

670 Vgl. Moehrle (Restructuring, 2002), S. 399; Schildbach (Aufwandsrückstellungen, 2002), S. 791-792.

671 Vgl. Moehrle (Restructuring, 2002), S. 397-399, 410-411; Levitt (Spielen mit Zahlen, 1998), S. 2545.

672 Die Einbeziehung von Restrukturierungsaufwendungen in die gewinnbasierte Managementvergütung kann zu Fehlanreizen, wie beispielsweise dem Unterlassen von wertsteigernden aber gleichzeitig ergebnisbelastenden Restrukturierungen führen. Vgl. Dechow/Huson/Sloan (Restructuring Charges, 1994), S. 141-142.

Weiterhin verwundert das Ansatzverbot von Restrukturierungsrückstellungen, die erst beim Unternehmenszusammenschluss entstehen, vor dem Hintergrund der Behandlung eines negativen Goodwill. Diese sind zwar im Konsolidierungszeitpunkt neutral zu bilden, verhindern aber, dass der Aufwand für diese Maßnahmen in der Folgezeit die Gewinn- und Verlustrechnung belastet. Ein negativer Goodwill wird nach erstmaliger Ermittlung und einem anschließenden Reassessment (sowohl nach IFRS als auch nach US-GAAP) im Rahmen eines Unternehmenszusammenschlusses sofort als Ertrag vereinnahmt.

2.7 Neuerungen und nicht diskutierte Sachverhalte im Rahmen des Projekts Business Combination Phase II

2.7.1 Weiterführende Regelungen zur Anwendung der Erwerbsmethode und zur Interpretation des erworbenen Goodwill aus einer Business Combination

Die im Folgenden erläuterten weiterführenden Regelungen zur Anwendung der Erwerbsmethode und zur Interpretation des erworbenen Goodwill aus einer Business Combination gelten sowohl nach ED-IFRS 3 „Business Combinations" als auch nach ED-SFAS 141 „Business Combinations a replacement of FASB Statement 141".[673] Im Folgenden wird, um Wiederholungen zu vermeiden, die Sichtweise des IASB dargestellt, die grundsätzlich mit der Haltung des FASB vergleichbar ist. Die entsprechenden Verweise werden sowohl nach ED-IFRS 3 „Business Combinations" als auch nach ED-SFAS 141 „Business Combinations a replacement of FASB Statement 141" angegeben.

In ED-IFRS 3.8 legt das IASB fest, dass im Rahmen von künftigen Unternehmenszusammenschlüssen die Erwerbsmethode als Full Goodwill-Methode auszulegen ist. Künftig soll damit das erworbene Unternehmen in Höhe seines gesamten beizulegenden Zeitwerts und nicht mehr nur in Höhe der Anschaffungskosten der erworbenen Beteiligung bilanziert werden.[674] Diese Bilanzierungsvorschrift hat zur Folge, dass der Anteil vorhandener Minderheiten am gesamten Goodwill des erworbenen Unternehmens aktiviert wird.[675] In ED-IFRS 3 wird dieser methodisch-konzeptionelle Richtungswechsel auch terminologisch signalisiert, indem nicht mehr wie bisher von der Anwendung der Purchase Method[676] gesprochen wird sondern von der Anwendung der Acquisition Method.[677] Die folgende Abbildung zeigt die Goodwill-Definition bei der Full Goodwill-Methode:

---

673 Vgl. zu Business Combinations Phase II auch Pellens/Sellhorn/Amshoff (Reform, 2005); Lüdenbach/Hoffmann (Mehrheitsbeteiligungen, 2005); Ebeling/Gaßmann/Rothenstein (Konsolidierungstechnik, 2005).

674 Vgl. ED-IFRS 3.19.

675 Diese Vorgehensweise im Rahmen der Kapitalkonsolidierung wird vom IASB als sogenannte Full Goodwill Method bezeichnet. Vgl. beispielsweise ED-IFRS 3.BC135.

676 Der IFRS 3 „Business Combinations" sieht derzeit noch die Erwerbsmethode in der Ausgestaltung der Neubewertungsmethode im Rahmen der Kapitalkonsolidierung vor.

677 Vgl. ED-IFRS 3.8; Pellens/Sellhorn/Amshoff (Reform, 2005), S. 1750.

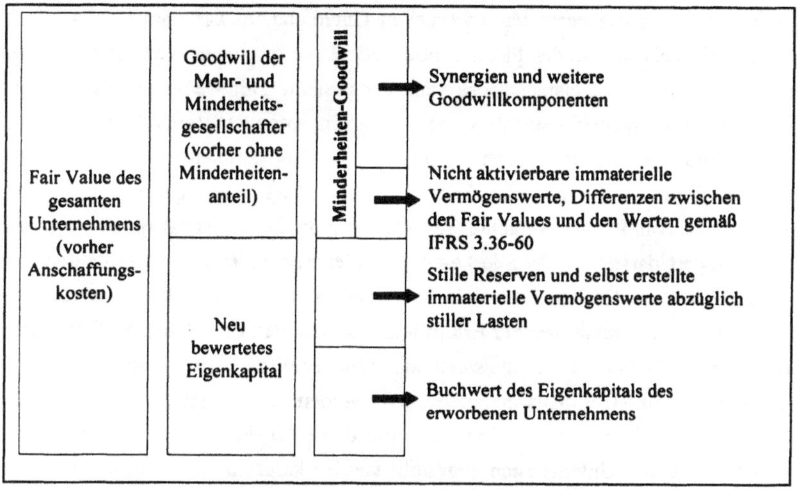

Abbildung 14: Goodwill-Definition gemäß ED-IFRS 3.49
Quelle: In Anlehnung an Pellens/Sellhorn/Amshoff (Reform, 2005), S. 1751.

Die derzeit noch anzuwendende Purchase-Methode sieht vor, die Anschaffungskosten in Höhe der erworbenen Beteiligung auf die anteilig erworbenen und neu bewerteten Vermögenswerte und Schulden zu verteilen. Ein dabei verbleibender positiver Differenzbetrag wurde bisher als Goodwill bezeichnet. ED-IFRS 3.49 sieht nunmehr mit der Einführung der Acquisition-Methode eine Gegenüberstellung des gesamten Fair Value des erworbenen Unternehmens mit den gesamten neu bewerteten Vermögenswerten und Schulden vor. Die Beteiligungshöhe des Erwerbers bleibt dabei vollkommen unberücksichtigt. Ein aus der Gegenüberstellung resultierender positiver Differenzbetrag wird ebenfalls als Goodwill bezeichnet. Dieser enthält sowohl den Anteil der Minderheitsgesellschafter am Goodwill als auch den Anteil der Mehrheitsgesellschafter. Der Unterschied zur Purchase-Methode besteht also in der Aktivierung der Anteile etwaiger Minderheitsgesellschafter am Goodwill. Anlass zu Diskussionen im Rahmen dieser Neuorientierung des ED-IFRS 3 „Business Combinations" gab insbesondere die Fair Value-Ermittlung des gesamten Unternehmens und somit die Goodwillermittlung.[678] Der gesamte Fair Value des Unternehmens soll abbilden, was als Gegenleistung für einen Anteil von 100 % in einer gegenwärtigen Transaktion zwischen sachkundigen, voneinander unabhängigen, nicht unter Kauf- bzw. Verkaufsdruck stehenden und vertragswilligen Parteien geflossen wäre.[679] Der Fair Value enthält gemäß ED-IFRS 3.50 die aus dem Zusammenschluss erwarteten Synergien und sonstigen akquisitionsspezifischen Vorteile aller beteiligten Konzernunternehmen.

---

[678] Vgl. Alternative Views, ED-IFRS 3.AV2-AV7. Fünf von 14 Mitgliedern des Board sprechen sich gegen die Full Goodwill Method aus.

[679] Vgl. ED-IFRS 3, Appendix A, A8.

Die Fair Value-Ermittlung des gesamten erworbenen Unternehmens kann sowohl bei einer Beteiligung von 100 % als auch in den Fällen problematisch werden, wenn weniger als 100 % der Anteile erworben werden. Beispielsweise kann der gesamte Fair Value des erworbenen Unternehmens von der erbrachten Gegenleistung abweichen, wenn der Verkauf unter Zwang erfolgt oder die Voraussetzung der Unabhängigkeit der Vertragsparteien nicht gegeben ist. Als widerlegbare Vermutung sieht ED-IFRS 3.20 vor, dass die zum Zeitpunkt des Unternehmenserwerbs vom Käufer erbrachte Gegenleistung die besten Anhaltspunkte für den beizulegenden Zeitwert darstellt.[680] Wurde keine Gegenleistung erbracht[681] oder deuten die Umstände darauf hin, dass sie den Fair Value nicht bestmöglich darstellen, dann hat der Erwerber andere Bewertungsmethoden zur Ermittlung des gesamten Fair Value des Unternehmens anzuwenden.[682] Sollten Bewertungsmethoden zur Ermittlung des Fair Value des gesamten erworbenen Unternehmens herangezogen werden, dann gibt ED-IFRS 3 die folgende Hierarchie vor: Die beste Lösung zur Ermittlung des Fair Value ist, wenn auf verfügbare Marktpreise von Unternehmen abgestellt werden kann, die mit dem erworbenen Unternehmen vergleichbar sind.[683] Das dieser Fall eintritt, ist äußerst unwahrscheinlich und auch konzeptionell wenig überzeugend. Schließlich resultiert der Fair Value des erworbenen Unternehmens aus den geschätzten zukünftigen Cashflows, die wiederum von den geplanten Synergien und Restrukturierungsüberlegungen geleitet sind.[684]

Sollte kein Vergleichsunternehmen vorliegen, soll der Erwerber mehrere relevante Bewertungsverfahren anwenden dürfen. Voraussetzung ist, dass für diese Bewertungsverfahren verlässliche Input-Daten vorhanden sind. Als Verfahren kann der Market Approach herangezogen werden, bei dem die Bewertung des erworbenen Unternehmens anhand von Multiplikatoren, die aus den Aktienkursen vergleichbarer börsennotierter Unternehmen[685] beziehungsweise aus vergleichbaren Unternehmenszusammenschlüssen[686] abgeleitet werden. „Derartige Verfahren zielen auf die schnelle und einfache Ermittlung potenzieller Marktpreise ab, die jedoch ebenfalls nicht die Synergiepotenziale berücksichtigen sowie zudem unter dem Einfluss des aktuellen Börsenklimas stehen und damit

680 Die Vorschrift wird durch umfangreiche Erläuterungen in Anhang A des Entwurfs konkretisiert.

681 Eine fehlende Gegenleistung liegt beispielsweise vor, wenn das erworbene Unternehmen einen Aktienrückkauf aus dem Streubesitz durchführt und hierdurch ein bisheriger Großinvestor, in dem Fall der Erwerber, die Beherrschung erlangt. Vgl. DE-IFRS 3, Appendix A, A18 (a). Weiterhin ist die erbrachte Gegenleistung ebenfalls kein guter Indikator für den gesamten Fair Value des Unternehmens, wenn es Anhaltspunkte dafür gibt, dass der Verkäufer unter Zwang gehandelt hat (beispielsweise bei einem Insolvenzverfahren). Vgl. ED-IFRS 3, Appendix A, A18 (b). Darüber hinaus kann es Unternehmenserwerbe geben, bei denen der Fair Value des erworbenen Unternehmens einfacher zu ermitteln ist, als der Wert der erbrachten Gegenleistung. ED-IFRS 3, Appendix A, A18 (c) nennt hierfür als Beispiel den Zusammenschluss von zwei nicht börsennotierten Unternehmen durch Anteilstausch.

682 Zu den Bewertungsmethoden vgl. ausführlich ED-IFRS 3, Appendix A, A19-A26.

683 Vgl. ED-IFRS 3, Appendix A, A19.

684 Vgl. ED-IFRS 3.AV4.

685 Auch bezeichnet als Comparative-Company Approach.

686 Auch bezeichnet als Comparative-Transaction Approach.

möglicherweise von kurzfristigen Preiszufälligkeiten geprägt sind. Mit der Ermittlung eines fundamentalen, inneren Werts i. S. des beizulegenden Zeitwerts (fair value) gemäß ED-IFRS 3.A8 dürften sie daher nur begrenzt vereinbar sein."[687]

Ebenfalls anwendbar bei der Ermittlung des Fair Value des erworbenen Unternehmens sind investitionstheoretische Verfahren. Hierzu zählen die DCF-Methode oder das Residualeinkommensmodell, die ebenfalls auf Prognosen zukünftiger Zahlungsströme beruhen und somit bilanzpolitischen Spielraum einräumen. Das IASB verweist in ED-IFRS 3, Appendix A, A19, darauf, dass die Inputgrößen relevant und zuverlässig sein müssen. Insofern unterstellt das IASB hier wohl auch, dass die Anwender eher zu bilanzpolitisch nützlichen Annahmen neigen.

Aus der Anwendung der Full Goodwill-Methode ergibt sich – wie bereits oben erläutert – eine Aktivierung des gesamten Goodwill. Dieser Goodwill muss sowohl dem Erwerber, also den Anteilseignern des Mutterunternehmens, als auch den Minderheitsgesellschaftern anteilig zugeordnet werden.[688] Denkbar wäre einerseits, die den Anteilseignern des Mutterunternehmens zustehenden Goodwillanteile als Unterschiedsbetrag zwischen dem Fair Value des erworbenen Anteils und dem anteilig erworbenen, neu bewerteten Eigenkapital zu ermitteln.[689] Der Anteil der Minderheiten am Goodwill ergäbe sich dann als Restgröße. Andererseits könnte eine Aufteilung in Abhängigkeit der Beteiligungsquoten der Mehrheits- und Minderheitsgesellschafter erfolgen.

Die Vorgehensweise bei Beteiligungen unter 100 % entspricht zwar der einheitstheoretischen Konzeption des Konzernabschlusses, verstößt aber gegen den Grundsatz der Pagatorik. Zu kritisieren ist, dass der Mehrheitsgesellschafter beim Kauf eine Kontrollprämie bzw. eine Prämie für Synergieeffekte bezahlt hat. Diese Prämie wird auch den einflusslosen Minderheitsgesellschaftern zugerechnet. Insgesamt ist der von den Mehrheitsgesellschaftern gezahlte Goodwill der gesamte Goodwill des Unternehmens und darf somit keiner Hochrechnung unterliegen.

Bei der Full Goodwill-Methode ist auch die Frage der Behandlung nachträglicher Anschaffungskosten im Rahmen von Spruchstellenverfahren diskussionswürdig.[690] Findet beispielsweise ein Unternehmenszusammenschluss statt, bei dem die Mehrheitsaktionäre 95% des Unternehmens erwerben, muss nach der Full Goodwill-Methode bereits im Anschaffungszeitpunkt berücksichtigt werden, was den Minderheiten geboten werden müsste,

---

687 Pellens/Sellhorn/Amshoff (Reform, 2005), S. 1753.

688 Vgl. ED-IFRS 3.58.

689 Vgl. hierzu die Beispiele in ED-IFRS 3, Appendix A, A62-A63.

690 Vgl. allgemein Veit (Squeeze outs, 2005).

um sie aus dem Verbund herauszudrängen. Während derzeit die Aufwendungen für das Herausdrängen der Minderheiten als nachträgliche Anschaffungskosten zu bilanzieren sind, müssen bei der Full Goodwill-Methode konsequenter Weise diese Zahlungen als Aufwand der Periode erfasst werden.[691] Da Spruchstellenverfahren häufig langwierig sind und die Abfindungshöhe ungewiss ist, könnte für das Management der Anreiz bestehen, die Abfindung möglichst hoch anzusetzen, damit in der Periode der Entscheidung des Spruchstellenverfahrens keine Aufwendungen die Gewinn- und Verlustrechnung belasten.[692]

2.7.2 Einstufiger versus zweistufiger Impairment Test

Wie aus den obigen Erläuterungen hervorgeht, haben sich das FASB und das IASB im Rahmen des Konvergenzprojekts Business Combinations Phase II nur bestimmter Sachverhalte angenommen. Weitere signifikante Unterschiede bleiben demnach zwischen IFRS 3 und SFAS 142 bestehen, da das FASB nur Änderungen in SFAS 141 vornimmt.[693] Hierzu zählen unter anderem die Abweichungen beim Impairment Test, die einer weiteren Anpassung unterliegen sollten, da sie im Mittelpunkt der Folgebilanzierung stehen. Daher werden sie im Folgenden erläutert.

Im Vergleich zu den Vorschriften des SFAS 142 ist gemäß IFRS 3 bei der Prüfung des Goodwill auf Wertminderungen ein einstufiger Impairment Test durchzuführen. Im Rahmen des einstufigen Impairment Test[694] ist der Differenzbetrag zwischen dem Carrying Amount und dem Recoverable Amount der Cash Generating Unit in voller Höhe aufwandswirksam. Die Distanzierung von dem in ED IAS 36 „Impairment of Assets" aus dem Jahr 2004 noch vorgesehenen zweistufigen Impairment Test wird vom IASB mit der in den Comment Letters zu ED IAS 36 geäußerten Kritik gerechtfertigt:[695] Die Ermittlung des Recoverable Amount als Kontrollwert auf der ersten Stufe und die Zugrundelegung von Fair Values auf der zweiten Stufe führt zu einer inkonsequenten Verwendung unterschiedlicher Bewertungskonzepte.[696] Darüber hinaus ist die Sonderbehandlung gegenüber anderen Vermögenswerten, die der Goodwill durch die separate Bewertung auf der zweiten Teststufe erfährt, nicht begründbar.[697] Neben diesen Punkten wurde in den Stellungnahmen hauptsächlich auf den zeitlichen und finanziellen Aufwand verwiesen, den ein zweistufiger Impairment Test verursacht.[698] Der in ED IAS 36 „Impairment of Assets" vorgestellte zweistufige Impairment Test erfüllte nicht

---

691 Vgl. auch zum Spruchstellenverfahren Aha (Aktuelle Aspekte, 1997).

692 Sind z. B. für die 5 % Minderheiten im Erwerbszeitpunkt 10 € pro Aktie angesetzt, entscheidet das Gericht aber, dass diese 17 € pro Aktie erhalten sollen, dann würden 7 € pro Aktie als Aufwand in die Gewinn- und Verlustrechnung fließen.

693 Vgl. auch umfassend zur Goodwillbilanzierung nach IFRS Wirth (Firmenwertbilanzierung, 2005).

694 Vgl. hierzu auch IDW (Stellungnahme, 2004).

695 Vgl. IAS 36, BC.165.

696 Vgl. IAS 36, BC.165a.

697 Vgl. IAS 36, BC.165b.

698 Vgl. IAS 36, BC.166 ; Simmonds/Sleigh-Johnson (Fundamentally Impaired, 2003), S. 101.

den Anspruch des IASB, eine ausgewogene Lösung zwischen einer notwendigen Glaubwürdigkeit der Informationen und der Operationalität ihrer Ermittlung zu finden.[699]

Die Entscheidung des IASB für einen einstufigen Impairment Test resultierte weiterhin aus Überlegungen zur Komplexitätsreduktion und zu dem Durchführungsaufwand eines zweistufigen Impairment Test.[700] Darüber hinaus folgt ein einstufiger Impairment Test der Konzeption des Impairment Test für andere immaterielle Vermögenswerte und reduziert somit den Anreiz für bilanzpolitische Gestaltungsmaßnahmen.[701] Der Wegfall der zweiten Teststufe bedingt aber auch, dass ein Teil der Aussagekraft der Wertminderungshöhe als Indikator für den tatsächlichen Wertverzehr des Goodwill verloren geht, weil die ermittelte Wertminderung nicht frei von den Einflüssen der Wertänderungen anderer Bestandteile der Cash Generating Unit ist.[702]

Im Rahmen der Überlegungen zu ED IAS 36 „Impairment of Assets" und ED 3 „Business Combinations" zog das IASB weiterhin in Betracht, den Buchwert des Goodwill mit seinem impliziten Fair Value zu vergleichen. Dieses Vorgehen hätte der zweiten Teststufe des ED IAS 36 „Impairment of Assets" entsprochen.[703] Nach einigen Diskussionen kam das IASB aber zu dem Schluss, dass aufgrund der Komplexität des Verfahrens das Vorschalten eines Screening-Mechanismus unter Kosten-Nutzen-Aspekten notwendig sei.[704]

Mit den derzeit gültigen Regelungen in IAS 36 entfernt sich das IASB vollständig von einem spezifischen Goodwill Impairment Test. Vielmehr verlangt IAS 36 eine im Rahmen des Werthaltigkeitstests der Cash Generating Unit entstandene Wertminderung gegen den der Cash Generating Unit zugeordneten Goodwill zu verrechnen.[705] Erst wenn dieser vollständig aufgezehrt ist, wird die verbleibende Wertminderung anteilig auf die einzelnen Vermögenswerte der Cash Generating Unit verteilt.[706] Diese Vermengung von Wertminderungen einzelner Vermögenswerte und des Goodwill trägt nicht zu einer Verbesserung der Entscheidungsnützlichkeit der bereit gestellten Informationen bei. Das Ziel des IASB scheint hier vielmehr zu sein, den Goodwill so schnell wie möglich abzuschreiben. Damit wird der dem Impairment Only Approach immanente Vorteil, eine im Vergleich zu den planmäßigen Abschreibungen genauere Erfassung des Wertverzehrs sicher zu stellen,

699 Vgl. Simmonds/Sleigh-Johnson (Fundamentally Impaired, 2003), S. 101.
700 Vgl. IFRS 3, BC.170.
701 Vgl. Simmonds/Sleigh-Johnson (Fundamentally Impaired, 2003), S. 101.
702 Vgl. sinngemäß Hütten/Lorson (Goodwillbilanzierung, 2002), S. 27, bezüglich SFAS 142.
703 Vgl. IFRS 3, BC.161.
704 Vgl. IFRS 3, BC.163-164.
705 Vgl. IAS 36.104-105, 108, BC.170.
706 Vgl. IAS 36.104-105, 108, BC.170. Im ED IAS 36 „Impairment of Assets" war zuerst vorgesehen, dass der Goodwill nur bis zu seinem Implied Value abgeschrieben werden kann. Vgl. ED IAS 36 „Impairment of Assets". Vgl. Kümpel (Wertminderungen, 2003), S. 1492.

konterkariert. Der zweistufige Test gemäß SFAS 142 ist daher eher in der Lage, den tatsächlichen Wertverzehr des Goodwill zu ermitteln.[707] Weiterhin werden beim Impairment Test des Goodwill und der anderen Vermögenswerte bzw. Gruppen von Vermögenswerten einer Reporting Unit nach SFAS 142 zuerst letztere getestet und, bei Vorliegen einer Wertminderung, ihre angepassten Buchwerte für den Goodwill Impairment Test herangezogen.[708] Dementsprechend sinkt zwar die Wahrscheinlichkeit, dass im Rahmen des Screening-Mechanismus der ersten Stufe des Goodwill Impairment Test eine Wertminderung dem Grunde nach angezeigt wird, jedoch werden die tatsächlichen Ursachen für den Wertverzehr einer Allokationseinheit eher sichtbar, wodurch sowohl der Grundsatz der Glaubwürdigkeit der Informationen erfüllt als auch die Prognosetauglichkeit der Informationen und damit die Relevanz erhöht wird.

2.7.3 Wertmaßstab des Impairment Test

Zur Bestimmung des Wertminderungsbedarfs im Rahmen des Impairment Tests stellen das IASB und das FASB auf unterschiedliche Bewertungsmaßstäbe ab. Während nach US-GAAP-Vorschriften der Fair Value als Vergleichsgröße zum Buchwert der Reporting Unit herangezogen wird, schreiben die IFRS vor, den erzielbaren Betrag als Kontrollwert für den Carrying Amount einer Cash Generating Unit heran zu ziehen. Der Recoverable Amount ist gemäß IAS 36.6 und 36.18 der höhere Wert aus dem Fair Value Less Costs to Sell und Value in Use.

Der Fair Value Less Costs to Sell ist der Betrag, der durch den Verkauf eines Vermögenswertes oder einer zahlungsmittelgenerierenden Einheit in einer Transaktion zu Marktbedingungen zwischen sachverständigen, vertragswilligen Geschäftspartnern nach Abzug der Veräußerungskosten erzielt werden könnte. Als bester Indikator für den Fair Value Less Costs to Sell gilt der in einem bindenden Verkaufsvertrag zwischen unabhängigen Geschäftspartnern fixierte Preis, vermindert um die zusätzlichen Kosten[709], die direkt aus der Bereitstellung des Vertragsobjekts resultieren.[710] „Wenn kein bindender Verkaufsvertrag vorliegt, der Vermögenswert jedoch an einem aktiven Markt gehandelt wird, ist der beizulegende Zeitwert abzüglich der Verkaufskosten der Marktpreis des Vermögenswertes

[707] Kritisch hierzu ED 3.AV18.

[708] Vgl. SFAS 142.29 i. V. m. SFAS 144.13. Ähnlich IFRS 3.BC168.

[709] IAS 36.28 nennt als Beispiele für solche Kosten Gerichts- und Anwaltskosten, Börsenumsatzsteuern und ähnliche Transaktionssteuern, die Aufwendungen für die Beseitigung des Vermögenswertes und die direkt zurechenbaren zusätzlichen Aufwendungen, die dazu dienen, den Vermögenswert in den entsprechenden Zustand für seinen Verkauf zu versetzen. Dabei sind Leistungen aus der Beendigung des Arbeitsverhältnisses und Aufwendungen, die mit der Verringerung oder Reorganisation eines Geschäftsbereichs nach dem Verkauf eines Vermögenswertes verbunden sind, keine direkt zurechenbaren zusätzlichen Kosten für die Veräußerung des Vermögenswertes.

[710] Vgl. IAS 36.25.

abzüglich der Veräußerungskosten. Der aktuelle Angebotspreis wird für gewöhnlich als geeigneter Marktpreis erachtet."[711]

„Wenn aktuelle Angebotspreise nicht zur Verfügung stehen, kann der Preis der jüngsten Transaktion eine geeignete Grundlage für die Schätzung des beizulegenden Zeitwertes abzüglich der Verkaufskosten liefern, vorausgesetzt, dass zwischen dem Zeitpunkt der Transaktion und dem Zeitpunkt, zu dem die Schätzung vorgenommen wurde, keine signifikante Veränderung der wirtschaftlichen Verhältnisse eingetreten ist."[712]

2.7.4 Allokationseinheit des Goodwill

Sowohl nach IFRS als auch nach US-GAAP wird bereits im Erwerbszeitpunkt eine Verteilung des derivativen Goodwill auf die Cash Generating Units bzw. Reporting Units gefordert, die aus den Synergien des Unternehmenszusammenschlusses profitieren.[713] Hinsichtlich der Zuordnungskriterien des Goodwill stellt das FASB auf eine angemessene, vertretbare und konsequent anwendbare Methode ab.[714] Eine nähere Erläuterung erfolgt aber nicht. Nachdem das IASB in ED IAS 36 „Impairment of Assets" im Jahr 2004 noch eine Zuordnung auf vernünftiger und stetiger Basis forderte,[715] wurde in der endgültigen Version des IAS 36 auf diese Kriterien verzichtet.[716] Der daraus resultierende Unterschied dürfte sich in der Praxis aber kaum bemerkbar machen. Sowohl nach IFRS als auch nach US-GAAP führt die fehlende Konkretisierung zu einer Beeinträchtigung der intersubjektiven Nachprüfbarkeit der Information im Rahmen der Folgebewertung des Goodwill.[717]

---

711 IAS 36.26. Gemäß IAS 36.22 gilt dies ebenfalls für die Ermittlung des beizulegenden Zeitwerts abzüglich Veräußerungskosten einer zahlungsmittelgenerierenden Einheit. Der aktuelle Angebotspreis ist der so genannte Bid Price. Ergänzend vgl. Wagenhofer (Internationale Rechnungslegungsstandards, 2003), S. 166-167, der unter Zugrundelegung des damals noch heranzuziehenden Net Selling Price einen Gegensatz zum herkömmlichen Fair Value-Begriff des IASB ausmachte, da sich dieser als Durchschnitt zwischen dem Preis des Käufers und des Verkäufers ergibt. Das ist insbesondere bei Märkten mit hohen Ask- und Bid-Spannen von Bedeutung.

712 IAS 36.26.

713 Vgl. IAS 36.80; SFAS 142.31.

714 Vgl. 142.34.

715 Vgl. ED IAS 36.73-74.

716 Das IASB möchte hier klarstellen, dass ein Verbleiben des Goodwill auf Gesamtunternehmensebene nicht zulässig ist. Vielmehr soll eine Verbindung zur internen Unternehmenssteuerung für Zwecke des Goodwill Impairment Test hergestellt werden. Vgl. IAS 36, BC.139; Brücks/Wiederhold (Ansatz und Bewertung, 2003), S. 222. Die Zuordnung auf einer vernünftigen und stetigen Basis wird weiterhin in der Basis for Conclusion gefordert. Vgl. IAS 36, BC.138. In der Literatur wird teilweise angenommen, dass die Verteilung anhand der relativen Fair Values vorgenommen werden soll, so wie es in IAS 36.86-87 auch für die Umstrukturierung und den Verkauf einer Cash Generating Unit gefordert wird. Vgl. hierzu Lüdenbach/Frohwein (Goodwill-Impairment-Test, 2003), S. 218; Kümpel (Wertminderungen, 2003), S. 1492. Kritisch hierzu Brücks/Wiederhold (Ansatz und Bewertung, 2003), S. 222. Zur Unternehmenssteuerung auf Basis der internationalen Rechnungslegung vgl. Wenning (Unternehmenssteuerung, 2001); Weber (Intangibles, 2002) und zu Umstellungsproblemen Weißenberger/Stahl/Vorstius (Umstellung, 2004); Stahl (Wechsel, 2002).

717 Vgl. Focken (Reporting Unit, 2003), S. 443.

Obergrenze der Allokationseinheit ist die Segmentebene.[718] Bei den Bestimmungen zur Identifikation eines Segments orientieren sich die US-GAAP am internen Berichtswesen des Unternehmens, am so genannten Management Approach.[719] Die Regelungen der IFRS stellen teilweise auf den Risk and Reward Approach ab. Auch wenn keine volle Übereinstimmung vorliegt, kommen sich IAS 14 und SFAS 131 inhaltlich sehr nahe, so dass die sich hieraus für die Identifikation einer Cash Generating Unit bzw. einer Reporting Unit ergebenden Abweichungen auf Segmentebene wahrscheinlich zu vernachlässigen sind.

Wesentliche Unterschiede zwischen den IFRS und den US-GAAP ergeben sich hingegen bei der Festlegung der Untergrenze einer Allokationseinheit[720]: Während als niedrigste Aggregationsstufe einer Reporting Unit lediglich die Ebene direkt unterhalb des Operating Segment gemäß SFAS 131 möglich ist,[721] fordert IAS 36 die niedrigste Aggregationsstufe, auf der eine Überwachung der Wertentwicklung des Goodwill für interne Zwecke stattfindet.[722] Dies kann im Vergleich zu den US-GAAP auch eine deutlich niedrigere Bezugsebene sein.[723] Dieser Unterschied kann dazu führen, dass für Unternehmen, die nach IFRS bilanzieren, ein tendenziell höherer Abschreibungsbedarf entsteht. Grund hierfür ist, dass bei kleineren Allokationseinheiten die Wahrscheinlichkeit einer Wertminderung des Goodwill durch stille Reserven anderer Vermögenswerte geringer ist. Ebenfalls ist die Kompensation der Wertminderung durch originär geschaffenen Goodwill bei kleinen Allokationseinheiten unwahrscheinlicher. Da aber das Management ein Interesse daran hat, eine möglichst hohe Aggregationsstufe festzulegen, um den Kompensationseffekt zu nutzen,[724] werden sich die Bezugsebenen für den Impairment Test wahrscheinlich angleichen.[725]

Den vom IASB geforderten Goodwill Push Down auf eine unterhalb der nach SFAS 142 zulässigen Bezugsebene zu fordern, erscheint unter Relevanzgesichtspunkten sinnvoll. Hierdurch kann eine genauere Abbildung des tatsächlichen Wertverzehrs stattfinden.[726] Auch wenn das IASB verdeutlicht, dass es nicht seine Aufgabe sein kann, dem Management die Überwachung der Wertentwicklung von getätigten Akquisitionen vorzuschreiben, erscheint

---

[718] Vgl. IAS 36.80. Die maximale Größe einer Cash Generating Unit kann sich am Primary oder am Secondary Reporting Format gemäß IAS 14 „Segment Reporting" orientieren. Die noch in ED IAS 36 „Imapirment of Assets" aus dem Jahr 2004 vorhandene Einschränkung auf das Primary Reporting Format wurde aufgrund der Kritik in den Comment Letters, dass dadurch Unternehmen mit Matrix-Organisation nicht abgebildet werden können, aufgegeben. Vgl. IAS 36.143-144. Vgl. auch Wendtland/Vogler (Immaterielle, 2003).

[719] Vgl. SFAS 131.5.

[720] Vgl. Fladt/Feige (Business Combinations, 2003), S. 254-255.

[721] Vgl. SFAS 142.30.

[722] Vgl. IAS 36.80a.

[723] Vgl. IAS 36.6, 36.80; Fladt/Feige (Business Combinations, 2003), S. 255.

[724] Vgl. Focken (Reporting Unit, 2003), S. 440, hier bezogen auf US-GAAP. Sinngemäß auch Hommel (Goodwill und Badwill, 2001), S. 807.

[725] Vgl. IAS 36.149a.

[726] Vgl. IAS 36, BC.149, BC.167b.

ein Synergie- und Controllingmanagement auch für Zwecke der Selbstinformation vorteilhaft.[727]

2.8 Zwischenergebnis

Grundsätzlich sind die zur Konvergenz von IFRS und US-GAAP führenden geplanten Regelungen bezüglich der Anwendung der Erwerbsmethode aufgrund der damit einhergehenden Vergleichbarkeit zu begrüßen. Dies gilt insbesondere für die künftig auch nach US-GAAP verpflichtende Anwendung der Neubewertungsmethode und die zwingende Aktivierung erworbener Forschungs- und Entwicklungsprojekte, die neben der besseren Vergleichbarkeit auch die Relevanz der Information erhöhen. Durch ein höheres Maß an Konvergenz steigt insgesamt auch die Vergleichbarkeit der durch die Regelungen vermittelten Informationen. Um eine weitere Steigerung in der Vermittlung von entscheidungsnützlichen Informationen durch die Goodwillbilanzierung zu erreichen, wäre es wünschenswert, dass sich beide Standardsetter in weiteren Punkten verständigen. Insbesondere grundlegende Regelungen, wie beispielsweise die Regelungen zum Impairment Test, sollten übereinstimmend geregelt werden.[728] Hiermit könnten beide Standardsetter die Relevanz der vermittelten Informationen erhöhen.

Wünschenswert wäre ein Überdenken der angekündigten Übernahme der IFRS-Regelungen zu den Restrukturierungsrückstellungen. Meines Erachtens stellt das Verbot zur Bildung einer Rückstellung für Restrukturierungen, die erst durch den Unternehmenszusammenschluss entstehen, eine Überobjektivierung dar. Im Bereich der Berücksichtigung ungewisser Vermögenswerte und ungewisser Schulden gehen beide Standardsetter den Mittelweg. Eine Nichtaktivierung subsummiert eindeutig vom Goodwill trennbare Komponenten des Kaufpreises typisierend im Konglomerat Goodwill und liefert eingeschränkt relevante Informationen.

Der ausschließliche Ansatz von Eventualschulden in der momentan gültigen Definition der IFRS liefert durch die asymmetrische Abbildung der Ungewissheiten nur eingeschränkt relevante Informationen und bietet weite Gestaltungsspielräume im Wertansatz mit negativen Auswirkungen auf die Verlässlichkeit. Die symmetrische Erfassung von Eventualschulden und Eventualvermögenswerten basierend auf den aktuellen Definitionen der US-GAAP liefert ebenfalls weite Gestaltungsspielräume. Da Eventualforderungen den Kaufpreis in gleichem Maße beeinflussen wie Eventualverbindlichkeiten, besteht keine Rechtfertigung, sie nicht zu

727 Vgl. Alvarez/Biberacher (Unternehmenssteuerung, 2002), S. 351. Das IASB stellt in diesem Zusammenhang klar, dass aus den Impairment Test-Vorschriften für Unternehmen nicht die Notwendigkeit entstehen soll, neue Reportingsysteme zu implementieren. Vgl. IAS 36, BC.140.

728 Weiterhin wäre beispielsweise eine Einigung bezüglich der Vorgehensweise bei Überzahlungen im Rahmen der Erstkonsolidierung erstrebenswert, weil damit ein weiterer Teil aus dem Goodwill herausgelöst werden könnte, der keine ökonomische Substanz besitzt.

berücksichtigen. Vor diesem Hintergrund bietet die von beiden Standardsettern beabsichtigte Lösung, nur solche Ungewissheiten symmetrisch zu erfassen, die in dem jeweiligen Regelwerk die Kriterien eines Vermögenswertes oder einer Schuld erfüllen, ein hohes Maß an Relevanz, da weitere erkaufte Bestandteile aus dem Goodwill herausgelöst werden, bei gleichzeitiger stärkerer Objektivierung. Inwieweit die für den Ansatz notwendige Identifizierung unbedingter Komponenten als zusätzliches Objektivierungskriterium noch verlässlichere Informationen zu liefern vermag, bleibt auch hinsichtlich der Schwierigkeiten bei der Operationalisierung dieser Anforderungen abzuwarten.

Auch der Widerspruch zum IAS 37 wird künftig nicht mehr vorhanden sein. Das IASB plant ebenfalls, die Regelungen in diesem Standard entsprechend anzupassen, da die Bilanzierung von Eventualforderungen und Eventualverbindlichkeiten nicht nur die Kaufpreisverteilung im Rahmen eines Unternehmenszusammenschlusses betrifft.[729] Im Gegensatz zu den handelsrechtlichen Vorschriften sollen somit künftig Eventualschulden unabhängig von der Eintrittswahrscheinlichkeit bilanziert werden. Das bedeutet, wenn ein Unternehmen beispielsweise ein Prozessrisiko identifiziert, welches mit einer Wahrscheinlichkeit von 10% eintritt, dann ist ein Ansatz nach HGB nicht erlaubt. Nach dem Vorschlag des IASB wäre dieses Risiko mit seinem Fair Value in der Bilanz abzubilden.[730] Im Hinblick auf eine Fair Value Bilanzierung wäre dieser Vorschlag begrüßenswert. Vor dem Hintergrund von Kosten-Nutzen-Überlegungen ist er allerdings nicht tragbar.

Bezüglich des umstrittenen Stellenwerts von Multiplikatorverfahren in der Unternehmensbewertung erscheint der Einsatz dieser Methoden auf der dritten Stufe der Fair Value-Hierarchie fraglich. Meines Erachtens würden detaillierte Vorgaben zur Anwendung von DCF-Verfahren sowie deren verbindliche Anwendung besser geeignet sein.

Kann für die geplanten Neuregelungen zur Anwendung der Erwerbsmethode eine Tendenz zu mehr Verlässlichkeit abgeleitet werden, so verkehrt sich dieser Eindruck durch neue Entobjektivierungen im Zuge der geplanten Einführung der Full Goodwill-Methode ins Gegenteil. Die konsequente Fortführung der Fair Value-Bewertung und ein weiterer Schritt in Richtung Einheitstheorie können nur geringfügig zu einer Steigerung der Relevanz der vermittelten Informationen beitragen. Das geht aber mit Verlusten bei der Verlässlichkeit des Wertansatzes des nun in voller Höhe anzusetzenden Goodwill einher. Grund hierfür ist die Abkopplung der Wertermittlung des Goodwill von seinen Anschaffungskosten und den dadurch zum Einsatz kommenden Bewertungsverfahren. Zum einen birgt eine Hochrechnung auf den gesamten Goodwill die Gefahr einer falschen Wertermittlung, wenn implizit bereits in

---

[729] Vgl. hierzu ED-IAS 37 „Provision, Contingent Liabilities and Contingent Assets".

[730] Das könnte beispielsweise der Betrag sein, den das Unternehmen zahlen muss, um aus der Verpflichtung zu kommen.

der Mehrheitsbeteiligung enthaltene Kontrollprämien nicht erkannt oder falsch bewertet werden. Zum anderen halten alle Gestaltungsspielräume in der Unternehmensbewertung, analog zu den Werthaltigkeitstests, Einzug im Rahmen der direkten Ermittlung des Fair Value des Tochterunternehmens. Meines Erachtens erfordert ein Mindestmaß an Verlässlichkeit im Bereich der Wertermittlung des gesamten Goodwill detailliertere Vorgaben zur Methodenanwendung und eine klare Definition der Anwendungsbereiche. Positiv zu beurteilen ist die Lösung des oftmals sehr komplexen Problems der Berücksichtigung von Minderheitenanteilen im Rahmen der Wertminderungstests durch die Full Goodwill-Methode.

Aber auch bei aktiven Forschungs- und Entwicklungsprojekten ist die Bewertungsproblematik vorhanden. Die Bestimmung des Fair Value der im Rahmen eines Unternehmenszusammenschlusses zugegangenen aktiven Forschungs- und Entwicklungsprojekte ist stark ermessensbehaftet und ermöglicht dadurch eine indirekte Steuerung der Höhe des Goodwill. Das Abstellen auf die Ausgaben des Erworbenen für das Forschungs- und Entwicklungsprojekt würde zwar dem Grundsatz der Nachprüfbarkeit Rechnung tragen, weist jedoch die Schwäche auf, dass es weniger den informationsrelevanten Output des Forschungs- und Entwicklungsprozesses als vielmehr den Input bewertet, und dadurch Effizienzunterschiede zwischen Forschungs- und Entwicklungsprojekten nicht berücksichtigt.

Die Entscheidung beider Standardsetter sich einer Neuregelung für Unternehmenszusammenschlüsse mit gemeinsamer Kontrolle erst in einer späteren Projektphase anzunehmen ist zwar unter dem zeitlichen Aspekt, dass die IFRS ab 2005 verpflichtend in der EU anzuwenden sind erschreckend; andererseits lässt es aber auch vor dem Hintergrund der gemeinsamen Erarbeitung und meines Erachtens als ausgewogen einzustufenden Neuregelungen zur Anwendung der Erwerbsmethode die Hoffnung aufkeimen, dass eine ebenso ausgewogene Lösung entsteht.

3 Kritische Würdigung

Die Ausführungen zur Berücksichtigung immaterieller Werte im Rahmen einer Business Combination zeigen, dass eine Vernachlässigung der Objektivierungsanforderungen zu Gunsten von mehr Informationen durch einen umfangreichen Ausweis immaterieller Werte gegeben ist. Vor dem Hintergrund der Zielsetzung, relevante und zuverlässige Informationen durch die Rechnungslegung zu vermitteln, wird die Relevanz der Informationen eindeutig in den Vordergrund gestellt. Da immaterielle Vermögenswerte meist auch mit Bewertungsungenauigkeiten aufgrund ihrer fehlenden Marktgängigkeit behaftet sind, ist diese Überbewertung der Relevanz der vermittelten Informationen kritisch zu sehen.

Kritisch ist weiterhin zu beurteilen, dass bei der Folgebewertung unterschiedliche Bewertungsebenen herangezogen werden. So ist bei langlebigen Vermögenswerten mit begrenzter Nutzungsdauer der Impairment Test gemäß SFAS 144 und für Vermögenswerte mit unbegrenzter Nutzungsdauer der Impairment Test gemäß SFAS 142 durchzuführen. Diese unterschiedlichen Bewertungsebenen können zu Problemen führen. Stellt beispielsweise ein nach US-GAAP bilanzierendes Unternehmen fest, dass externe oder interne Indikatoren darauf hinweisen, dass der Goodwill einer Reporting Unit im Wert gemindert ist, dann ist zunächst ein Impairment Test auf der ersten Stufe nach SFAS 142 durchzuführen. Annahmegemäß wird auf der ersten Stufe festgestellt, dass der Fair Value der Reporting Unit unter dem Buchwert der Reporting Unit liegt. Somit ist die zweite Stufe des Impairment Test durchzuführen. Bei der Neubewertung der Vermögenswerte und Schulden der Reporting Unit wird festgestellt, dass eine Maschine des Anlagevermögens nicht mehr rentabel ist. Der Goodwill weist aber keine Wertminderungen auf. Nach dieser Sachlage ist nun die Maschine gemäß SFAS 144 zu bewerten. Der Impairment Test nach SFAS 144 sieht auf der ersten Stufe einen Vergleich zwischen dem Buchwert und den zukünftig erwarteten undiskontierten Nettozahlungsströmen des Vermögenswertes vor. Da die undiskontierten Nettozahlungsströme in der Regel höher sind als die diskontierten Zahlungsströme, eröffnet diese Bilanzierungsweise einen gewissen Manipulationsspielraum. Weiterhin ist unverständlich, warum nicht der Buchwert mit dem Fair Value des Vermögenswertes verglichen wird, da der Fair Value des Vermögenswertes bereits bei der Neubewertung der Reporting Unit vorliegt. Aus dieser Regelung erwachsen keine Vorteile für die Vermittlung entscheidungsrelevanter Informationen.

In der Literatur wird oft kritisiert, dass durch den Impairment Test eine Vermengung von originärem und derivativem Goodwill möglich ist und insoweit gegen das Aktivierungsverbot des originären Goodwill verstoßen wird. Diese Kritik ist gerechtfertigt. Wird aber von der Aktivierung des originären Goodwill abstrahiert und die Folgebewertung betrachtet, dann ist der einstufige Impairment Test nach IFRS konsequenter als der zweistufige nach US-GAAP. Denn schließlich sollte nicht die Vermengung von originärem und derivativem Goodwill auf der ersten Stufe zugelassen werden, um dieses auf der zweiten Stufe des Impairment Test wieder zu kippen. Wahrscheinlich wird auch aus diesem Grund das Thema des Impairment Test im Rahmen der Änderungen nicht aufgegriffen.

Weiterhin ist die praktische Umsetzbarkeit des zweistufigen Impairment Test bilanztechnisch bedenklich. Wenn die Unternehmen den Impairment Test erst kurz vor dem Bilanzstichtag durchführen, kann es zu folgenden Problemen kommen: Aufgrund der zeitlichen Restriktion könnte die technische Umsetzung der zweiten Stufe an den Durchführungsbestimmungen scheitern, da eine Unternehmensbewertung in der Regel zeitintensiv ist. Daraus folgt, dass die zweite Stufe geschätzt werden müsste. Da Schätzungen sehr unsicher sind und die Gefahr sehr groß ist, dass Schätzfehler auftauchen, könnte der Bilanzierende die folgende Strategie wählen: Auf der zweiten Stufe des Impairment Test wird die Wertminderung sehr hoch geschätzt und im Extremfall muss der gesamte Goodwill abgeschrieben werden. Ziel dabei ist es, nach dem Bilanzstichtag nicht in Erklärungsnot zu kommen. Denn sollte die Abwertung zu hoch geschätzt sein, ist es aus Sicht des Bilanzierenden einfacher, die stillen Reserven in den anderen immateriellen Vermögenswerten zu heben als eine nochmalige Abschreibung des Goodwill zu rechtfertigen.

Die in ED-IFRS 3 „Business Combinations“ vorgesehene Neuerung besteht darin, insbesondere bei Beteiligungen von weniger als 100%, die Höhe des Goodwill in Einzelfällen unabhängig von der gezahlten Gegenleistung zu bestimmen. Insofern kann sich ein Wert ergeben, der nicht pagatorisch abgesichert ist. Damit soll aber der Goodwill nicht mehr - wie bisher - als Residualgröße oder als technischer Differenzbetrag behandelt werden, der sich aus der Differenz zwischen einer Gesamt- und einer Einzelbewertung ergibt. Der Goodwill wird vielmehr in den Stand eines einzeln bewertbaren immateriellen Vermögenswerts erhoben. Bisher wurde ihm diese Eigenschaft nicht zu teil. Das Aktivierungsverbot eines originären Goodwill wird mit der fehlenden Identifizierbarkeit und Bewertbarkeit dieser Größe begründet. Da IAS 38 in diesem Punkt nicht geändert werden soll, ergibt sich auch hier eine Inkonsistenz.

Weiterhin zeigt sich in der Analyse des Projekts Business Combinations Phase II, dass FASB und IASB bei der Bilanzierung von Business Combinations in weiten Teilen eine Konvergenz erzielt haben. Da andere Sachverhalte, wie beispielsweise der Impairment Test, nicht in die Diskussion und die Konvergenzbestrebungen eingeschlossen waren, existieren hier auch weiterhin Unterschiede zwischen US-GAAP und IFRS. Nun sind diese Konvergenzprojekte vor dem Hintergrund der Anerkennung der IFRS für die Börsenzulassung in den USA zu sehen. Da im Bereich des Projekts Business Combinations Phase II eine Annäherung beider Standardsetter erfolgt ist, muss anerkannt werden, dass auch das IASB teilweise seinen Standpunkt durchgesetzt hat. Insoweit kann wohl das Projekt aus heutiger Sicht als gelungen angesehen werden; dies kann als ein weiterer Meilenstein in der Anerkennung der IFRS durch die SEC gewertet werden.

Aus dem Projekt geht aber noch ein weiterer Punkt hervor. Wie bereits im ersten Kapitel erläutert ist das FASB einem starken Lobbyismus ausgesetzt. Die treibenden Größen sind dabei aber weniger die Nutzer der Rechnungslegung, auf die auch die Zielsetzung zugeschnitten ist, als vielmehr die Ersteller und Prüfer der Rechnungslegung.[731] Zu Gunsten dieses Lobbyismus wird die Zielsetzung der Rechnungslegung in den Hintergrund gedrückt und es kommt innerhalb der Standards und im Verhältnis von Standards und Framework zu Inkonsistenzen. Das IASB ist ebenfalls mit diesem Problem konfrontiert.[732] Insofern hat das

---

[731] Das zeigt sich insbesondere an den öffentlichen Stellungnahmen.

[732] Vgl. hierzu ausführlich Kapitel III.

IASB bei der Standardsetzung einerseits die Konvergenzbestrebungen zu beachten und unterliegt andererseits ebenfalls dem Lobbyismus. Hierbei droht die Gefahr, der Standardsetzung nicht mehr in geeigneter Weise und unter Berücksichtigung der Zielsetzung der Rechnungslegung nachkommen zu können.

Diese Gefahr hat sich bereits folgendermaßen konkretisiert: Das IASB akzeptiert die strikte Orientierung des überarbeiteten IFRS 3 an der Einheitstheorie, unter Vernachlässigung interessentheoretischer Überlegungen und somit ohne die Interessen der Nutzer der Rechnungslegung zu hinterfragen.[733] Insbesondere die bilanzielle Abbildung eines sukzessiven Unternehmenserwerbs wird durch die der Bilanzierung zugrunde gelegte Konzernabschlusstheorie maßgeblich beeinflusst.[734] Bislang war die Konzernrechnungslegung nach IFRS interessentheoretisch ausgeprägt. Sie basierte grundsätzlich auf dem so genannten Parent Company Extension Concept, einer Ausprägung der Interessentheorie.[735] Die Interessentheorie sieht in dem Konzernabschluss eine Erweiterung des Abschlusses des Mutterunternehmens, wobei die Interessen der Mehrheitsaktionäre abgebildet werden sollen. Daher werden die Minderheitsgesellschafter der Tochterunternehmen als Konzernaußenstehende und damit sozusagen als Fremdkapitalgeber betrachtet.[736] Den aktuellen Entwicklungen zufolge ist die Auffassung des IASB nunmehr, dass die Einheitstheorie die realen wirtschaftlichen Verhältnisse eines Konzerns besser darstellen kann als die Interessentheorie.[737] Das hat bei den beiden Reformprojekten Improvement Project und Business Combinations Project Phase II zu einer konsequenten Ausrichtung an der Einheitstheorie geführt. Im Rahmen der Einheitstheorie wird der Konzern – abstrahiert von der rechtlichen Selbständigkeit der einzelnen Konzernunternehmen – als eine eigenständige wirtschaftliche Einheit betrachtet. Die Konsequenz ist, dass der Konzernabschluss einen „Quasi-Einzelabschluss“[738] dieser wirtschaftlichen Einheit darstellt. Aufgrund dessen werden alle Gesellschafter der konzernzugehörigen Unternehmen als gleichberechtigte Gesellschafter und somit als Eigenkapitalgeber des Konzerns angesehen.[739]

Nach der Full Goodwill-Methode kommt es künftig zu einer Darstellung von Kontrollsphären und weniger zu einer Darstellung von Vermögen und Einkommen, das bestimmten Interessengruppen zuzuordnen ist. Fraglich ist, ob aus Sicht der Investoren, die stellvertretend für die Interessen aller anderen Adressaten stehen, eine einheitstheoretische

---

733 Das Konzept wird aber nicht offensiv vertreten, sondern eher durch die Hintertür eingeführt bzw. unterstützt.

734 Vgl. Küting/Elprana/Wirth (Sukzessive Anteilserwerbe, 2003), S. 477.

735 Vgl. Baetge/Kirsch/Thiele (Konzernbilanzen, 2004), S. 15, die von einer Interessentheorie mit Vollkonsolidierung sprechen.

736 Vgl. Baetge/Kirsch/Thiele (Konzernbilanzen, 2004), S. 13-17.

737 Vgl. Busse von Colbe (Einheitstheorie, 2004), S. 57.

738 Klein (Zwecke, 1989), Rn. 850.

739 Vgl. Baetge/Kirsch/Thiele (Konzernbilanzen, 2004), S. 11.

Betrachtungsweise zu begrüßen ist. Denn letztlich wird hierbei die „Sache an sich" dargestellt, ohne Berücksichtigung des Eigentümerkreises. Die Aktionäre des Mutterunternehmens erfahren somit immer die 100%-Sicht (unabhängig von ihrer Beteiligung), verwässert dadurch, dass sie nicht mehr nur auf ihr Vermögen schauen.

Ein weiterer strategischer Gedanke, der in einem engen Zusammenhang mit den Konvergenzbestrebungen steht, ist die Stärkung der Machtposition des IASB. Daher ist das IASB darum bemüht, den Anwendungsbereich der IFRS innerhalb der EU auch auf die Rechnungslegung nicht kapitalmarktorientierter Unternehmen zu erweitern. Sollte dem IASB die Einbeziehung aller Unternehmen, die in der EU zur Rechnungslegung verpflichtet sind, gelingen, wird die Machtposition des IASB durch die Anzahl der IFRS-Anwender bestärkt. Weiterführende Überlegungen zu der Entwicklung von IFRS – insbesondere zur Bilanzierung eines Goodwill – durch das IASB und die Einflussnahme der EU auf die Standardsetzung sind Gegenstand des folgenden Kapitels.

IV Kapitel: Planmäßige Abschreibung des Goodwill als Kompromissvorschlag für eine gegenseitige Anerkennung der Standards von FASB und IASB

1 Grundsätzliche Überlegungen zu den IFRS und der Politik der EU

Wie die Ausführungen im dritten Kapitel belegen, waren die Änderungen der Standards zur Bilanzierung von Business Combinations und insbesondere die Abbildung eines Goodwill aus diesen Transaktionen überfällig. Nach der Würdigung der neuen Regelungen ist nun noch zu erörtern, inwieweit SFAS 141 und SFAS 142 sowie IFRS 3 - inklusive der vorgeschlagenen Änderungen - hinsichtlich der Zielsetzung der Rechnungslegung zu einer Verbesserung der Vermittlung entscheidungsnützlicher Informationen führen. Hierzu bedarf es einer eingehenden Betrachtung der Politik des IASB, des FASB und der EU.

Das IASB hat sich zum Ziel gesetzt, qualitativ hochwertige Rechnungslegungsstandards zu erlassen. Dabei soll eine prinzipienbasierte Vorgehensweise gewählt werden, die sich vom sogenannten „Cook Book Accounting" des FASB abhebt.[740] Zugleich betreibt aber das IASB ein Konvergenzprojekt mit dem FASB, um die IFRS für die bisher noch versagte Anerkennung durch die SEC zu präparieren. Wozu dieses strategische Ziel der Konvergenz führen kann, hat sich im Rahmen der Diskussion über die Unzulänglichkeiten der Rechnungslegungsregeln zur Bilanzierung von Business Combinations und insbesondere der Bilanzierung eines Goodwill gezeigt. Auch ist eine Prinzipienorientierung nicht unmittelbar erkennbar. Außerdem verfolgt das IASB noch kein explizites und eindeutiges Vermögens- oder Gewinnermittlungskonzept.

Die Analyse der SFAS 141 und SFAS 142 sowie des IFRS 3 zeigt, dass sich beide Standardsetter zunehmend der bilanzorientierten Betrachtungsweise (Asset/Liability Approach) zuwenden und sich vom bisher verfolgten periodenerfolgsorientierten Ansatz (Revenue/Expense Approach) entfernen. Das Ziel ist, keine reinen Abgrenzungsposten in der Bilanz auszuweisen, sondern nur Vermögenswerte und Schulden. Neben die Frage, wie Vermögenswerte und Schulden abzugrenzen sind, stellt sich das Bewertungsproblem dieser Größen. Beide Standardsetter etablieren dafür zunehmend das so genannte Full Fair Value Accounting, wodurch der Marktwert des Unternehmens in der Bilanz in der Regel nicht abgebildet werden kann: Zum einen ist das Ganze mehr als die Summe seiner Teile, zum anderen existieren aussagekräftige Fair Values im Sinne von eindeutigen Marktwerten nicht auf unvollkommenen und unvollständigen Güter- und Kapitalmärkten. Es kann immer nur Annäherungen an diese Werte geben, die sich beispielsweise in Preisen aus bindenden Kaufverträgen, Preisen an aktiven Märkten, Schätzungen aufgrund des letzten vorliegenden

[740] Vgl. Preißler (Prinzipienbasierung, 2002), S. 2389.

Preises an einem aktiven Markt oder aufgrund anderer Informationen ergeben.[741] Dabei sind die Marktpreisapproximationen von vielen Annahmen geprägt und daher gestaltbar.[742] Konsequenz dieser Ausrichtung an der bilanzorientierten Betrachtungsweise ist, dass die Ergebnisse in den Perioden Marktschwankungen, die in einzelnen Perioden sehr stark ausfallen können, unterliegen. Dadurch wird die Prognosefähigkeit künftiger Ergebnisse und die dadurch vermittelten Informationen negativ beeinflusst.

Letztlich ist bei den Konvergenzbemühungen des FASB und des IASB nicht außer Acht zu lassen, dass es sich um Rechnungslegungsstandards zweier privater Standardsetter handelt. Deren Standards unterliegen zwar einem standardisierten Prozess, der aber für machtpolitische Interessen offen ist. Dies zeigt sich deutlich bei der Untersuchung der Standardentwicklung von SFAS 141 und SFAS 142. Diese Analyse bezog sich zwar auf die politische Einflussnahme in den Vereinigten Staaten von Amerika, kann aber in der EU vergleichbar durch europäische Interessengruppen stattfinden. Zum einen brachte das die optionale Fair Value-Bewertung aller Finanzinstrumente zum Ausdruck. Diese wurde nach kontroversen Diskussionen eingeschränkt, weil die EU bestimmte Teile des IAS 39 nicht anerkannte. Zum anderen drohte die EU dem IASB an, die Vorschläge des IFRIC zur Bilanzierung von Emmissionszertifikaten nicht anzuerkennen. Daraufhin zog das IASB den IFRIC 3 „Emission Rights“ zurück. Diese Vorgehensweise der EU kann nur auf wenig Gegenliebe stoßen, wenn die Standards der Zielsetzung der Rechnungslegung genügen sollen.[743]

Vor dem Hintergrund, dass der internationalen Rechnungslegung zunehmend Monopolcharakter durch die Konvergenzbemühungen von FASB und IASB zukommt, ist diese Entwicklung besonders kritisch zu hinterfragen. „Man sollte nicht vergessen, dass es die bilanzorientierte Betrachtungsweise vor mehr als einhundert Jahren schon einmal gab – sie wurde nur als statische Bilanztheorie bezeichnet und aufgrund ihrer Schwächen durch die dynamische Bilanztheorie ergänzt und zum Teil abgelöst. Möglicherweise müssten das IASB und das FASB mehr auf diese Erfahrungen wie auch die Vorteile eines Vorsichtsprinzips hingewiesen werden.“[744] Auch den Fair Value-Gedanken gab es bereits vor mehr als einhundert Jahren – er wurde nur als (beizulegender) Zeitwert bezeichnet.[745] Der (beizulegende) Zeitwert findet sich in frühen deutschen Gesetzen, wie beispielsweise im Allgemeinen Deutschen Handelsgesetzbuch, welches 1861 verabschiedet wurde. Art. 31 dieses Gesetzes sah eine zwingende Bewertung zu Zeitwerten vor. Heute ist der Zeitwert in der deutschen Rechnungslegung ein Korrekturwert, der den Ansatz aber nur in eine Richtung

---

741 Vgl. IAS 36.25-27.

742 Vgl. zu mit weiteren Nachweisen Ballwieser/Küting/Schildbach (Wertansatz, 2004), S. 535-544.

743 Vgl. Wagenhofer (Machtpolitik, 2005), S. 22.

744 Wagenhofer (Machtpolitik, 2005), S. 22.

745 Vgl. Böcking/Lopatta/Rausch (Fair Value, 2005), S. 97.

korrigiert. Beispielsweise ist das Niederstwertprinzip Ausdruck einer asymmetrischen Berichterstattung über Chancen und Risiken. Wahrscheinlich könnten Erfahrungen, die das gewachsene deutsche Bilanzrecht auch bei der Bewertung zu Zeitwerten aufweisen kann, dem IASB bei der Standardsetzung hilfreich sein.

2 Anregungen zum künftigen Vorgehen: Planmäßige Abschreibung als Kompromiss

Die Analyse der gravierenden Änderungen von SFAS 141 und SFAS 142 sowie IFRS 3 zur Bilanzierung von Business Combinations und insbesondere des Goodwill hat gezeigt, dass der Goodwill immer noch eine schwer bestimmbare Größe ist. Die Unternehmen sollen nach Möglichkeit den Kaufpreis so weit aufspalten, dass nur noch Synergien im Goodwill verbleiben. Die dafür vorgesehenen Ansatzkriterien für immaterielle Vermögenswerte Separability und Contractual-Legal führen aber nur zu dem Punkt, an dem bereits die Kritik der Änderungsvorschläge zum APB 16 „Business Combinations" ansetzte. Auch nach der heutigen Regelung kann – je nach verfolgter Unternehmensphilosophie – entweder alles vom Goodwill abgespalten werden, so dass dieser möglichst klein ist oder so viel wie möglich als „Synergie" deklariert werden. Zudem sind die als nicht abnutzbar geltenden immateriellen Vermögenswerte auch nicht mehr abzuschreiben, sondern einem jährlichen Impairment Test zu unterziehen. Da der Impairment Test aber viele Unwägbarkeiten aufweist, sollten die Standardsetter einen Schritt zurück gehen. Die im Rahmen des Impairment Test generierten Informationen sind wenig zuverlässig.[746] Gestaltungspotenziale eröffnen sich u. a. schon aus der Wahl des Bewertungsverfahrens. In IAS 36.A8 wird beispielhaft eine Annäherung eines Marktpreises durch einen Barwert dargestellt, in dem ein als Erwartungswert bezeichneter Barwert mit risikolosen Kapitalisierungszinssätzen berechnet wird. Die Diskontierung mit risikolosen Zinssätzen verlangt entweder die Annahme der Risikoneutralität des Bewertungssubjekts oder die Diskontierung von Sicherheitsäquivalenten.[747] Weiterhin wird im Rahmen des Impairment Test kritisiert, dass es durch die relativ abgrenzungsoffene Bildung von Reporting Units zum Ansatz eines originären Goodwill kommen kann.

Da die Relevanz der durch den Impairment Test vermittelten Informationen nicht belegt werden kann, sollte aus dem Prinzip des unzureichenden Grundes die Zuverlässigkeit der Informationen in den Vordergrund rücken. Die Bewertungsvorschriften in IAS 36 sind betriebswirtschaftlich nicht haltbar. Daher sollte der Goodwill, der wertmäßig teilweise ein Vielfaches des bilanziellen Eigenkapitals eines Unternehmens beträgt, planmäßig

746 Vgl. Kapitel 2.3.

747 Vgl. auch zu weiterer Kritik Ballwieser (Unternehmensbewertung, 2005). So lässt sich beispielsweise auch argumentieren, dass beim Expected Cash Flow Approach nach SFAC 7 in Form der Risikozuschlagsmethode ein Diskontierungssatz zu bestimmen ist, der sowohl einen risikofreien Zins als auch eine Risikoprämie für die mit der Berichtseinheit verbundene Unsicherheit der zukünftig erwarteten Einzahlungsüberschüsse verkörpert. Der risikolose Zinssatz soll nach SFAC 7.39c den „time value of money" verkörpern. Weitere Ermittlungsangaben existieren nicht.

abgeschrieben werden. Ebenso sollte aus Konsistenzgründen die ökonomisch ohnehin zweifelhafte Einstufung als „nicht abnutzbar“ im Sinne einer unbegrenzten Nutzungsdauer abgeschafft werden. Das gilt auch für immaterielle Vermögenswerte, die vom Goodwill abgespalten werden und für die eine unbegrenzte Nutzungsdauer angenommen wird. Auch diese sollten künftig wieder einer planmäßigen Abschreibung unterliegen. Da meist die ersten Jahre nach einem Zusammenschluss Auskunft über die Zweckmäßigkeit der Aktion geben, sollten zu lange Abschreibungsdauern ebenfalls vermieden werden. Darüber hinaus ist die planmäßige Abschreibung erheblich kostengünstiger durchzuführen.[748] Ein Impairment Test sollte als Korrektiv neben der planmäßigen Abschreibung im Sinne eines Niederstwerttest durchgeführt werden. Hervorzuheben ist weiterhin, dass vor Einführung des Impairment Tests weniger Anforderungen an einen Niederstwerttest gestellt wurden bzw. je nach Ausgestaltung des Rechnungslegungssystems gar keine Vorschriften existierten. Auch vor diesem Hintergrund ist die planmäßige Abschreibung mit Niederstwerttest zu rechtfertigen.

Ein weiteres Argument, das sich gegen die Anwendung des Impairment Test richtet, ist die Einfachheit und Nachvollziehbarkeit von planmäßigen Abschreibungen. Während die Adressaten nur schwerlich erkennen können, was hinter dem teilweise komplexen Impairment Test steht und wie die Systematik des Tests ist, hat das System einer planmäßigen Abschreibung den Vorteil, dass sich bei kurzen Abschreibungsdauern die Bedeutung des Vermögenswertes relativiert. Zwar richtet sich die Rechnungslegung an den sachkundigen Adressaten, spezielle Kenntnisse im Bereich der Fair Value-Ermittlung oder der Unternehmensbewertung können aber nicht vorausgesetzt werden. Zu beachten ist weiterhin, dass der Impairment Test auch aus Sicht der Abschlussprüfung schwer zu handhaben ist und entsprechende Handlungsanweisungen für die Prüfung der Barwerte zu allgemein sind, um eine Objektivierung der Einschätzungen herbeizuführen. Beispielsweise ist gemäß SAS 421.48 zu prüfen, ob die bei der Fair Value-Bewertung getroffenen Annahmen der Geschäftsleitung plausibel sind. Dabei hat der Abschlussprüfer einzuschätzen, ob die Annahmen realistisch sind und ob diese mit dem allgemeinen wirtschaftlichen Umfeld, der wirtschaftlichen Situation des Unternehmens, bereits früher getroffenen Annahmen und den Erfahrungen aus der Vergangenheit zu vereinbaren sind. Weiterhin hat der Abschlussprüfer gemäß SAS 421.52 festzustellen, ob die Geschäftsleitung bei der Fair Value-Ermittlung auf relevante Informationen zurückgegriffen hat, soweit diese zum Bewertungsstichtag zur Verfügung standen. Unter diesem Punkt wird allgemein u. a. auf die Möglichkeit zur Verifizierung von Daten verwiesen. Exemplarisch wird hier deutlich, dass die Anweisungen

[748] Bei nicht kapitalmarktorientierten Unternehmen wird im Rahmen der Erfassung und Bewertung von Wertminderungen bei immateriellen Vermögenswerten mit unbegrenzter Nutzungsdauer und Goodwill darüber nachgedacht, den umfangreichen Impairment Test gemäß IAS 36 zu modifizieren, da die bisher vorgenommene lineare Abschreibung weniger aufwendig ist. Vgl. http://www.iasb.org/0503b03observernotes.doc. Vgl. zu dem NPAE-Projekt z. B. Knorr (Aktueller Stand, 2005).

wenig greifbar sind. Auch hier wäre eine planmäßige Abschreibung leichter nachzuvollziehen.

Es wäre realitätsfremd zu vermuten, dass die Unternehmensführung die bilanziellen Gestaltungsspielräume, die sich insbesondere im Rahmen des Impairment Test ergeben, nicht nutzt. Anreiz zur Nutzung dieser Gestaltungsmöglichkeiten besteht insbesondere nicht nur, wenn ein Teil der Managemententlohnung durch eine gewinnabhängige Prämie erfolgt. Auch bei aktienkursbasierten Entlohnungssystemen[749] sind diese Handlungen zu erwarten, wenn unterstellt wird, dass der Kapitalmarkt auf Gewinnveränderungen mit entsprechenden Kursanpassungen reagiert.[750]

Weiterhin wäre es meines Erachtens zweckmäßig, neben der Wiedereinführung von planmäßigen Abschreibungen auf den Goodwill, zukunftsgerichtete Informationen über diese Bilanzgröße in alternative Berichtsbestandteile aufzunehmen. Denn Informationen über den Goodwill können als nichtfinanzielle Leistungsindikatoren angesehen werden, über die beispielsweise in den Notes bzw. im handelsrechtlichen Konzernlagebericht gemäß § 315 Abs. 1 S. 4 HGB zu berichten ist. Alternativ dazu könnte international das bereits in der Literatur diskutierte Intellectual Capital Statement dienen. In diesen Informationsinstrumenten könnten die Entstehungsursachen eines vermuteten originären und noch vorhandenen derivativen Goodwill aufgenommen werden und insoweit die Adressaten bei der Prognose künftiger Cash Flows unterstützen.

Auch vor diesem Hintergrund ist zu überlegen, ob ein einheitliches Rechnungslegungssystem mit Monopolstellung wirklich erstrebenswert erscheint. Politisch motivierte Standards haben keinen Anspruch darauf in der ganzen Welt angewendet zu werden. Die Wiedereinführung einer planmäßigen Abschreibung einhergehend mit einer gegenseitigen Anerkennung der Standards und einer Abkehr vom Harmonisierungsgedanken könnte zu einem Konkurrenzgedanken führen. Somit könnte sich zumindest das IASB teilweise dem politischen Druck entziehen. Denn „Rechnungslegung hat keine unverbindliche Dokumentations- oder Informationsfunktion. Rechnungslegung hat eine Schutzfunktion, wobei Wertungen geboten sind, gute Lösungen mithin nicht aus der Natur der Sache folgen.“[751]

---

749 Vgl. zu Aktienoptionsprogrammen Dietz (Aktienoptionsprogramme, 2004).
750 Vgl. Henselmann (Böcke als Gärtner, 2002), S. 286-287; Kahle (Belieben, 2002), S. 904.
751 Ballwieser (Konzeptionslosigkeit, 2005), S. 743.

V Kapitel: Thesenförmige Zusammenfassung

1. Die allgemeine Zielsetzung der Rechnungslegung ist, Informationen zu vermitteln, die dem Investor einen Einblick in die Vermögens-, Finanz- und Ertragslage des Unternehmens ermöglichen. Um diesem Ziel zu genügen, müssen die Informationen sowohl die Prognose künftiger Cash Flows aus der Investition in das Unternehmen für künftige Anlageentscheidungen ermöglichen, als auch die Qualität bereits prognostizierter Cash Flows in vergangenen Perioden anhand eines Back-Testing sicher stellen. Die US-GAAP und die IFRS versuchen dieser Zielsetzung nachzukommen, indem sie die Vermittlung von entscheidungsnützlichen Informationen als Anforderung an ihre Standards etablieren. Hauptdeterminanten entscheidungsnützlicher Informationen sind die Relevanz und die Zuverlässigkeit der Informationen.

2. Die Analyse der historischen Entwicklung der Anforderungen an die Goodwillbilanzierung verdeutlicht, dass die Bilanzierung eines Goodwill traditionsgesättigt ist. Die vielfachen Überarbeitungen und Neufassungen der Standards zu dieser Bilanzposition und die darüber entfachten Diskussionen zeigen, dass aufgrund missbräuchlicher Anwendung der Bilanzierenden immer wieder der Versuch unternommen wurde, den Adressaten durch die Goodwill-Bilanzierung einen Einblick in die tatsächliche Vermögens-, Finanz- und Ertragslage des Unternehmens zu ermöglichen.

3. Erschwert wurde die Lösung der Bilanzierungsprobleme zum Goodwill durch die politische Einflussnahme. Wie bereits bei der Diskussion über die Bilanzierung von Öl- und Gassuchbohrkosten sowie dazugehöriger Entwicklungskosten, bei denen die Lobbyisten starken Einfluss auf die Standardsetzung genommen haben, ist dieser Einfluss auch bei der Standardentwicklung von SFAS 141 „Business Combinations" und SFAS 142 „Goodwill and Other Intangible Assets" zu sehen. Die Abschaffung der Pooling of Interests-Methode wurde zum größten Teil durch den Impairment Only Approach erkauft.

4. Das der Impairment Test als Surrogat für die erfolgsneutrale Rücklagenverrechnung des Unterschiedsbetrags aus der Kapitalkonsolidierung angesehen werden kann, zeigt sich in den Exposure Drafts. So hatte der erste Entwurf im September 1999 das Ziel, die Pooling of Interests-Methode abzuschaffen und sah eine Verkürzung der Abschreibungsdauer des Goodwill von 40 auf 20 Jahre vor. Das löste innerhalb der Kommentierungsphase heftige Kritik aus. Ein Impairment Test anstelle einer planmäßigen Abschreibung wurde zu diesem Zeitpunkt bereits diskutiert, fand aber keine Zustimmung. Grund hierfür war, dass – nach Auffassung des FASB – die

Bestandteile des Goodwill nicht komplett nach begrenzter und unbegrenzter Nutzungsdauer zu trennen sind. Dass SFAS 142 „Goodwill and Other Intangible Assets" dennoch den Impairment Test vorsieht, kann als Ergebnis der politischen Einflussnahme auf die Standardsetzung angesehen werden.

5. Der ausgeprägte Lobbyismus bei der Standardentwicklung stellt die Erfüllung der Zielsetzung der Rechnungslegung durch die Standards in Frage. Die Analyse der Kaufpreisallokation zeigt, dass die Abspaltung immaterieller Vermögenswerte durch das Contractual Legal-Kriterium hinsichtlich der Entscheidungsnützlichkeit der vermittelten Informationen positiv zu werten ist. Denn durch den umfangreichen Ansatz immaterieller Vermögenswerte kommt es zu einem niedrigeren „Goodwillkonglomerat", welches aus undurchsichtigen Größen besteht. Kritisch zu beurteilen ist hingegen das Separability-Kriterium, da es durch mangelnde Objektivierungsanforderungen Ermessensspielräume öffnet, die es ermöglichen, einen immateriellen Vermögenswert entweder innerhalb der Position Goodwill oder gesondert auszuweisen. Aber gerade diese Möglichkeit sollte aus Sicht entscheidungsnützlicher Informationsvermittlung vermieden werden.

6. Problematisch ist ebenfalls, dass bei der Folgebewertung unterschiedliche Bewertungsebenen herangezogen werden. So ist bei langlebigen Vermögenswerten mit begrenzter Nutzungsdauer der Impairment Test gemäß SFAS 144 „Accounting for the Impairment or Disposal of Long-Lived Assets" und für Vermögenswerte mit unbegrenzter Nutzungsdauer ist der Impairment Test gemäß SFAS 142 „Goodwill and Other Intangible Assets" durchzuführen. Diese unterschiedlichen Bewertungsebenen sind konzeptionell nicht nachvollziehbar und können zu einer fehlerhaften Darstellung der Vermögens-, Finanz- und Ertragslage führen.

7. Die Kritik am Impairment Only Approach bezieht sich aber nicht nur auf die unterschiedlichen Bewertungsebenen, sondern auch auf die Manipulierbarkeit bzw. die Steuerbarkeit der Ergebnisse des Impairment Test sowie auf die Möglichkeit der Vermengung von originärem und derivativem Goodwill. Insoweit wird gegen das Aktivierungsverbot des originären Goodwill verstoßen. Die Betrachtung des einstufigen Impairment Test nach IFRS ergibt hier rein konzeptionell mehr Sinn. Der zweistufige Impairment Test nach US-GAAP führt dazu, dass auf der ersten Stufe eine Vermengung von originärem und derivativem Goodwill akzeptiert wird, während auf der zweiten Stufe der originäre Goodwill ausgeklammert wird.

8. Als mittelbares Bewertungsobjekt für den Goodwill sind Reporting Units heranzuziehen. Reporting Units entsprechen entweder den Operating Segments oder

sind eine Ebene darunter angesiedelt. Da eine Reporting Unit eine selbständige Geschäftstätigkeit entfalten soll, die sich von anderen Reporting Units unterscheidet, sind sie unterschiedlichen Risiken ausgesetzt. Um einem Portfolioeffekt vorzubeugen, ist eine enge Abgrenzung der Reporting Units zu fordern. Die derzeit mögliche weite Abgrenzung kann dazu führen, dass die Wertminderung des Goodwill eines Teilbereichs durch eine Werterhöhung des Goodwill eines anderen Teilbereichs der Reporting Unit kompensiert wird.

9. Im Rahmen des Konvergenzprojekts Business Combinations Phase II von FASB und IASB zeichnet sich in weiten Teilen der Bilanzierung von Business Combinations, wie beispielsweise bei der Aktivierung von In-Process Research and Development-Projekten und der Berücksichtigung von Restrukturierungsrückstellungen, eine zunehmende Konvergenz ab. Weitere Bilanzierungsunterschiede, wie beispielsweise der Impairment Test, waren nicht Inhalt der Konvergenzbestrebungen und werden auch weiterhin bestehen bleiben. Vor dem Hintergrund der Anerkennung der IFRS für die Börsenzulassung in den USA ist eine zunehmende Konvergenz positiv zu beurteilen, da auch das IASB einige Standpunkte durchsetzen konnte und somit seine Stellung als Standardsetter in der EU behauptet hat.

10. Wünschenswert wäre meines Erachtens ein Überdenken der angekündigten Übernahme der IFRS-Regelungen zu den Restrukturierungsrückstellungen. Das Verbot zur Bildung einer Rückstellung für Restrukturierungen, die erst durch den Unternehmenszusammenschluss entstehen, stellt eine Überobjektivierung dar. Positiv zu beurteilen ist hingegen die beabsichtigte symmetrische Behandlung von Eventualforderungen und Eventualverbindlichkeiten, da sie den Kaufpreis in gleichem Maße beeinflussen. Die von beiden Standardsettern beabsichtigte Lösung, nur solche Ungewissheiten symmetrisch zu erfassen, die die Kriterien eines Vermögenswerts oder einer Schuld erfüllen, bietet ein hohes Maß an Relevanz, da weitere erkaufte Bestandteile aus dem Goodwill herausgelöst werden. Inwieweit die für den Ansatz notwendige Identifizierung unbedingter Komponenten als zusätzliches Objektivierungskriterium noch verlässlichere Informationen zu liefern vermag, bleibt auch hinsichtlich der Schwierigkeiten bei der Operationalisierung dieser Anforderungen abzuwarten.

11. Der IASB wird bei der Standardentwicklung nicht nur durch den Lobbyismus beeinflusst, sondern hat als zusätzliche Hürde noch die Konvergenzbemühungen für die Börsenzulassung zu beachten. Auch dem IASB droht hierbei die Gefahr, der Standardentwicklung nicht mehr in geeigneter Weise und unter Berücksichtigung der Zielsetzung der Rechnungslegung nachkommen zu können. Diese Gefahr hat sich

bereits in Business Combinations Phase II konkretisiert, da das IASB die strikte Orientierung an der Einheitstheorie akzeptiert, ohne die Interessen der Adressaten der Rechnungslegung zu hinterfragen. So ist vorgesehen, künftig die Full Goodwill-Methode anzuwenden, wonach es zu einer Darstellung von Kontrollsphären und somit zur Abbildung der „Sache an sich“ kommt. Diese 100%-Sicht, die bei einer Beteiligung von Minderheiten nicht vorhanden ist, liegt nicht im Interesse der Adressaten.

12. Die kritische Analyse der Bilanzierungsvorschriften zum Goodwill hat gezeigt, dass insbesondere der Impairment Test zu viel Gestaltungspotenzial für die Bilanzierenden beinhaltet. Aus dem Prinzip des unzureichenden Grundes sollte, da die Relevanz der durch den Impairment Test vermittelten Informationen nicht belegt werden kann, die Zuverlässigeit der Informationen in den Vordergrund rücken. Daher sollte der Goodwill planmäßig über einen bestimmten Zeitraum (z. B. 20 Jahre) abgeschrieben werden. Zudem sind planmäßige Abschreibungen leicht nachvollziehbar und nicht so komplex wie der Impairment Test. Weitere Informationen über den Goodwill könnten künftig in alternative Berichtsbestandteile, wie beispielsweise das Intellectual Capital Statement, aufgenommen werden.

13. Zu überdenken ist, ob ein einheitliches Rechnungslegungssystem mit Monopolstellung wirklich erstrebenswert erscheint. Politisch motivierte Standards haben keinen Anspruch auf weltweite Gültigkeit. Die Wiedereinführung einer planmäßigen Abschreibung einhergehend mit einer gegenseitigen Anerkennung der Standards und einer Abkehr vom Harmonisierungsgedanken könnte zu einem Konkurrenzgedanken führen. Somit könnte sich zumindest das IASB teilweise dem politischen Druck entziehen.

Literaturverzeichnis

ABI - Association of British Insurers (Comment Letter, 2003) Comment letter on ED 3 Business Combinations, Online im Internet www.iasb.org/docs/ed3-cl115, Abfrage: 03.03.2005, S. 1-12.

Achleitner, Ann-Kristin/Behr, Giorgio (International, 2003) International Accounting Standards, 3., überarbeitete Auflage, München 2003.

AcSEC - Accounting Standards Executive Committee (Comment Letter, 2003) Comment letter on ED 3 Business Combinations, Online im Internet www.iasb.org/docs/ed3-cl112, Stand: 04.04.2003, Abfrage: 03.03.2005, S. 1-18.

Adelt, Bruno (Internationalisierung, 1999) Internationalisierung der Rechnungslegung: Besteht die Notwendigkeit eines neuen Rechnungslegungsstandards?, in: Küting, Karlheinz/Langenbucher, Günther (Hrsg.): Internationale Rechnungslegung: Festschrift für Professor Claus-Peter Weber zum 60. Geburtstag, Stuttgart 1999, S. 417-431.

Adler, Hans/Düring, Walther/Schmaltz, Kurt (Rechnungslegung, 1996) Rechnungslegung und Prüfung der Unternehmen, in: Forster, Karl-Heinz; Goerdeler, Reinhard; Lanfermann, Josef; Müller, Hans-Peter; Siepe, Günter; Stolberg, Klaus (Hrsg.): Kommentar zum HGB, AktG, GmbHG, PublG nach den Vorschriften des Bilanzrichtlinien-Gesetzes, 6. Auflage, Stuttgart 1996.

Aha, Christof (Aktuelle Aspekte, 1997) Aktuelle Aspekte der Unternehmensbewertung im Spruchstellenverfahren - Zugleich Anmerkungen zu der Paulaner Entscheidung des BayObLG, in: AG, 42. Jg. (1997), S. 26-36.

AICPA (Asset Acquired, 2001) Asset Acquired in a Business Combination to used in Research and Development Activities: A Focus on Software, Electronic Devices, and Pharmaceutical Industries, New York 2001.

Altenburger, Otto A. (Bilanzrichtlinie, 2002) Erlaubt die Bilanzrichtlinie einen Verzicht auf die planmäßige Abschreibung des Goodwill? in: WPg, 55. Jg. (2002), S. 806-809.

Alvarez, Manuel/Biberacher, Johannes (Unternehmenssteuerung, 2002) Goodwill-Bilanzierung nach US-GAAP - Anforderungen an Unternehmenssteuerung und -berichterstattung, in: BB, 57. Jg. (2002), S. 346-353.

American Accounting Association's Financial Accounting Standards Committee (Measuring, 2001) Equity Valuation Models and Measuring Goodwill Impairment, in: Accounting Horizons 2001, Vol. 15, No. 2, June 2001, S. 161-170.

Baetge, Jörg (Konzernbilanzen, 1997) Konzernbilanzen, 3., erweiterte und überarbeitete Auflage, Düsseldorf 1997.

Baetge, Jörg (Objektivierung, 1970) Möglichkeiten der Objektivierung des Jahreserfolges, Düsseldorf 1970.

Baetge, Jörg/Kirsch, Hans-Jürgen/Thiele, Stefan (Bilanzen, 2002) Bilanzen, 6. Auflage, Düsseldorf 2002.

Baetge, Jörg/Kirsch, Hans-Jürgen/Thiele, Stefan (Konzerbilanzen, 2002) Konzernbilanzen, 6. Auflage, Düsseldorf 2002.

Baetge, Jörg/Kirsch, Hans-Jürgen/Thiele, Stefan (Konzernbilanzen, 2004) Konzernbilanzen, 7., überarbeitete Auflage, Düsseldorf 2004.

Baetge, Jörg/Roß, Heinz-Peter (Fair Presentation, 2000) Was bedeutet fair presentation?, in: Ballwieser, Wolfgang (Hrsg.): US-amerikanische Rechnungslegung - Grundlagen und Vergleiche mit dem deutschen Recht -, 4. Überarbeitete und erweiterte Auflage, Stuttgart 2000, S. 29-47.

Baker, Paul D./Rue, Joseph C./Volkan, Ara G. (Impairment Write-Offs, 2000) Impairment Write-Offs: Truth or Manipulation?, in: National Public Accountant, Vol. 45 (2000), S. 36-39.

Baker, Richard E./Lembke, Valdean C./King, Thomas E. (Financial Accounting, 1996) Advanced financial accounting, 3d ed., USA 1996.

Ballwieser, Wofgang (Risiko, 1981) Die Wahl des Kalkulationszinsfußes bei der Unternehmensbewertung unter Berücksichtigung von Risiko und Geldentwertung, in: BFuP, 33. Jg. (1981), S. 97-114.

Ballwieser, Wolfgang (Anforderungen, 2001) Anforderungen des Kapitalmarktes an Bilanzansatz- und Bewertungsregeln, in: KoR, 1. Jg. (2001), S. 160-164.

Ballwieser, Wolfgang (Entwicklung, 1993) Die Entwicklung der Theorie der Rechnungslegung in den USA, in: Wagner, Franz W. (Hrsg.): Ökonomische Analyse des Bilanzrechts - Entwicklungslinien und Perspektiven -, ZfbF-Sonderheft 32, Düsseldorf, Frankfurt am Main 1993, S. 107-138.

Ballwieser, Wolfgang (Informations-GoB, 2002) Informations-GoB – auch im Lichte von IAS und US-GAAP, in: KoR, 2. Jg. (2002), S. 115-121.

Ballwieser, Wolfgang (Kaufpreisgestaltung, 2005) Bewertung von Unternehmen und Kaufpreisgestaltung, in: Ballwieser, Wolfgang/Beyer, Sven/Zelger, Hansjörg (Hrsg.): Unternehmenskauf nach IFRS und US-GAAP, Stuttgart 2005, S. 73-90.

Ballwieser, Wolfgang (Konzeptionslosigkeit, 2005) Die Konzeptionslosigkeit des International Accounting Standards Board (IASB), in: Crezelius, Georg/Hirte, Heribert/Vieweg, Klaus (Hrsg.): Gesellschaftsrecht - Rechnungslegung - Sportrecht, Festschrift für Volker Röhricht, Köln 2005, S. 727-745.

Ballwieser, Wolfgang (Konzernrechnungslegung, 2001) Konzernrechnungslegung und Wettbewerb - Kapitalkosten; Netzwerkeffekte; Rechnungslegung; Regulierung; Signaling; Wettbewerb, in: DBW, 61. Jg. (2001), S. 640-657.

Ballwieser, Wolfgang (Rahmenkonzepte, 2003) Rahmenkonzepte der Rechnungslegung: Funktionen, Vergleich, Bedeutung, in: Der Konzern, 1. Jg. (2003), S. 337-348.

Ballwieser, Wolfgang (Unternehmensbewertung, 2001) Unternehmensbewertung aus Sicht der Betriebswirtschaftslehre, in: Baetge, Jörg (Hrsg.): Unternehmensbewertung im Wandel, Düsseldorf 2001, S. 1-24.

Ballwieser, Wolfgang (Unternehmensbewertung, 2005) Unternehmensbewertung in der IFRS-Bilanzierung, Vortrag im Rahmen der Schmalenbach-Tagung "IFRS in Rechnungswesen und Controlling", 27. September 2005.

Ballwieser, Wolfgang/Küting, Karlheinz/Schildbach, Thomas (Wertansatz, 2004) Fair value - erstrebenswerter Wertansatz im Rahmen einer Reform der handelsrechtlichen Rechnungslegung?, in: BFuP, 56. Jg. (2004), S. 529-549.

Barr, Andrew (Accounting Aspects, 1959) Accounting Aspects of Business Combinations in: The Accounting Review, 34. Jg. (1959), S. 175-181.

Bartels, Peter/Graf von Kanitz, Friedrich (Purchase Price, 2005) Purchase Price Allocation und Impairment-Test aus Sicht des Wirtschaftsprüfers, in: Ballwieser, Wolfgang/Beyer, Sven/Zelger, Hansjörg (Hrsg.): Unternehmenskauf nach IFRS und US-GAAP, Stuttgart 2005, S. 225-270.

Barth, Mary/Landsman, Wayne R. (Fundamental Issues, 1995) Fundamental Issues Related to Using Fair Value Accounting for Financial Reporting, in: Accounting Horizons 1995, Vol. 9 (1995), S. 97-107.

Beaver, William H. (Reporting, 1998) Financial Reporting: An Accounting Revolution, 3rd edition, London u. a. 1998.

Beckman, Judy K. (Business Combinations, 1998) Business Combinations and Intangible Assets: Is the FASB´s Focus Too Narrow?, in: The Journal of Corporate Accounting and Finance, Vol. 9 (1998), S. 55-65.

Belkaoui, Ahmed Riahi (Accounting, 1992) Accounting Theory, 3. Auflage, London u. a. 1992.

Benecke, Birka (International, 2000) Internationale Rechnungslegung und Management Approach: Bilanzierung derivativer Finanzinstrumente und Segmentberichterstattung, Wiesbaden 2000.

Beresford, Dennis R. (Business Combinations, 2001) Congress Looks at Accounting for Business Combinations, in: Accounting Horizons, Vol. 15 (2001), S. 73-86.

Beresford, Dennis R. (Standardsetter, 1997) How to Succeed as a Standard Setter by Trying Really Hard, in: Accounting Horizons, Vol. 11 (1997), S. 79-90.

Berndt, Thomas (Fairnesskonzeptionen, 2005) Wahrheits- und Fairnesskonzeptionen in der Rechnungslegung, Stuttgart 2005.

Beyer, Sven (Fair Value, 2005) Fair Value-Bewertung von Vermögenswerten und Schulden, in: Ballwieser, Wolfgang/Beyer, Sven/Zelger, Hansjörg (Hrsg.): Unternehmenskauf nach IFRS und US-GAAP, Stuttgart 2005, S. 141-189.

Beys, Oliver (Impairment, 2002) Impairment of Assets nach Internetional Accounting Standards, Frankfurt am Main u. a. 2002.

Bieker, Marcus/Esser, Maik (Goodwill-Bilanzierung, 2003) Goodwill-Bilanzierung nach ED 3 "Business Combinations" - Darstellung des vom IASB geplanten Impairmant-Only-Ansatzes -, in: KoR, 3. Jg. (2003), S. 75-84.

Black, William M. (Merger Accounting, 1947) Certain Phases of Merger Accounting, in: Journal of Accountancy, 83. Jg. (1947), S. 214-220.

Blaufus, Kay (Fair Value Accounting, 2005) Fair Value Accounting, Zweckmäßigkeitsanalyse und konzeptioneller Rahmen, Wiesbaden 2005.

Böcking, Hans-Joachim (Verbindlichkeitsbilanzierung, 1994) Verbindlichkeitsbilanzierung: wirtschaftliche versus formalrechtliche Betrachtungsweise, Wiesbaden 1994.

Böcking, Hans-Joachim/Benecke, Birka (Segmentberichterstattung, 1998) Neue Vorschriften zur Segmentberichterstattung nach IAS und US-GAAP unter dem Aspekt des Business Reporting, in: WPg, 51. Jg. (1998), S. 92-107.

Böcking, Hans-Joachim/Dietz, Stephanie/Kiefer, Marcus (Discontinuing Operations, 2001) Discontinuing Operations - Ein Vergleich der Behandlung einzustellender Geschäftsbereiche im Jahresabschluss nach IAS und US-GAAP, in: WPg, 54. Jg. (2001), S. 373-387.

Böcking, Hans-Joachim/Dutzi, Andreas (Privates Rechnungslegungsgremium, 2002) Kommentierung zu den §§ 342 HGB, in: Baetge, Jörg/Kirsch, Hans-Jürgen/Thiele, Stefan (Hrsg.): Bilanzrecht: Handelsrecht mit Steuerrecht und den Regelungen des IASB, Bonn/Berlin 2002.

Böcking, Hans-Joachim/Klein, Gabriele/Lopatta, Kerstin (Purchase Accounting, 2000) Der Entwurf des DSR zum Purchase Accounting: Ein weiterer Schritt zur kapitalmarktorientierten Rechnungslegung: Ein Vergleich des E-DRS 4 mit dem Exposure Draft No. 154, in: FB, 2. Jg. (2000), S. 10-15.

Böcking, Hans-Joachim/Lopatta, Kerstin/Rausch, Benjamin (Fair Value, 2005) Fair-Value-Bewertung versus Anschaffungskostenprinzip - ein Paradigmenwechsel in der Rechnungslegung?, in: Bieg, Hartmut/Heyd, Reinhard (Hrsg.): Fair Value, München 2005, S. 83-105.

Böcking, Hans-Joachim/Lopatta, Kerstin/Rausch, Benjamin (Wertkategorien, 2005) Wertkategorien der IAS/IFRS, in: Castan, Edgar/Böcking, Hans-Joachim/Heymann, Gerd/Pfitzer, Norbert/Scheffler, Eberhard (Hrsg.): Beck'sches Handbuch der Rechnungslegung, B165, München 2005, S. 1-96.

Böcking, Hans-Joachim/Müßig, Anke (Lagebericht, 2002) § 289 Lagebericht, in: Baetge, Jörg/Kirsch, Hans-Jürgen/Thiele, Stefan: Bilanzrecht, Handelsrecht mit Steuerrecht und den Regelungen des IASB, Kommentar, München 2002, S. 1-42.

Brown, Peter (Analysis, 1981) A descreptive analysis of select input bases of the Financial Accounting Standards Board, in: Journal of Accounting Research, Vol. 19 (1981), S. 232-246.

Brücks, Michael/Richter, Michael (Phase II, 2005) Business Combinations (Phase II), in: KoR, 5. Jg. (2005), S. 407-415.

Brücks, Michael/Wiederhold, Philipp (Ansatz und Bewertung, 2003) Ansatz und Bewertung des Goodwill - Kritische Darstellung der Vorschläge des IASB -, in: Der Konzern, 1. Jg. (2003), S. 219-226.

Brücks, Michael/Wiederhold, Philipp (Business Combinations, 2003) Exposure Draft 3 "Business Combinations" des IASB, in: KoR, 3. Jg. (2003), S. 21-29.

Brücks, Michael/Wiederhold, Philipp (IFRS 3 Business Combinations, 2004) IFRS 3 Business Combinations - Darstellung der Regelungen des IASB und Vergleich mit SFAS 141 und SFAS 142, in: KoR, 4. Jg. (2004), S. 177-185.

Brune, Wilfried/Senger, Thomas (2004) § 15. Konzerne und assoziierte Unternehmen, in: Bohl, Werner u. a. (Hrsg.): Beck'sches IFRS-Handbuch - Kommentierung der IAS/IFRS, München 2004.

Bruns, Hans-Georg/Thuy, Michael G./Zeimes, Markus (Goodwill, 2003) Die Bilanzierung von immateriellen Vermögenswerten des Anlagevermögens und Goodwill im Konzernabschluss, in: Controlling, 15. Jg. (2003), S. 137-142.

Bucher, Markus H./Boller, Claudio/Wildberger, Thomas (Richtlinien, 2003) Neue Richtlinien für Unternehmenszusammenschlüsse nach IFRS - Exposure Draft 3 Business Combinations, in: SchwTreu., 77. Jg. (2003), S. 129-136.

Busse von Colbe, Walther (Bilanzierung, 2001) Ist die Bilanzierung des Firmenwerts nach dem Nonamortization-Impairment-Ansatz des SFAS-Entwurfs von 2001 mit § 292a HGB vereinbar?, in: DB, 55. Jg. (2002), S. 877-879.

Busse von Colbe, Walther (Einheitstheorie, 2004) Internationale Entwicklungstendenzen zur Einheitstheorie für den Konzernabschluss, in: Göbel, Stefan/Bernhard, Heni (Hrsg.): Unternehmensrechnung, Festschrift für Gerhard Scherrer, München 2004, S. 41-63.

Busse von Colbe, Walther (Entwicklung, 1993) Die Entwicklung des Jahresabschlusses als Informationsinstrument, in: Wagner, Franz W. (Hrsg.): Ökonomische Analyse des Bilanzrechts - Entwicklungslinien und Perspektiven -, ZfbF-Sonderheft 32, Düsseldorf, Frankfurt am Main 1993, S. 11-29.

Busse von Colbe, Walther (Rechnungswesen, 1994) Lexikon des Rechnungswesens: Handbuch der Bilanzierung und Prüfung, der Erlös-, Finanz-, Investitions- und Kostenrechnung, 3. Auflage, München; Wien 1994.

Cairns, David (Cope, 1996) Can the IASC cope with goodwill?, in: Accountancy, Vol. 117, April 1996, S. 62-64.

Catlett, George R./Olson, Norman O. (Accounting for Goodwill, 1968) „Accounting for Goodwill", Accounting Research Study No. 10, 1968.

Cecilia, Maria/Javier, Carlos (Comment Letter, 2002) Comment letter on ED 3 Business Combinations, Online im Internet www.iasb.org/docs/ed3-cl104, Stand: n. e., Abfrage: 03.03.2005, S. 1-34.

Chaney, Paul K/Hogan, Chris E./Jeter, Debra C. (Restructuring Charges, 2000) The Information Content of Restructuring Charges: A Contextual Analysis, Working Paper, Nashville, Tennessee December 2000.

Chauvin, Keith W./Hirschey, Mark (Goodwill, 1994) Goodwill, Profitability, and the Market Value of a Firm, in: Journal of Accounting and Public Policy, Vol. 13 (1994), S. 159-180.

Clemens, Dietrich (Goodwillbilanzierung, 2001) Goodwillbilanzierung nach SFAS 142, in: Steuer & Wirtschaft International, 11. Jg. (2001), S. 545-552.

Coenenberg, Adolf (Jahresabschluss, 2003) Jahresabschluss und Jahresabschlussanalyse, 19., völlig überarbeitete und erweiterte Auflage, Stuttgart 2003.

Coenenberg, Marc (Analyse, 2000) Internationalisierung der Rechnungslegung und ihre Auswirkungen auf die Analyse der Vermögens- und Finanzlage von Kapitalgesellschaften, Frankfurt am Main 2000.

Colley, J. Ron/Volkan, Ara G. (Accounting for Goodwill, 1988) Accounting for Goodwill, in: Accounting Horizions, Vol. 2 (1988), S. 35-41.

Committee on Commerce (Hearing, 2000) Accounting for Business Combinations: Should Pooling be Eliminated?, Hearing before the Subcommittee on Finance and Hazardous Materials of the Committee on Commerce, House of Representatives, One Hundred Sixth Congress, Secound Session, May 4/2000, Serial No. 106-100.

Copeland, Tom/Koller, Tim/Murrin, Jack (Valuation, 2000) Valuation, 3. Auflage, New York u. a. 2000.

Damodaran, Aswath (Valuation, 2001) The Dark Side of Valuation, Upper Saddle River 2001.

Davidson, Sidney/Anderson, George D. (Development, 1987) The Development of Accounting and Auditing Standards, in: Journal of Accountancy, Vol. 163 (1987), S. 110-121.

Davies, Mike/Paterson, Ron/Wilson, Allister (UK-GAAP, 1994) UK-GAAP - Generally Accepted Accounting Practice in the United Kingdom -, 4th ed.

Davis, Michael (Overhaul, 1992) Goodwill Accounting: Time for an Overhaul - The U. S. treatment of goodwill is at odds with the practices of many major industrialized nations, in: Journal of Accountancy, Vol. 173 (1992), S. 75-81.

Davis, Michael (Reaction, 1990) Differential Market Reaction to Pooling and Purchase Methods, in: The Accounting Review, 65. Jg. (1990), S. 696-709.

Davis, Michael (Reconsider, 1991) APB 16: Time to Reconsider, in: Journal of Accountancy, 172. Jg. (1991), S. 99-107.

Deakin, Edward B. (Analysis, 1979) An Analysis of Differences between Non-Major Oil Firms Using Successful Efforts and Full Cost Methods, in: The Accounting Review, Vol. 54 (1979), S. 722-734.

Deakin, Edward B. (Lobbying, 1989) Rational Economic Behavior and Lobbying on Accounting Issues: Evidence from the Oil and Gas Industry, in: The Accounting Review, Vol. 61 (1989), S. 137-151.

Dechow, Patricia M. (Performance, 1994) Accounting earnings and cash flows as measures of firm performance. The role of accruals, in: Journal of Accounting and Economics, Vol. 18. (1994), S. 3-42.

Deng, Zhen/Lev, Baruch (Valuation, 1998) The Valuation of Acquired R&D, Online im Internet unter http://pages.stern.edu/~blev/acquiredR&D.doc, Stand: 01.04.1998, Abfrage: 13.03.2005, S. 1-35.

Deutsche Telekom (Sondereinflüsse, 2002) Sondereinflüsse und Strategic Review, in: Konzernzwischenbericht, 1. Januar bis 30. September 2002, S. 47-49.

Dicksee, Lawrence R./Tillyard, Frank (Goodwill, 1906) Goodwill and its Treatment in Accounts, Third Edition, London 1906.

Dieter, Richard (Revisit Accounting, 1989) Is Now the Time to Revisit Accounting for Business Combinations?, in: The CPA Journal, 59. Jg. (1989), S. 44-48.

Dietz, Stephanie (Aktienoptionsprogramme, 2004) Aktienoptionsprogramme und Corporate Governance, Frankfurt am Main 2004.

Doralt, Werner (Firmenwert, 1976) Der Firmenwert in der Handels- und Steuerbilanz, 1. Auflage, Berlin 1976.

Duvall, Linda/Jennings, Ross/Robinson, John/Thompson II, Robert B. (Goodwill, 1992) Can Investors Unravel the Effects of Goodwill Accounting?, in: Accounting horizons

Ebeling, Michael/Gaßmann, Jeannette/Rothenstein, Mario (Konsolidierungstechnik, 2005) Konsolidierungstechnik beim sukzessiven Unternehmenserwerb nach IFRS 3 und Business-Combinations-Projekt - Phase II, in: WPg, 58. Jg. (2005), S. 1027-1040.

Eckes,Burkhard/Weber, Claus-Peter (Konzernrechnungslegung, 1998) Kommentierung zu § 302 HGB, in: Küting, Karlheinz; Weber, Claus-Peter (Hrsg): Handbuch der Konzernrechnungslegung: Kommentar zur Bilanzierung und Prüfung, 2., grundlegend überarbeitete Auflage, Band II, Stuttgart 1998, S. 1455-1489.

Egner, Henning (Bilanzen, 1974) Bilanzen, München 1974.

Eigen, Martin M. (Pooling, 1965) Is Pooling Really Necessary?, in: The Accounting Review, 40. Jg. (1965), S. 536-540.

Elliott, John A./Hanna, J. Douglas (Accounting Write-Offs, 1996) Repeated Accounting Write-Offs and the Information Content of Earnings, in: Journal of Accounting Research, Vol. 34 (1996), S. 135-155.

Esser, Maik (Goodwillbilanzierung, 2005) Goodwillbilanzierung nach SFAS 141/142, Frankfurt am Main 2005.

Ewert, Ralf (Kapitalkosten, 1999) Rechnungslegung, Globalisierung und Kapitalkosten, in: krp-Sonderheft, (1999), S. 39-45.

Ewert, Ralf (Rechnungslegung, 1986) Rechnungslegung, Gläubigerschutz und Agency-Probleme, Wiesbaden 1986.

Fama, Eugene F. (Efficient, 1970) Efficient Capital Markets: A review of theory and empirical work, in: The Journal of Finance, Vol. 25 (1970), S. 383-417.

FAR (Comment Letter, 2003) Comment Letter on ED 3 Business Combinations, online im Internet unter www.iasb.org/docs/ed3-cl17.pdf, Stand: 14.04.2004, Abfrage: 03.03.2005, S. 1-22.

FASAC (Overwiew, 2001) Financial Accounting Standards Advisory Council, abgerufen unter: http://www.fasb.org/fasac.

FASB (Exposure Draft, 1999) Exposure Draft (Revised) "Business Combinations and Intangible Assets - Accounting for Goodwill, Limited Revision of Exposure Draft issued September 7, 1999", File Reference No. 201-R, Norwalk, Connecticut 2001.

FASB (Questions, 1999) FASB Business Combinations Projekt, September 1999 FASB Exposure Draft, Business Combinations and Intangibek Assets, Frequently Asked Questions, S. 1-22.

FASB Exposure Draft (rev.) (FASB, 2001) Proposed Statement of Financial Accounting Standards: Business Combinations ans Intangible Assets - Accounting for Goodwill, Limited Revision of Exposure Draft issued September 7, 1999, Norwalk, Connecticut 2001.

Fischer, Thomas M./Wenzel, Julia (Wertaufholung, 2001) Wertaufholung nach handels-, steuerrechtlichen und internationalen Rechnungslegungsgrundsätzen, in: WPg, 54. Jg. (2001), S. 597-606.

Fladt, Guido/Feige, Peter (Business Combinations, 2003) Der Exposure Draft 3 "Business Combinations" der IASB - Konvergenz mit den US-GAAP?, in: WPg, 56. Jg. (2003), S. 249-262.

Focken, Elke (Reporting Unit, 2003) Reporting Unit vs. Cash-Generating Unit - Auf dem Weg zu einer harmonisierten Goodwill-Bilanzierung, in: RIW, 49. Jg. (2003), S. 437-444.

Francis, Jennifer/Hanna, J. Douglas/Vincent, Linda (Asset Write-Offs, 1996) Causes and Effects of Discretionary Asset Write-Offs, in: Journal of Accounting Research, Vol. 34 (1996), Supplement, S. 117-134.

Franke, Günter/Laux, Helmut (Informationen, 1970) Der Wert betrieblicher Informationen für Aktionäre, in: Neue Betriebswirtschaft und betriebswirtschaftliche Datenverarbeitung, 23. Jg. (1970), S. 1-8.

Freidank, Carl-Christian/Winkler, Heidi (Konzeptionelle Fragen, 2005) Fair Value-Ermittlung unter Berücksichtigung von SFAC 7 konzeptionelle Fragen und praktische Anwendungsprobleme, in: Bieg, Hartmut/Heyd, Reinhard (Hrsg.): Fair Value, München 2005, S. 37-56.

Frowein, Nils/Lüdenbach, Norbert (Goodwill-Impairment-Test, 2003) Der Goodwill-Impairment-Test aus Sicht der Bewertungspraxis, in: FB, 5. Jg. (2003), S. 65-72.

G4+1 (Position Paper, 1998) G4+1 Position Paper: Recommendations for Achieving Convergence on the Methods of Accounting for Business Combinations, in: IASB (Hrsg.): Discussion Paper, 1998.

Gebhardt, Günther/Daske, Holger (Kapitalkosten, 2004) Zukunftsorientierte Bestimmung von Kapitalkosten für die Unternehmensbewertung, Working Paper Series No. 134, Goethe Universität Frankfurt am Main.

Gerbaulet, Christian (Reporting, 1999) Reporting Comprehensive Income, Wiesbaden 1999.

Gesetz zur Einführung internationaler Rechnungslegungsstandards und zur Sicherung der Qualität der Abschlussprüfung (Bilanzrechtsreformgesetz – BilReG) vom 4.12.2004, BGBl. Teil I Nr. 65 vom 9.12.2004, S. 3166-3182.

Gingele, Rudolf (Konsolidierter Abschluss, 1989) Der konsolidierte Abschluss in den Vereinigten Staaten von Amerika, Frankfurt am Main u. a. 1989.

Glaum, Martin (Internationalisierung, 2001) Die Internationalisierung der deutschen Rechnungslegung, in: KoR, 1. Jg. (2001), S. 124-134.

Granof, Michael H. (Enron, 2002) Enron/Anderson: How it Happened, and Where Do We Go From Here?, May 2002, Online im Internet: http://www.cfe.ifri.org/granof_enron.html, Stand: 15.05.2002, Abfrage: 03.06.2003, 14:54 Uhr.

Grass, Doris/Mai, Christine (EU, 2005) EU hadert mit Akzeptanz von Bilanzstandards, in: Financial Times Deutschland vom 06.10.2005, S. 20.

Haaker, Andreas (Zuordnung, 2005) Die Zuordnung des Goodwill auf Cash Generating Units zum Zweck des Impairment-Test nach IFRS, in: KoR, 5. Jg. (2005), S. 426-434.

Hachmeister, Dirk (Impairment, 2005) Impairment-Test nach IFRS und US-GAAP, in: Ballwieser, Wolfgang/Beyer, Sven/Zelger, Hansjörg (Hrsg.): Unternehmenskauf nach IFRS und US-GAAP, Stuttgart 2005, S. 191-223.

Haller, Axel (Grundlagen, 1994) Die Grundlagen der externen Rechnungslegung in den USA, 4., unveränderte Auflage, Stuttgart 1994.

Haller, Axel (Wesentliche Ziele, 2000) Wesentliche Ziele und Merkmale US-amerikanischer Rechnungslegung, in: Ballwieser, Wolfgang (Hrsg.): US-amerikanische Rechnungslegung, 4., überarbeitete und erweiterte Auflage, Stuttgart 2000, S. 1-27.

Haller, Axel/Dietrich, Ralf (Lagebericht, 2001) Intellectual Capital Bericht als Teil des Lageberichts, in: DB, 54. Jg. (2001), S. 1045-1052.

Hax, Herbert (Bilanzgewinn, 1964) Der Bilanzgewinn als Erfolgsmaßstab, in: ZfB, 34. Jg. (1964), S. 642-651.

Healy, Paul M./Myers, Stewart C./Howe, Christopher D. (Tradeoff, 2002) R&D Accounting and the Tradeoff Between Relevance and Objectivity, in: Journal of Accounting Research, Vol. 40 (2002), S. 677-710.

Heidemann, Christian (Kaufpreisallokation, 2005) Die Kaufpreisallokation bei einem Unternehmenszusammenschluss nach IFRS 3, Düsseldorf 2005.

Hendriksen, Eldon S./van Breda, Michael F. (Accounting Theory, 1991) Accounting Theory, 5.th Edition, Chicago et al. 1991.

Hennrichs, Joachim (Ausbau, 2000) Ausbau der Konzernrechnungslegung im Lichte internationaler Entwicklungen, Zeitschrift für Unternehmens- und Gesellschaftsrecht, 29. Jg. (2000), S. 627-650.

Henselmann, Klaus (Böcke als Gärtner, 2002) Böcke als Gärtner? - Vorgeschichte und Stand von DRS 1a, in: StuB, 4. Jg. (2002), S. 283-287.

Herz et al. (Equity Valuation, 2001) Equity Valuation Models and Measuring Goodwill Impairment, in: Accounting Horizons, Vol. 15 (2001), S. 161-170.

Hirschey, Mark/Weygandt, Jerry J. (Amortization, 1985) Amortization Policy for Advertising and Research and Development Expenditures, in: Journal of Accounting Research, Vol. 23 (1985), S. 326-335.

Hitz, Jörg-Markus (Fair Value, 2005) Fair Value in der IFRS-Rechnungslegung, in: WPg, 58. Jg. (2005), S. 1013-1027.

Hitz, Jörg-Markus (Rechnungslegung, 2005) Rechnungslegung zum fair value - Konzeption und Entscheidungsnützlichkeit, Frankfurt am Main u. a. 2005.

Hitz, Jörg-Markus/Kuhner, Christoph (Conceptual Framework, 2000) Erweiterung des US-amerikanischen conceptual framework um Grundsätze der Barwertermittlung - Inhalt und Bedeutung des Statement of Financial Accounting Concepts No. 7 -, in: WPg, 53. Jg. (2000), S. 889-902.

Hitz, Jörg-Markus/Kuhner, Christoph (Prüfstand, 2002) Die Neuregelung zur Bilanzierung des derivativen Goodwill nach SFAS 141 und 142 auf dem Prüfstand, in: WPg, 55. Jg. (2002), S. 273-287.

Hommel, Michael (Bilanzrechtskonzeptionen, 1997) Internationale Bilanzrechtskonzeptionen und immaterielle Vermögensgegenstände, in: zfbf, 49. Jg. (1997), S. 345-369.

Hommel, Michael (Goodwill und Badwill, 2001) Bilanzierung von Goodwill und Badwill im internationalen Vergleich, in: RIW, 47. Jg. (2001), S. 801-809.

Hommel, Michael (Goodwillbilanzierung, 2001) Neue Goodwillbilanzierung - das FASB auf dem Weg zur entobjektivierten Bilanz?, in: BB, 56. Jg. (2001), S. 1943-1949.

Hommel, Michael (Neubewertungsmethode, 2005) Die Neubewertungsmethode als Allowed Alternative Treatment für Sachanlagen und immaterielle Anlagewerte, in: Bieg, Hartmut/Heyd, Reinhard (Hrsg.): Fair Value, München 2005, S. 287-308.

Hommel, Michael/Benkel, Muriel/Wich, Stefan (Unwägbarkeiten, 2004) IFRS 3 Business Combinations: Neue Unwägbarkeiten im Jahresabschluss, in: BB, 59. Jg. (2004), S. 1267-1273.

Hommel, Michael/Schulte, Oliver (Fast-Close-Abschlüsse, 2004) Schätzungen von Rückstellungen in Fast-Close-Abschlüssen, in: BB, 59. Jg. (2004), S. 1671-1678.

Hommelhoff, Peter (Anlegerinformationen, 2000) Anlegerinformationen im Aktien, Bilanz- und Kapitalmarktrecht, in: ZGR, 29. Jg. (2000), S. 748-775.

Hong, Hai/Kaplan, Robert S./Mandelker, Gershon (Pooling, 1978) Pooling vs. Purchase: The Effects of Accounting for Mergers on Stock Prices, in: The Accounting Review, 53. Jg. (1978), S. 31-47.

Hossfeld, Christopher (Ausschüttung, 2005) Fair Value-Bewertung und Ausschüttung, in: Bieg, Hartmut/Heyd, Reinhard (Hrsg.): Fair Value, München 2005, S. 155-177.

Hütten, Christoph/Lorson, Peter (Goodwillbilanzierung, 2002) Überlegungen zur neuen Goodwillbilanzierung nach SFAS 142 aus Controlling-Perspektive, in: KoR, 2. Jg. (2002), S. 25-33.

Hütten, Chritoph/Ohlgart, Christiane (Goodwillbilanzierung, 2005) Goodwillbilanzierung nach SFAS 141 und 142 in der Unternehmenspraxis - das Beispiel SAP, in: Ballwieser, Wolfgang/Beyer, Sven/Zelger, Hansjörg (Hrsg.): Unternehmenskauf nach IFRS und US-GAAP, Stuttgart 2005, S. 271-296.

IAFEI - International Association of Financial Executives Institutes (Comment Letter, 2003) Comment Letter on ED 3 Business Combinations, Online im Internet www.iasb.org/docs/ed3-cl121.pdf, Stand: 08.04.2003, Abfrage: 03.03.2005, S. 1-6.

IASB (Business Combinations Phase II, 2004) Business Combinations (Phase II) - Purchase Method Procedures, Online im Internet: www.iasb.org/uploaded_files/documents/16_10_buscom2-ps.pdf, Stand: 01.11.2004, Abfrage: 03.05.2005, 0.10, S. 1-43.

IASB (Project Summary Framework, 2005) Conceptual Framework, www.iasb.org, S. 1-3.

IASC (G4+1 Position Paper, 1998) G4+1 Position Paper: Recommendation for Achieving Convergence on the Methods of Accounting for Business Combinations, London 1998.

IASC (IASC Insight, 2000) IASC Insight, The newsletter of the International Accounting Standards Committee, March 2000, London 2000.

IDW (Stellungnahme, 2004) Entwurf IDW Stellungnahme zur Rechnungslegung: Bewertungen bei der Abbildung von Unternehmenserwerben und bei Werthaltigkeitsprüfungen nach IFRS (IDW ERS HFA 16), in: WPg, 57. Jg. (2004), S. 1482-1493.

IFAC (ISA 545, 2002) Auditing Fair Values. Measurement And Disclosure, New York 2002.

Institut der Wirtschaftsprüfer (Leitfaden, 1995) Rechnungslegung nach International Accounting Standards - Praktischer Leitfaden für die Aufstellung IAS-konformer Jahres- und Konzernabschlüsse in Deutschland, Düsseldorf 1995.

Jacobi, Arne (Bilanztheoretische Grundlagen, 2003) Analyse bilanztheoretischer Grundlagen der Internationale Accounting Standards als Basis für deren Interpretationen und Weiterentwicklung, Aachen 2003.

Jaenicke, Henry R. (Pool, 1962) Management's Choise to Purchase or Pool, in: The Accounting Review, 37. Jg. (1962), S. 758-765.

Jensen, Michael C./Meckling, William H. (Theory of the Firm, 1976) Theory of the firm: Managerial behavior, agency cost and ownership structure, in: Journal of Financial Economics, Vol. 3 (1976), S. 305-360.

Johnson, L. Todd/Petrone, Kimberley R. (Asset, 1998) Is Goodwill an Asset? in: Accounting Horizons, Vol. 12 (1998), S. 293-303.

Johnson, L. Todd/Petrone, Kimberley R. (Pooling, 1999) Why Eliminate the Pooling Method?, in: FASB Status Report, No. 316, August 31, Norwalk, Connecticut 1999, S. 1-4.

Johnson, Todd L./Petrone, Kimberley R. (Goodwill, 2000) Why Did the Board Change Its Mind on Goodwill Amortization?, in: Financial Accounting Series Status Report No. 331 (December 2000), S. 8-10.

Johnson/Petrone (Report, 2000) FASB Status Report vom 29.12.2000, S. 8.

Joint Working Group of Standard Setters (Financial Instruments, 2000) Financial Instruments and Similar Items, Draft Standard, Dezember 2000, abzurufen unter http://www.standardsetter.de/drsc/doc/jwg-paper_comment.html.

Kahle, Holger (Goodwill, 2002) Die neue Goodwill-Bilanzierung nach US-GAAP - Bilanzierung nach Belieben?, in: StuB, 4. Jg. (2002), S. 849-858 (Teil A) und S. 900-905 (Teil B).

Kahle, Holger (Informationsversorgung, 2002) Informationsversorgung des Kapitalmarktes über internationale Rechnungslegungsstandards, in: KoR, 2. Jg. (2002), S. 95-107.

Kam, Vernon (Accounting, 1990) Accounting Theory, 2. Auflage, New York u. a. 1990.

Keitz, Isabel von (Immaterielle Güter, 1997) Immaterielle Güter in der internationalen Rechnungslegung, Düsseldorf 1997.

Keller, Kalina (Impairment Test, 2002) Impairment Test, in: DBW, 62. Jg. (2002), S. 111-116.

Kessler, Harald (Fair Value, 2005) Ist der Fair Value fair?, in: Bieg, Hartmut/Heyd, Reinhard (Hrsg.): Fair Value, München 2005, S. 57-81.

Kiefer, Marcus (Kapitalmarktregulierung, 2003) Kritische Analyse der Kapitalmarktregulierung der U.S. Securities and Exchange Commission, Wiesbaden 2003.

Kieso, Donald E./Weygandt, Jerry J./Warfield, Terry D.(Intermediate Accounting, 2001) Intermediate Accounting, 10. Auflage, New York u. a. 2001.

Kim, Jeong-Bon/Lipka, Roland (Accounting Choice, 1991), Effects of Accounting Choice on the Explanation of the Market Risk in the Oil and Gas Industry, in: Journal of Business Finance & Accounting, Vol 18 (1991), S. 61-84.

Kirsch, Hans-Jürgen/Dohrn, Matthias (Umsetzung, 2005) Umsetzung der Fair Value-Richtlinie in Deutschland, in: Bieg, Hartmut/Heyd, Reinhard (Hrsg.): Fair Value, München 2005, S. 129-154.

Klein, Gabriele (Konzernabschluss, 2003) Internationale Rechnungslegung und Konzernabschluss, Wiesbaden 2003.

Klein, Hans-Dieter (Zwecke, 1989) Zwecke des Konzernabschlusses, in: Küting, Karlheinz/Weber, Claus-Peter (Hrsg.): Handbuch der Konzernrechnungslegung, Kommentar zur Bilanzierung und Prüfung, Stuttgart 1989, Rn. 127-143.

Klein, Hans-Dieter/Krämling, Markus/Andreas, Claudia (Finanzanalysten, 2002) IAS aus Sicht eines Finanzanalysten, in: Baetge, Jörg u. a. (Hrsg.): Rechnungslegung nach International Accounting Standards. Kommentierung auf der Grundlage des deutschen Bilanzrechts, 2. Auflage, Stuttgart 2002, S. 1-42.

Kleindiek, Detlef (E-DRS 1a, 2001) Neue Goodwill-Bilanzierung nach US-GAAP und europäisches Bilanzrecht - Stellungnahme zum E-DRS 1a, in: BB, 56. Jg. (2001), S. 2572-2577.

Knorr, Liesel (Aktueller Stand, 2005) Aktueller Stand der Projekte des IASB unter besonderer Berücksichtigung des NPAE-Projektes, in: Marten, Kai-Uwe/Quick, Reiner/Ruhnke, Klaus (Hrsg.): IFRS für den Mittelstand?, Düsseldorf 2005, S. 57-69.

Knortz, Herbert C. (Realities, 1970) The Realities of Business Combinations, in: Financial Analysts Journal, 26. Jg. (1970), Nr. 4, S. 28-32.

Koch, Christian/Hofacker, Karsten (Merger of Equals, 2000) Merger of Equals - eine neue Form von Unternehmenszusammenschlüssen?, in: FB, 2. Jg. (2000), S. 541-545.

Kommission der Europäischen Gemeinschaften (Kommentare, 2003) Kommentare zu bestimmten Artikeln der Verordnung (EG) Nr. 1606/2002 des Europäischen Parlaments und des Rates vom 19. Juli 2002 betreffend die Anwendung internationaler Rechnungslegungsstandards und zur Vierten Richtlinie 78/660/EWG des Rates vom 25. Juli 1978 sowie zur Siebenten Richtlinie 83/349/EWG des Rates vom 13. Juni 1983 über Rechnungslegung, Brüssel, November 2003.

Krawitz, Norbert/Leukel, Stefan (Unternehmensfusionen, 2001) Die Abbildung von Unternehmensfusionen in der Rechnungslegung in: KoR, 1. Jg. (2001), S. 91-106.

Kuhlewind, Andreas-Markus (Grundlagen, 1997) Grundlagen einer Bilanzrechtstheorie in den USA, Frankfurt am Main u. a. 1997.

Kuhlewind, Andreas-Markus (Purchase Price, 2005) Purchase Price Allocation und Impairment-Test nach US-GAAP und IFRS in der unternehmerischen Praxis, in: Ballwieser, Wolfgang/Beyer, Sven/Zelger, Hansjörg (Hrsg.): Unternehmenskauf nach IFRS und US-GAAP, Stuttgart 2005.

Kühne, Mareike/Schwedler, Kristina (Änderungen, 2005) Geplante Änderungen der Bilanzierung von Unternehmenszusammenschlüssen, in: KoR, 5. Jg. (2005), S. 329-338.

Kuhner, Christoph (Spannungsverhältnis, 2001) Das Spannungsverhältnis zwischen Einzelfallgerechtigkeit und Willkürfreiheit - im Recht und in der Rechnungslegung, in: BFuP, 53. Jg. (2001), S. 521-542.

Kuhner, Christoph (Zielsetzungen, 2005) Die Zielsetzungen von IFRS, US-GAAP und HGB und deren Konsequenzen für die Abbildung von Unternehmenskäufen, in: Ballwieser, Wolfgang/Beyer, Sven/Zelger, Hansjörg (Hrsg.): Unternehmenskauf nach IFRS und US-GAAP, Stuttgart 2005, S. 1-30.

Kümmel (Grundsätze der Fair Value-Ermittlung, 2002) Grundsätze der Fair Value-Ermittlung mit Barwertkalkülen, Düsseldorf 2002.

Kümpel, Thomas (Goodwill, 2002) Die Bilanzierung des Goodwill nach SFAS No. 142, in: Der Betriebswirt, 43. Jg. (2002), S. 15-23.

Kümpel, Thomas (Wertminderungen, 2003) Geplante Änderungen der bilanziellen Behandlung von Wertminderungen bei Vermögenswerten nach ED-IAS 36, in: BB, 58. Jg. (2003), S. 1491-1494.

Küpper, Hans-Ulrich (Zweckmäßigkeit, 1999) Zweckmäßigkeit, Grenzen und Ansatzpunkte einer Integration der Unternehmensrechnung, in: krp-Sonderheft, 1999, S. 5-11.

Kußmaul, Heinz (Maßgeblichkeit, 2005) Fair Value-Bewertung und Maßgeblichkeit, in: Bieg, Hartmut/Heyd, Reinhard (Hrsg.): Fair Value, München 2005, S. 179-202.

Küting, Karlheinz (Bilanzanalyse, 2001) Bilanzierung und Bilanzanalyse am Neuen Markt: Wege zur umfassenden Unternehmensanalyse, Stuttgart 2001.

Küting, Karlheinz (Kapitalkonsolidierung, 1997) Der Geschäfts- oder Firmenwert aus der Kapitalkonsolidierung - Eine Bestandsaufnahme in Theorie und Praxis, in: Forster, Karl-Heinz u. a. (Hrsg.): Aktien- und Bilanzrecht, Festschrift zum 72. Geburtstag von Bruno Kropff, Düsseldorf 1997, S. 445-471.

Küting, Karlheinz (Konzernrechnungslegung, 1993) US-amerikanische und deutsche Bilanzierung im Vergleich – unter besonderer Berücksichtigung der Konzernrechnungslegung und des Daimler-Benz-Listing in New York, in: BFuP, 45. Jg. (1993), S. 357-379.

Küting, Karlheinz/Dawo, Sascha (Änderungen, 2003) Änderungen: Ein Beispiel für die Polarität von Vollständigkeitsprinzip und Objektivierungsprinzip, in: BFuP, 55. Jg. (2003), S. 397-416.

Küting, Karlheinz/Elprana, Kai/Wirth, Johannes (Sukzessive Anteilserwerbe, 2003) Sukzessive Anteilserwerbe in der Konzernrechnungslegung nach IAS 22/ED 3 und dem Business Combinations Project (Phase II), in: KoR, 3. Jg. (2003), S. 477-494.

Küting, Karlheinz/Harth, Hans-Jörg (Kapitalkonsolidierung, 1999) Vergleich der Kapitalkonsolidierung nach HGB, US-GAAP und IAS (Teil I), in: BB, 54. Jg. (1999), S. 1370-1377.

Küting, Karlheinz/Koch, Christian (Bilanzierungspraxis, 2003) Der Goodwill in der deutschen Bilanzierungspraxis, in: StuB, 5. Jg. (2003), S. 49-54.

Küting, Karlheinz/Weber, Claus-Peter/Wirth, Johannes (Akquisitionswelle, 2001) Die neue Goodwillbilanzierung nach SFAS 142 - Ist der Weg frei für eine neue Akquisitionswelle?, in: KoR, 1. Jg. (2001), S. 185-198.

Küting, Karlheinz/Weber, Claus-Peter/Wirth, Johannes (Goodwillbilanzierung, 2001) Die neue Goodwillbilanzierung nach SFAS 142, in: KoR, 1. Jg. (2001), S. 185-198.

Küting, Karlheinz/Wirth, Johannes (Implikationen, 2005) Implikationen von IAS 36 (rev. 2004) auf die Firmenwertberücksichtigung bei einer teilweisen Endkonsolidierung ohne Wechsel der Konsolidierungsmethode, in: KoR, 5. Jg. (2005), S. 415-426.

Küting, Karlheiz (Bilanzpolitik, 2000) Der Geschäfts- oder Firmenwert - ein Spielball der Bilanzpolitik in deutschen Konzernen in: AG, 45. Jg. (2000), S. 97-106.

Küting, Karlheiz/Hayn, Sven (Konzernrechnungslegung, 1996) Die Konzernrechnungslegung wird internationaler, in: Blick durch die Wirtschaft, 39. Jg. (1996), Nr. 128, vom 5.7.1996, S. 1-2.

Labhart, Peter A./Volkart, Rudolf (Reflektierung, 2001) Reflektierung von immateriellen Aktiven in der Rechnungslegung - Relevanz von Intangibles als Bewertungsgrössen, in: SchwTreu., 75. Jg. (2001), S. 1155-1162.

Lachnit, Laurenz/Ammann, Hekmut/Müller, Stefan/Wulf, Inge (Konzernabschlußanalyse, 2000) Geschäfts- oder Firmenwert als Problem der Konzernabschlussanalyse, in: Lachnit, Laurenz/Freidank, Carl-Christian (Hrsg.): Investororientierte Unternehmenspublizität: neue Entwicklungen von Rechnungslegung, Prüfung und Jahresabschlussanalyse, Wiesbaden 2000, S. 737-767.

Larcker, David F./Revsine, Lawrence (Oil and Gas, 1983) The Oil and Gas Accounting Controversy: An Analysis of Economic Consequences, in: The Accounting Review, Vol. 58 (1983), S. 706-732.

Lauver, R. C. (Case, 1966) The Case for Poolings, in: The Accounting Review, 41. Jg. (1966), S. 65-74.

Leffson, Ulrich (GoB, 1987) Die Grundsätze ordnungsmäßiger Buchführung, 7. Auflage, Düsseldorf 1987.

Leffson, Ulrich (Wesentlich, 1986) Wesentlich, in: Leffson, Ulrich/Rückle, Dieter/Großfeld, Bernhard (Hrsg.): Handwörterbuch unbestimmter Rechtsbegriffe, Köln 1986, S. 434-447.

Lev, Baruch (Accounting Regulation, 1979) The Impact of Accounting Regulation on the Stock Market: The Case of Oil and Gas Companies, in: The Accounting Review, Vol. 54 (1979), S. 485-503.

Lev, Baruch (Crossroads, 2003) Intangibles at a Crossroad, in: Controlling, 15. Jg. (2003), S. 121-127.

Lev, Baruch (Intangibles, 2001) Intangibles, Management, Measurement and Reporting, Washington 2001.

Lev, Baruch/Sarath, Bharat/Sougiannis, Theodore (Reporting, 1999) R&D Reporting Bias And Their Consequences, Online im Internet unter http://Pages.stern.edu/~blev/R&Dbiases.doc, Stnad: 01.12.1999, Abfrage 22.03.2004, S. 1-48.

Lev, Baruch/Sougiannis, Theodore (R&D, 1996) The capitalization, amortization, and value-relevance of R&D, in: Journal of Accounting&Economics, Vol. 21 (1996), S. 107-138.

Levitt, Arthur (Importance, 1998) The Importance of High Quality Accounting Standards, in: Accounting Horizons, Vol. 12 (1998), S. 79-82.

Levitt, Arthur (Promises, 1997) US SEC makes no promises - To be accepted, IASs must have same cerdibility and integrity an US standards, in: Accountancy (International Edition), 119. Jg. (1997), S. 67.

Levitt, Arthur (Spielen mit Zahlen,1998) Spielen mit Zahlen - "The Numbers Game", in: DB, 51. Jg. (1998), S. 2544-2547.

Lilien, Steven/Pastena, Victor (Comparability, 1981) Intramethod Comparability: The Case of the Oil and Gas Industry, in: The Accounting Review, Vol. 56 (1981), S. 690-703.

Löbler, Helge (Jahresabschlussforschung, 1998) Empirische Jahresabschlussforschung, in: Busse von Colbe, Walther/Pellens, Bernhard (Hrsg.): Lexikon des Rechnungswesens, Handbuch der Bilanzierung und Prüfung, der Erlös-, Finanz-, Investitions- und Kostenrechnung, 4. Auflage, München u. a. 1998, S. 212-216.

Lopatta, Kerstin/Wiechen. Lars (Bilanzierungsvorschriften, 2004) Darstellung und Würdigung der Bilanzierungsvorschriften nach IFRS 3 Business Combinations, in: Der Konzern, 3. Jg. (2004), S. 534-544.

Lorson, Peter (Wertbegriffe, 2005) Der Fair Value im System der Wertbegriffe nach IAS/IFRS und US-GAAP, in: Bieg, Hartmut/Heyd, Reinhard (Hrsg.): Fair Value, München 2005, S. 3-36.

Lüdenbach, Norbert/Hoffmann, Wolf-Dieter (Bilanzierungsprobleme, 2003) Vergleichende Darstellung von Bilanzierungsproblemen des Sach- und immateriellen Anlagevermögens nach IAS und HGB, in: StuB, 5. Jg. (2003), S. 145-151.

Lüdenbach, Norbert/Hoffmann, Wolf-Dieter (Mehrheitsbeteiligungen, 2005) Übergangskonsolidierung und Auf- oder Abstockung von Mehrheitsbeteiligungen nach ED IAS 27 und ED IFRS 3, in: DB, 58. Jg. (2005), S. 1805-1811.

Mandl, Gerwald/Rabel, Klaus (Unternehmensbewertung, 1997) Unternehmensbewertung - Eine praxisorientierte Einführung -, Wien, Frankfurt am Main, 1997.

Männel, Wolfgang (Harmonisierung, 2004) Harmonisierung des Rechnungswesens für ein integriertes Ergebniscontrolling, in: krp-Sonderheft, 1999, S. 13-29.

Mard, Michael J/Hitchner, James R./Hyden, Steven D./Zyla, Mark L. (Valuation, 2002) Valuation for Financial Reporting, New York 2002.

Marten, Kai-Uwe/Schlereth, Dieter/Crampton, Adrian/Köhler, Annette G. (Rechnungslegung, 2002) Rechnungslegung nach IAS - Nutzeneffekte aus Sicht von Eigenkapitalgebern, in: BB, 57. Jg. (2002), S. 2007-2012.

McLeay, Stuart/Ordelheide, Dieter/Young, Steven (Lobbying, 2000) Constituent lobbying and ist impact on the development of financial reporting regulations: evidence from Germany, in: Accounting, Organizations and Society, Vol. 25 (2000), S. 79-98.

Meeting, David T./Luecke, Randall W. (Asset Impairment, 2002) Asset Impairment and Disposal, in: Journal of Accountancy, Vol. 193 (2002), S. 49-58.

Merkt, Hanno (Unternehmenspublizität, 2001) Unternehmenspublizität, Tübingen 2001.

Miller, P.B.W. (Realities, 1985) The Conceptual Framework: Myths and Realities, in: Journal of Accountancy, Vol. 3 (1985), S. 62-68.

Miller, Paul B. W./Redding, Rodney J./Bahnson Paul R. (FASB, 1998) The FASB: The People, the Process and the Politics, 4. Auflage, Boston 1998.

Moehrle, Stephen R. (Restructuring, 2002) Do Firms Use Restructuring Charge Reversals to Meet Earnings Targets?, in: The Accounting Review, Vol. 77 (2002), S. 397-413.

Moehrle, Stephen R./Reynolds-Moehrle, Jennifer A./Wallace, James S. (Earnings, 2001) How Informative Are Earnings Numbers That Exclude Goodwill Amortization?, in: Accounting Horizions, Vol. 15 (2001), S. 243-255.

Möller, Hans Peter/Hüfner, Bernd/Kavermann, Markus (Aktienmarktwirkung, 2004) Zur Aktienmarktwirkung "international anerkannter" Rechnungslegung in Deutschland, in: Wildemann, Horst (Hrsg.): Personal und Organisation - Festschrift für Rolf Bühner, München 2004, S. 817-843.

Moser, Ulrich/Doleczik, Günter/Granget, Alexander/Marmann, Jochen (Unternehmensbewertung, 2003) Unternehmensbewertung auf der Grundlage von IAS/IFRS, in: BB, 58. Jg. (2003), S. 1664-1670.

Moxter, Adolf (Bilanzlehre I, 1984) Bilanzlehre, Band I: Einführung in die Bilanztheorie, 3. Auflage, Wiesbaden 1984.

Moxter, Adolf (Bilanzlehre II, 1986) Bilanzlehre, Band II: Einführung in das neue Bilanzrecht, 3. Auflage, Wiesbaden 1986.

Moxter, Adolf (Bilanzlehre, 1976) Bilanzlehre, 2. Auflage, Wiesbaden 1976.

Moxter, Adolf (Erwartungen, 1962) Bilanzierung und unsichere Erwartungen, in: ZfhF, 14. Jg. (1962), S. 607-632.

Moxter, Adolf (Fundamentalgrundsätze, 1976) Fundamentalgrundsätze ordnungsmäßiger Rechenschaft, in: Baetge, Jörg/Moxter, Adolf/Schneider, Dieter (Hrsg.): Bilanzfragen, Festschrift zum 65. Geburtstag von Prof. Dr. Ulrich Leffson, Düsseldorf 1976, S. 36-51.

Moxter, Adolf (Geschäfts- oder Firmenwert, 1998) Probleme des Geschäfts- oder Firmenwerts in der höchstrichterlichen Rechtsprechung, in: Matschke, Manfred Jürgen/Schildbach, Thomas (Hrsg.): Unternehmensberatung und Wirtschaftsprüfung, Festschrift zum 65. Geburtstag von Günter Sieben, Stuttgart 1998, S. 473-481.

Moxter, Adolf (Geschäftswertbilanzierung, 1979) Die Geschäftswertbilanzierung in der Rechtsprechung des Bundesfinanzhofs und nach EG-Bilanzrecht, in: BB, 34. Jg. (1979), S. 741-747.

Moxter, Adolf (Gewinnermittlung, 1982) Betriebswirtschaftliche Gewinnermittlung, Tübingen 1982.

Moxter, Adolf (Grundsätze, 1966) Die Grundsätze ordnungsmäßiger Bilanzierung und der Stand der Bilanztheorie, in: ZfbF, 18. Jg. (1966), S. 28-59.

Moxter, Adolf (Grundsätze, 1976) Grundsätze ordnungsmäßiger Unternehmensbewertung, Wiesbaden 1976.

Moxter, Adolf (Grundsätze, 1983) Grundsätze ordnungsmäßiger Unternehmensbewertung, Wiesbaden 1983.

Moxter, Adolf (Präferenzstruktur, 1964) Präferenzstruktur und Aktivitätsfunktion des Unternehmers, in: ZfbF, 16. Jg. (1964), S. 6-35.

Moxter, Adolf (Rechnungslegung, 2003) Grundsätze ordnungsgemäßer Rechnungslegung, Düsseldorf 2003.

Moxter, Adolf (Rechnungslegungsmythen, 2000) Rechnungslegungsmythen, in: BB, 55. Jg. (2000), S. 2143-2149.

Mueller, Gerhard G. (Characteristics, 1999) Qualitative Characteristics of Financial Accounting Standards, in: ZfbF, 51. Jg. (1999), Sonderheft Nr. 41; S. 143-165.

Muff, Marc (Kapitalkonsolidierung, 2002) Kapitalkonsolidierung nach der Fresh-Start-Methode, Aachen 2002.

Mujkanovic, Robin (Fair Value, 2002) Fair Value im Financial Statement nach International Accounting Standards, Stuttgart 2002.

Mujkanovic, Robin (Geschäftswert, 2001) Der Geschäftswert im Abschluss nach International Accounting Standards, in: ZfB, 71. Jg. (2001), S. 807-826.

Mujkanovic, Robin (Geschäftswert, 2001) Der Geschäftswert im Abschluss nach International Accounting Standards, in: ZfB, 71. Jg. (2001), S. 807-826.

Müller, Kaspar (Earnings per Share, 1994) Earnings per Share, Shareholder Value und Segmentberichterstattung, Erhöhte Ansprüche der Aktionäre an Konzernrechnungslegung, in: SchwTreu., 70. Jg. (1994), S. 445-451.

Müller, Stafan/Wulf, Inge (Jahresabschlusspolitik, 2001) Jahresabschlusspolitik nach HGB, IAS und US-GAAP, in: BB, 56. Jg. (2001), S. 2206-2213.

Müßig, Anke (Risikovorsorge, 2006) Bilanzielle Risikovorsorge und außerbilanzielle Risikoberichterstattung, Wiesbaden 2006.

Nestler, Anke/Thuy, Michael (Bewertung, 2002) Verfahren zur Bewertung von Reporting Units im Rahmen des Goodwill-Impairmenttests nach SFAS 142, in: KoR, 2. Jg. (2002), S. 169-179.

Niehus, Rudolf J. (Konzernrechnungslegung, 2002) Zur Internationalisierung der deutschen Konzernrechnungslegung - das TransPub-Gesetz und der deutsche Standardisierungs Rat (DSR) -, in: BB, 55. Jg. (2002), S. 53-58.

Nobes, Christopher W. (Rules-Based, 2005) Rules-Based Standards and the Lack of Principles in Accounting, in: Accounting Horizons, Vol. 19 (2005), S. 25-34.

Norris, Floyd (Regulators, 1999) Can Regulators Keep Accountants from Writing Fiction? in: New York Times, 10. September 1999.

Nowak, Karsten (Marktorientierte Unternehmensbewertung, 2003) Marktorientierte Unternehmensbewertung, Wiesbaden 2003.

O. V. (Offene Fragen, 2002) Viele offene Fragen bei der künftigen Bilanzierung, in: FAZ vom 22.4.2002, Nr. 93, S. 24.

O. V. (Stock Options, 1994) Senate Resolution on Stock Options, in: Journal of Accountancy, Vol. 178 (1994), S. 9-10.

Ordelheide, Dieter (Geschäftswert, 1997) Kapitalmarktorientierte Bilanzierungsregeln für den Geschäftswert - HGB, IAS und US-GAAP -, in: Forster, Karl-Heinz et al. (Hrsg.): Aktien- und Bilanzrecht, Festschrift für Bruno Kropff, Düsseldorf 1997, S. 569-589.

Ordelheide, Dieter (Internationalisierung, 1996) Internationalisierung der Rechnungslegung deutscher Unternehmen, Anmerkungen zum Entwurf eines Kapitalaufnahmeerleichterungsgesetzes, in: WPg, 49. Jg. (1996), S. 545-552.

Paton, W. A./Littleton, A. C. (Introduction, 1940) An Introduction to Corporate Accounting Standards, An Arbor/Michigan 1940.

Peffekoven, Frank Peter (Reform, 2001) Geht die Reform der Kapitalkonsolidierung in die falsche Richtung?, in: WPg, 54. Jg. (2001), S. 187-204.

Pejic, Philip/Buschhüter, Michael (Abschreibung, 2001) Ende der planmäßigen Goodwill-Abschreibung? - Überblick über den Standardentwurf des FASB: Business Combinations and Intangible Assets - Accounting for Goodwill -, in: KoR, 1. Jg. (2001), S. 107-112.

Pejic, Philip/Meiisel, Patrick (Discontinuing Operations, 1998) Discontinuing Operations - Ausweis- und Bilanzierungsvorschriften nach dem neuen Standard des IASC, in: DB, 51. Jg. (1998), S. 2229-2232.

Pellens, Berhard/Fülbier, Rolf/Gassen, Joachim (Internationale Rechnungslegung, 2004) Internationale Rechnungslegung, 5., überarbeitete und erweiterte Auflage, Stuttgart 2004.

Pellens, Bernhard (Internationale Rechnungslegung, 2001) Internationale Rechnungslegung, 4. Auflage, Stuttgart 2001.

Pellens, Bernhard/Crasselt, Nils/Ruhwedel, Peter (Goodwill-Welt, 2005). Schöne neue Goodwill-Welt, in: FAZ vom 26.09.05, S. 24.

Pellens, Bernhard/Crasselt, Nils/Schremper, Ralf (Ermittlung, 2001) Ermittlung von Geschäftsbereichs-Goodwills und deren Berücksichtigung bei der Performancesteuerung, Diskussionspapier 9/2001 (unveröffentlicht).

Pellens, Bernhard/Crasselt, Nils/Schremper, Ralf (Geschäftsbereichs-Goodwill, 2002) Berücksichtigung von Geschäftsbereichs-Goodwill bei der wertorientierten Unternehmensführung , in: Böhler, Heymo (Hrsg.): Marketing-Management und Unternehmensführung, Festschrift für Prof. Dr. Richard Köhler, Stuttgart 2002, S. 121-135.

Pellens, Bernhard/Gassen, Joachim (EU-Verordnungsentwurf, 2001) EU-Verordnungsentwurf zur IAS-Konzernrechnungslegung - Gestaltungsmöglichkeiten des deutschen Gesetzgebers -, in: KoR, 1. Jg. (2001), S. 137-142.

Pellens, Bernhard/Sellhorn, Thorsten (Fresh Start-Methode, 1999) Kapitalkonsolidierung nach der Fresh-Start-Methode, in: BB, 54. Jg. (1999), S. 2125-2132.

Pellens, Bernhard/Sellhorn, Thorsten (Goodwill-Bilanzierung, 2001) Goodwill-Bilanzierung nach SFAS 141 und 142 für deutsche Unternehmen, in: DB, 54. Jg. (2001), S. 1681-1689.

Pellens, Bernhard/Sellhorn, Thorsten/Amshoff, Holger (Reform, 2005) Reform der Konzernbilanzierung - Neufassung von IFRS 3 "Business Combinations", in: DB, 58. Jg. (2005), S. 1749-1755.

Pfeil, Oliver P./Vater Hendrik J. (Unternehmensbewertung 2002) "Die kleine Unternehmensbewertung" oder die neuen Vorschriften zur Goodwill- und Intangible-Bilanzierung nach SFAS No. 141 und SFAS No. 142 - Eine Analyse unter bilanziellen und finanzwirtschaftlichen Gesichtspunkten -, in: KoR, 2. Jg. (2002), S. 66-95.

Pfitzer, Norbert/Dutzi, Andreas (Fair Value, 2002) Fair Value, in: Ballwieser, Wolfgang/Coenenberg, Adolf G./Wysocki, Klaus von (Hrsg.): Handwörterbuch der Rechnungslegung und Prüfung, 3. Auflage, Stuttgart 2002, Sp. 749-764.

Popper, Karl (Logik, 1989) Logik der Forschung, 9. Auflage, Tübingen 1989.

Preißler, Gerald (Prinzipienbasierung, 2002) "Prinzipienbasierung" der IFRS?, in: DB, 55. Jg. (2002), S. 2389-2395.

Project Summary (Project Summary Framework, 2005) IASB Project Summary: Conceptual Framework, Online im Internet: www.iasb.org, Stand: 11.05.05, Abfrage: 10.08.05.

Rammert, Stefan (Pooling, 1999) Pooling of interests- die Entdeckung eines Auslaufmodells durch deutsche Konzerne? in: DBW, 59. Jg. (1999), S. 620-632.

Rayburn, Frank R./Powers, Ollie S. (Pooling of Interests Accounting, 1993) A History of Pooling of Interests Accounting for Business Combinations in the United States, in: Coffman, Edward N./Tondkar, Rasoul H./Previts, Gary John (Hrsg.): Historical Perspectives of Selected Financial Accounting Topics, Homewood/Boston 1993, S. 302-337.

Reither, Cheri L. (Accounting Standards, 1998) What are the Best and the Worst Accounting Standards?, in: Accounting Horizons, 12. Jg. (1998), Issue 3, S. 283-292.

Richter, Michael (Goodwill, 2004) Die Bewertung des Goodwill nach SFAS No. 141 und SFAS No. 142 - Eine kritische Würdigung des impairment only-Ansatzes, Düsseldorf 2004.

Rivat, Laurence/Clark, Peter (Limited Revisions, 1998) Limited Revisions to IAS 22, in: Accountancy, Vol. 122 (1998), S. 123.

Roese, Bernd (Verbindlichkeiten, 1999) Bilanzielle Verbindlichkeiten nach HGB und US-GAAP, Wiesbaden, 1999.

Rost, Peter (Harmonisierungsprozess, 1991) Der internationale Harmonisierungsprozess der Rechnungslegung: Theorie, Praxis, Perspektiven, Frankfurt am Main 1991.

Ruhnke, Klaus/Schmidt, Martin (Wirtschaftsprüfung, 2005) Fair Value und Wirtschaftsprüfung, in: Bieg, Hartmut/Heyd, Reinhard (Hrsg.): Fair Value, München 2005, S. 575-597.

Ryan, Stephen G. et al. (Goodwill, 2000) American Accounting Association´s Financial Accounting Standards Committee Response to FASB Request to Comment on Goodwill Impairment Testing Unsing the Residual Income Valuation Model, http://accounting.rutgers.edu

Sapusek, Annemarie (Informationseffizienz, 1998) Informationseffizienz auf Kapitalmätkten, Wiesbaden 1998.

Schildbach, Thomas (Aufwandsrückstellungen, 2002) Aufwandsrückstellungen in der internationalen Rechnungslegung, in: StuB, 4. Jg. (2002), S. 791-797.

Schildbach, Thomas (Markt, 1986) Jahresabschluss und Markt, Berlin u. a. 1986.

Schildbach, Thomas (US-GAAP, 2002) US-GAAP: Amerikanische Rechnungslegung und ihre Grundlagen, München 2002.

Schildbach, Thomas (Zeitbewertung, 1999) Zeitbewertung, Gewinnkonzeptionen und Informationsgehalt - Stellungnahme zu "Financial Assets and Liabilities - Fair Value or Historical Cost?", in: WPg, 52. Jg. (1999), S. 177-185.

Schmalenbach (Dynamische Bilanz, 1926) Dynamische Bilanz, 4. Auflage, Leipzig 1926.

Schmidbauer, Rainer (Unternehmenszusammenschlüsse, 2005) Die Bilanzierung von Unternehmenszusammenschlüssen nach IFRS 3, in: DStR, 43. Jg. (2005), S. 121-126.

Schmidt, Ingo M. (Goodwill, 2002) Bilanzierung des Goodwills im internationalen Vergleich, Wiesbaden 2002.

Schmidt, Reinhard H. (Investitionstheorie, 1986) Grundzüge der Investitions- und Finanzierungstheorie, 2. Auflage, Wiesbaden 1986.

Schneider, Dieter (Entscheidungstheorie, 1995) Informations- und Entscheidungstheorie, München 1995.

Scholze, Andreas (Informationsgehaltsperspektive, 2004) Folgebewertung des Geschäfts- oder Firmenwerts aus Sicht der Meß- bzw. Informationsgehaltsperspektive, Diskussionspapier Nr. 518, Universität Bielefeld, April 2004.

Schön, Michael (Aktivierung, 1997) Aktivierung von immateriellen Anlagewerten in den USA im Vergleich zur deutschen Rechnungslegung, Frankfurt am Main u. a. 1997.

Schruff, Lothar (Immaterielle Vermögenswerte, 2004) Immaterielle Vermögenswerte, in: Ballwieser, Wolfgang/Beine, Frank/Hayn, Sven/Peemöller, Volker H./Schruff, Lothar/Weber, Claus-Peter (Hrsg.): Wiley-Kommentar zur internationalen Rechnungslegung nach IAS/IFRS, Nördlingen 2004.

Schuetze, Walter (Impairment Question, 1987) Disclosure and the Impairment Question, in: Journal of Accountancy, Vol. 164 (1987), S. 26-30.

Schüppen, Matthias/Walz, Susanne (Formen, 2005) Ablauf und Formen eines Unternehmenskaufs, in: Ballwieser, Wolfgang/Beyer, Sven/Zelger, Hansjörg (Hrsg.): Unternehmenskauf nach IFRS und US-GAAP, Stuttgart 2005, S. 31-72.

SEC (Schreiben des Chief Accountant der SEC, 2001) Schreiben des Chief Accountant der SEC an den FASB vom 16.08.2001, abzurufen unter www.fasb.org, Washington 2001.

Sellhorn, Thorsten (Ansätze, 2000) Ansätze zur bilanziellen Behandlung des Goodwill im Rahmen einer kapitalmarktorientierten Rechnungslegung, in: DB, 53. Jg. (2000), S. 885-892.

Sellhorn, Thorsten (Goodwill Impairment, 2004) Goodwill Impairment - An Empirical Investigation of Write-Offs under SFAS 142, Frankfurt am Main 2004.

Senate Banking Committee (Corporate Mergers, 2000) Gramm's Statement at Hearing on Accounting Standards for Corporate Mergers, Online im Internet: http://www.senate.gov./~banking/pre100/0302pol.htm, Stand: 02.03.2000, Abfrage: 03.02.2003, 17:42 Uhr.

Senate Banking Committee (Roundtable Discussion, 2000) Gramm's Statement at Roundtable Discussion of Accounting for Goodwill, Online im Internet: http://www.senate.gov/~banking/pre100/0614rnd.htm, Stand: 14.06.2000, Abfrage: 05.03.2003, 14:50 Uhr.

Sieben, Günter/Maltry, Helmut (Substanzwert, 2001) Der Substanzwert der Unternehmung, in: Peemöller, Volker H. (Hrsg.): Praxishandbuch der Unternehmensbewertung, Herne, Berlin 2001, S. 375-399.

Siebert, Henning (Grundlagen, 1996) Grundlagen der US-amerikanischen Rechnungslegung - Ziele und Inhalte der Verlautbarungen der SEC und des FASB sowie ihre Unterschiede zum deutschen Bilanzrecht, Köln 1996.

Siegel, Stanley (Revolution, 1997) The Coming Revolution in Accounting: The Emergemce of Fair Value as a Fundamental Principle of US-GAAP, in: WPK-Mitteilungen, Sonderheft Juni 1997, 36. Jg. (1997), S. 81-90.

Siegel, Theodor (Bilanzierung, 2002) Zur unsinnigen Bilanzierung eines zufälligen Teils des unbekannten originären Geschäftswerts nach DRS 1a, in: DB, 55. Jg. (2002), S. 749-751.

Siegel, Theodor (Zeitwertbilanzierung, 1998) Zeitwertbilanzierung für das deutsche Bilanzrecht? in: BFuP, 50. Jg. (1998), S. 593-603.

Siegel, Theodor/Bareis, Peter//Rückle, Dieter/Schneider, Dieter/Sigloch, Jochen/Streim, Hannes/Wagner, Franz W. (Stille Reserven, 1999) Stille Reserven und aktienrechtliche Informationspflichten, in: ZIP 20. Jg. (1999), S. 2077-2085.

Simmonds, Andy/Sleigh-Johnson, Nigel (Fundamentally Impaired, 2003) Fundamentally Impaired, in: Accountancy, Vol. 131 (2003), S. 100-101.

Simon, Stephan (Verschmelzung, 1997) Pooling und Verschmelzung: Harmonisierung der Rechnungslegung durch IAS 22 "Business Combinations", in: Fickert, Reiner (Hrsg.): Schriftreihe des Instituts für Rechnungslegung und Controlling, Band 5, Bern u. a. 1997.

Sonnemann, Erik (Konzeptionelle Grundlagen, 1989) Institutionelle und konzeptionelle Grundlagen der externen Rechnungslegung in den USA, in: Sonnemann, Erik (Hrsg.): Rechnungslegung, Prüfung, Wirtschaftsrecht und Steuern in den USA, Wiesbaden 1989.

Sougiannis, Theodore (Accounting, 1994) The Accounting Based Valuation of Corporate R&D, in: The Accounting Review, o. Jg. (1994), Vol. 69, No. 1, S. 44-68.

Spremann, Klaus (Asymmetrische, 1990) Asymmetrische Information, in: ZfB, 60. Jg. (1990), S. 561-586.

Sprissler, Wolfgang (Gläubigerschutz, 2001) Gläubigerschutz durch Kapitalerhaltung?, in: Institut der Wirtschaftsprüfer (Hrsg.): Kapitalmarktorientierte Unternehmensüberwachung: Chancen und Risiken, Düsseldorf 2001, S. 85-104.

Stahl, Anne B. (Wechsel, 2002) Wechsel vom HGB auf IAS oder US-GAAP, Untersuchung der Motive und der organisatorischen Umsetzung in der Praxis, in: krp, 46. Jg. (2002), S. 33-36.

Starbatty, Nikolaus (Fair Value, 2001) Fair Value Accounting gemäß Statement of Financial Accounting Concept No. 7, in: WPg, 54. Jg. (2001), S. 543-558.

Stauber, Jürgen/Ketterle, Tobias (Goodwill, 2001) Goodwill-Bilanzierung nach US-GAAP, Die neuen Vorschriften des FASB im Vergleich - Auswirkungen für börsennotierte Schweizer Unternehmen, in: SchwTreu., 77. Jg. (2001), S. 955-966.

Storey, Reed K. (Framework, 1991) The Framework of Financial Accounting Concepts and Standards, in: Carmichael, D. R./Lilien S. B./Mellman M. (Hrg.): Accountants' Handbook, 7. Auflage, New York u. a. 1991, S. 1-98.

Streim, Hannes (IAS-Kristallisationspunkt, 2002) IAS-Kristallisationspunkt der internationalen Harmonisierung der Rechnungslegung?, in: BFuP, 54. Jg. (2002), S. 279-291.

Streim, Hannes (Internationalisierung, 1998) Internationalisierung von Gewinnermittlungsregeln zum Zwecke der Informationsvermittlung Zur Konzeptionslosigkeit der Fortentwicklung der Rechnungslegung, in: Meffert, Heribert/Krawitz, Norbert (Hrsg.): Unternehmensrechnung und -besteuerung: Grundfragen und Entwicklungen, Festschrift für Dietrich Börner, Wiesbaden 1998, S. 324-343.

Streim, Hannes (Versprechen, 2000) Die Vermittlung von entscheidungsnützlichen Informationen durch Bilanz und GuV - Ein nicht einlösbares Versprechen der internationalen Standardsetter, in: BFuP, 52. Jg. (2000), S. 111-131.

Streim, Hannes/Bieker, Marcus/Esser, Maik (Entscheidungsnützliche Informationen, 2003) Vermittlung entscheidungsnützlicher Informationen durch Fair Values - Sackgasse oder Licht am Horizont?, in: BFuP, 55. Jg. (2003), S. 457-479.

Sullivan, Mary W. (Apocalypse, 1992) Market Value Accounting: Salvation or Apocalypse?, in: Journal of Corporate Accounting and Finance, Winter 1991/92, S. 185.

Sunder, Shyam (Political, 1988) Political economy of accounting standards, in: Journal of Accounting Literature, Vol. 7 (1988), S. 31-45.

Teitler-Feinberg, Evelyn (Bewertung, 2001) Neue Bewertung von Goodwill und anderen immateriellen Aktiven, Neue Bewertung nach US-GAAP - Stand des Projektes des FASB -, in: SchwTreu., 77. Jg. (2001), S. 331-338.

Teitler-Feinberg, Evelyn (Immaterielle, 2002) Immaterielle Aktiven - wie bilanzieren?, in: SchwTreu., 78. Jg. (2002), S. 313-322.

Telkamp, Heinz-Jürgen/Bruns, Carsten (Fresh Start, 2000) Pooling-of-interests-Methode versus Fresh-Start-Methode - ein Vergleich, in: WPg, 53. Jg. (2000), S. 744-749.

Theile, Carsten/Pawelzik, Kai Udo (Erfolgswirksamkeit, 2003) Erfolgswirksamkeit des Anschaffungsvorgangs nach ED 3 beim Unternehmenserwerb im Konzern - Zur Bilanzierung eines excess (vormals nagativer Goodwill) -, in: WPg, 56. Jg. (2003), S. 316-324.

Tidrick, Donald E. (Conversation, 2002) A Conversation with James J. Leisenring, IASB Member, in: The CPA Journal, 72. Jg. (2002), No. 3, S. 48-51.

Titard, Pierre L./Pariser, David B. (Impaired Assets, 1996) Impaired Assets: Meeting Users' Information Needs, in: Journal of Accountancy, Vol. 182 (1996), S. 55-59.

Trützschler, Klaus (Behandlung, 1999) Behandlung von Firmenwerten nach HGB und US-GAAP, in: Küting, Karlheinz/Langenbucher, Günther (Hrsg.): Internationale Rechnungslegung: Festschrift für Claus-Peter Weber, Stuttgart 1999, S. 391-414.

Tump, Ansgar/Gross, Oliver (M&A, 2001) M&A-Implikationen des neuen FASB Exposure Draft "Business Combinations and Intangible Assets", in: M&A Review, Heft 7 (2001), S. 316-323.

Turner, Lynn E. (Changing, 2001) The Times, They Are A-Changing, Rede vom 18.05.2001, abzurufen unter: www.sec.gov/news/speech/spch493.htm.

Tweedie, David (Regulating Change, 1996) Regulating Change - The Role of the Conceptual Statement in Standard-Setting, in: Lapsley I./Mitchell F. (Hrsg.): Accounting and Performance Measurement.

US-Congress (Act, 1994) Accounting Standards Reform Act 1994, Bill, 103d Congress, 2D Session, S. 2525, Oktober 6 (legislative day, September 12), 1994.

US-Congress (Intangibles, 2000) Financial Accounting for Intangibles Reexamination (FAIR) Act, Bill, 106TH Congress, 2D Session, H. R. 5365, October 3, 2000.

Van Helleman, Johan/Slomp, Saskia (Changeover, 2002) The Changeover to International Accounting Standards in Europe, in: BFuP, 54. Jg. (2002), S. 213-229.

Van Hulle, Karel (Bilanzrichtlinien, 2003) Von den Bilanzrichtlinien zu den International Accounting Standards, in: WPg, 56. Jg. (2003), S. 968-981.

Van Hulle, Karel (Rechnungslegungsstrategie, 2002) Die europäische Rechnungslegungsstrategie, in: WPK-Mitt., 41. Jg. (2002), S. 178-181.

Vater, Hendrik (Fair Value, 2002) Fair Value - des Rätsels Lösung? in: BBK, Nr. 10 vom 17.5.2002, S. 655-664.

Vater, Hendrik (M&A Accounting, 2001) M&A Accounting: Abschaffung des Pooling of Interests? in: DB, 54. Jg.(2001), S. 1841-1848.

Veit, Klaus-Rüdiger (Sqeeze outs, 2005) Die Prüfung von Squeeze outs, in: DB, 58. Jg. (2005), S. 1697-1702.

Verrecchia, Robert E. (Enron, 2003) Why all the hoopla about Enron?, in: Journal of Accounting and Public Policy, No. 22 (2003), S. 99-105.

Vogel, Harald (Aktivierung, 1982) Die Aktivierung originärer immaterieller Anlagewerte im Aktienrechtlichen Jahresabschluss, Berlin 1982.

Wagenhofer, Alfred (Internationale Rechnungslegungsstandards, 2003) Internationale Rechnungslegungsstandards - IAS/IFRS, 4. überarbeitete und erweiterte Auflage der International Accounting Standards, Frankfurt am Main/Wien 2003.

Wagenhofer, Alfred (Internationale Rechnungslegungsstandards, 2005) Internationale Rechnungslegungsstandards - IAS/IFRS, 5., überarbeitete und erweiterte Auflage, Frankfurt am Main 2005.

Wagenhofer, Alfred (Internationalisierung, 2002) Die Rolle der Standards des IASB in der Internationalisierung der Rechnungslegung, in: BFuP, 54. Jg. (2002), S. 230-245.

Wagenhofer, Alfred (Machtpolitik, 2005) IFRS und Machtpolitik, in: FAZ vom 05.09.2005, S. 22.

Wagner, Franz W. (Leitlinien, 1995) Leitlinien steuerlicher Rechtskritik als Spiegel betriebswirtschaftlicher Theoriegeschichte, in: Elschen, Rainer/Siegel, Theodor/Wagner Franz W. (Hrsg.): Unternehmenstheorie und Besteuerung, Wiesbaden 1995, S. 723-746.

Wagner, Franz W. (Prognoseverfahren, 1994) Periodenhabgrenzung als Prognoseverfahren - Konzeption und Anwendungsbereich der "einkommensapproximativen Bilanzierung", in: Ballwieser, Wolfgang et al. (Hrsg.): Bilanzrecht und Kapitalmarkt, Festschrift zum 65. Geburtstag von Prof. Dr. Dr. h.c. Dr. h.c. Adolf Moxter, Düsseldorf 1994, S. 1175-1197.

Wakefield, B. Richard (Accounting Principles, 1970) The Accounting Principles Board Is on the Wrong Track, in: Financial Analysts Journal, 26. Jg. (1970), Nr. 4, S. 33-36.

Wangemann, Birgit (Verpflichtungen, 1997) Die Berücksichtigung ungewisser Verpflichtungen innerhalb der US-amerikanischen Rechnungslegung in: WPg, 50. Jg. (1997), S. 194-200.

Weber, Claus-Peter (Intangibles, 2002) Intangibles und Steuerung, in: Küting, Karlheinz/Weber, Claus-Peter: Vom Financial Accounting zum Business Reporting: Kapitalmarktorientierte Rechnungslegung und integrierte Unternehmenssteuerung, Stuttgart, 2002, S. 319-339.

Weber, Claus-Peter/Hayn, Sven (US-Rechnungslegung, 1998) ADRs und US-Rechnungslegung, in: von Rosen, Rüdiger/Seifert, W. G. (Hrsg.): Zugang zum US-Kapitalmarkt für deutsche Aktiengesellschaften, Frankfurt am Main 1998, S. 175-188.

Weber, Claus-Peter/Wirth, Johannes (Immaterielle Vermögenswerte, 2002) Immaterielle Vermögenswerte in der US-amerikanischen Konzernrechnungslegung nach SFAS 141/142 in: Küting, Karlheinz/Weber, Claus-Peter: Vom Financial Accounting zum Business Reporting: Kapitalmarktorientierte Rechnungslegung und integrierte Unternehmenssteuerung, Stuttgart, 2002, S. 43-71.

Weber, Claus-Peter/Zündorf, Horst (Geschäfts- oder Firmenwert, 1989) Der Posten "Geschäfts- oder Firmenwert" im Konzernabschluss, in: DB, 42. Jg. (1989), S. 333-340.

Wehrheim, Michael (Intangible Assets, 2000) Die Bilanzierung immaterieller Vermögensgegenstände ("Intangible Assets") nach IAS 38, in: DStR, 38. Jg. (2000), S. 86-88.

Weißenberger, Barbara E./Stahl, Anne B./Vorstius, Sven (Umstellung, 2004) Die Umstellung auf internationale Rechnungslegungsgrundsätze - Wunsch und Wirklichkeit in deutschen Unternehmen -, in: KoR, 4. Jg. (2004), S. 5-16.

Wendtland, Klaus/Vogler, Gerlinde (Immaterielle, 2003) Bilanzierung von immateriellen Vermögenswerten und Impairment-Test nach Überarbeitung von IAS 36 und IAS 38 - Ein Überblick über ED-IAS 36 und ED-IAS 38 -, in: KoR, 3. Jg. (2003), S. 66-74.

Wenning, Werner (Unternehmenssteuerung, 2001) Internationale Rechnungslegung als Instrument der Unternehmenssteuerung, in: Coenenberg, Adolf G./Pohle, Klaus (Hrsg.): Internationale Rechnungslegung - Konsequenzen für Unternehmensführung, Rechnungswesen, Standardsetting, Prüfung und Kapitalmarkt, Stuttgart 2001, S. 27-43.

Werntz, W. W. (Corporate Consolidations, 1945) Corporate Consolidations, Reorganizations and Mergers, in: New York Certified Public Account, July 1945, S. 379-387.

White, Gerald I./Sondhi, Ashwinpaul C./Fried, Dov (Analysis, 1998) The Analysis and Use of Financial Statements, 2. Auflage, New York u. a. 1997.

Wiedmann, Harald (Fair Value, 1995) Fair Value in der internationalen Rechnungslegung, in: Lanfermann , Josef (Hrsg.): Internationale Wirtschaftsprüfung, Festschrift für Hans Havermann, Düsseldorf 1995, S. 780-811.

Wiemann, Hans-Ulrich (Unternehmenspublizität, 1987) Unternehmenspublizität nach amerikanischem Kapitalmarktrecht, Baden-Baden 1987.

Wilcox, Edward B. (Analysis, 1950) Business Combinations: An Analysis of Mergers, Purchases, and Related Accounting Procedure, in: JoA, 89. Jg. (1950), No. 2, S. 102-107.

Wildman, John R./Powell, Weldon (Capital Stock, 1928) Capital Stock Without Par Value, New York/London 1928.

Wilhelm, Carsten (Publizitätspflichten, 1998) Die Registrierungs- und Publizitätspflichten bei der Emission und dem Handel von Wertpapieren auf dem US-amerikanischen Kapitalmarkt, in: WPg, 51. Jg. (1998), S. 364-375.

Willis, Diana W. (Financial Assets, 1998) Financial Assets and Liabilities - Fair Value or Historical Cost?, in: WPg, 51. Jg. (1998), S. 854-860.

Wilsdorf, F. (Rechnungslegungszwecke, 1988) Rechnungslegungszwecke der Handelsbilanz und der Steuerbilanz nach Inkrafttreten des Bilanzrichtlinien-Gesetzes, Frankfurt am Main u.a. 1988.

Wirth, Johannes (Firmenwertbilanzierung, 2005) Firmenwertbilanzierung nach IFRS, Stuttgart 2005.

Wollmert, Peter/Achleitner, Ann-Kristin (Grundlagen, 2005) Teil A: Grundlagen. Kapitel II: Konzeption der IAS-Rechnungslegung, in: Baetge, Jörg/Dörner, Dietrich/Kleekämper, Heinz/Wollmert, Peter/Kirsch, Hans-Jürgen (Hrsg.): Rechnungslegung nach International Accounting Standards (IAS). Kommentar auf der Grundlage des deutschen Bilanzrechts, 2. Auflage, Stuttgart 2003, Stand: 1. Ergänzungslieferung Juni 2005 (Loseblattsammlung).

Wüstemann, Jens (Systembildung, 1999) Generally Accepted Accounting Principles. Zur Bedeutung und Systembildung der Rechnungslegungsregeln der USA, Berlin 1999.

Wüstemann, Jens/Duhr, Andreas (Geschäftswertbilanzierung, 2003) Geschäftswertbilanzierung nach dem Exposure Draft ED 3 des IASB - Entobjektivierung auf den Spuren des FASB?, in: BB, 58. Jg. (2003), S. 247-253.

Wyatt, Arthur (Critical Study, 1963) A Critical Study of Accounting for Business Combinations, in: American Institute of Certified Public Accountants (Hrsg.): Accounting Research Study No. 5, 1963.

Wysocki, Klaus v./Wohlgemuth, Michael (Konzernrechnungslegung, 1996) Konzernrechnungslegung, 4. Auflage, Düsseldorf 1996.

Zachert, Matthias (Erschließung, 1993) Erschließung des US-amerikanischen Eigenkapitalmarktes durch das American Depositary Receipt - Dargestellt am Beispiel des Börsengangs der Daimler Benz AG in den USA -, in: DB, 46. Jg. (1993), S. 1985-1988.

Zachert, Matthias (Zugangshindernisse und Zugangsmöglichkeiten, 1994) Zugangshindernisse und Zugangsmöglichkeiten zum US-amerikanischen Eigenkapitalmarkt aus Sicht eines deutschen Unternehmens in: AG, 39. Jg. (1994), S. 207-222.

Zeff, Stephen A. (Core Standards, 1998) The IASC's Core Standards: What Will the SEC Do?, in: Journal of Financial Statement Analysis, 4. Jg. (1998), Nr. 1, S. 67-78.

Zeff, Stephen A. (Lobbying, 2002) "Political" Lobbying on Proposed Standards: A Challenge to the IASB, in: Accounting Horizons, Vol. 16 (2002), S. 43-54.

Zeff, Stephen A. (Rise, 1978) The Rise of "Economic Consequences", in: Journal of Accountancy, 146. Jg. (1978), No. 6, S. 56-63.

Zeimes, Markus/Kühne, Mareike (FAZ, 2004) FAZ vom 5.4.2004, S. 20.

Zeitler, Franz-Christoph (Firmenwert, 1988) Der Firmenwert und verwandte immaterielle Wirtschaftsgüter in der Bilanz in: DStR, 26. Jg. (1988), S. 303-309.

Zelger, Hansjörg (Purchase Price Allokation, 2005) Purchase Price Allocation nach IFRS und US-GAAP, in: Ballwieser, Wolfgang/Beyer, Sven/Zelger, Hansjörg (Hrsg.): Unternehmenskauf nach IFRS und US-GAAP, Stuttgart 2005, S. 91-140.

Ziehms, Heiko (Geplante Änderungen, 2001) Geplante Änderungen bei der Bilanzierung des Goodwill nach US-GAAP, in: IWB, Nr. 14 vom 25.7.2001, S. 731-734.

Zielke, Wolfgang (Goodwill, 1995) Zur Behandlung des Goodwill im Konzernabschluss, in: Lanfermann, Josef (Hrsg.): Internationale Wirtschaftsprüfung, Festschrift zum 65. Geburtstag, Düsseldorf 1995, S. 830-843.

Ziesemer, Stefan (Rechnungslegungspolitik, 2002) Rechnungslegungspolitik in IAS-Abschlüssen und Möglichkeiten ihrer Neutralisierung, Düsseldorf 2002.

Zimmermann, Jochen (Signale, 2002) Widersprüchliche Signale des DSR zur Goodwillbilanzierung?, in: DB, 55. Jg. (2002), S. 385-390.

Zwirner, Christian/Heiden, Matthias (Financial Accounting, 2002) Zum dynamischen Wandel des Konzernrechnungswesens: Vom Financial Accounting zum Business Reporting - 6. Fachtagung: Das Rechnungswesen im Konzern - in: StuB,4. Jg. (2002), S. 287-292.

Zwirner, Christian/Wohlgemuth, Frank (Vergangenheitsorientierung, 2000) Vergangenheitsorientierung vs. Prognosefähigkeit: Das Konzernrechnungswesen im neuen Jahrtausend - Resümee der 5. Fachtagung: Das Rechnungswesen im Konzern - in: StuB, 2. Jg. (2000), S. 83-88.

Kolibri 360 GmbH
Ferdinand-Jühlke-Straße 7
99095 Erfurt, Deutschland
produktsicherheit@kolibri360.de